諸子選讀譯註

제
자
선
독
역
주

諸子選讀譯註

제자선독역주

學古房

    중당(中唐)시대에 고문운동을 함께 이끌었던 한유(韓愈)와 유종원(柳宗元)은 문장의 근원을 유가의 육경으로 꼽고 육경의 글과 정신을 배울 것을 제창했다. 손에서 제자백가서를 놓지 않을지라도 맹순노장(孟荀老莊)은 어디까지나 필력 양성을 보조하는 참고 대상이었다. 처음 고문을 공부하면서 은사(恩師)로부터 이런 문학론을 귀에 못이 박히도록 들어서인지 학문에 막 입문한 무렵 유가경전의 문학적 성과에만 천착했던 기억이 새삼스럽다.

    대만 유학시절 필자가 사숙(私淑)했던 서복관(徐復觀)선생의 책에서 재미있는 글귀를 읽었다. "스무 살에 『장자』를 읽고 『장자』에 빠지지 않으면 가슴이 없고, 마흔 살이 되어도 『장자』를 끼고 다니면 머리가 없다!" 『맹자』와 『장자』를 비교연구해서 학위를 받았으니 젊은 시절에 가슴은 있었던 것 같은데, 회갑을 코앞에 두고도 여태 『장자』가 손에서 놓질 못하고 있으니 필자는 머리가 없어도 여전히 마음은 청춘이라고 자위해본다.

    이 책은 『장자』를 읽는 즐거움을 제자들과 나누는 방법을 고민하던 참에 다음 학기에 『제자백가강독』 과목을 강의하게 되어 고민의 범위를 확대하여 나온 결과물이다. 다만 제자백가(諸子百家)는 명칭에서 보듯이 중국 선진(先秦)시대의 수많은 학파와 학자를 가리키는 말로 어느 학파 누굴 선정할지가 난제였다. 필자는 춘추전국 당시의 현학(顯學)과 후대의 영향을 감안해서 편의상 도가의 『노자』와 『장자』, 묵가의 『묵자』, 유가의 『순자』, 법가의 『한비자』 등 사가오자(四家五子)를 선정하고, 시대 선후에 따라 노·묵·장·순·한비의 순서로 배치하였다.

    제자사상을 흔히 백가쟁명(百家爭鳴)이라고 한다. 이번 역주 작업을 하면서 제자사상을 울림을 다툰다고 한 선인들의 표현이 참으로 절묘하다고 무릎을 쳤다. 저마다의 울림을 다투는 방식이 독특했고, 읽을수록 울림이 깊고 넓었다. 필자가 받고 느낀 공명과 감동을 독자에게 많이 전달하고자 이 책은 최대한 쉽고 친절한 역주를 지향했다. 또한 두툼한 사전을 끼고 고전을 공부했던 필자의 세대와 달리 스마트폰 안의 간편한 자전에 의존하는 오늘날 학습 세태를 고려해서 되도록 많은 어휘에 주를 달아 독자의 수고를 줄여주었다. 또한 매 어휘마다 복수 이상의 풀이를 제시하여 고전의 다양한 함의를 습득하는데 도움을 주고자 했다. 끝으로 매 단원 말미에 우리말 해석을 달아 주석을 종합하고 필자의 관점을 반영했다.

  작품은 사가오자의 핵심 주장을 정리해 선정하였으나 편폭의 배분이 고르지 못하고 다소『장자』와『한비자』에 치우쳐졌다. 산술적인 균등보다는 정리 가능한 체계성에 중점을 둔 결과이기도 하거니와 어쩔 수 없이 필자의 선호가 반영되었음을 고백하고 독자들의 양해를 구한다. 단기간에 완성된 작업이라 오류와 결여된 점이 많으리라 본다. 군자제현(君子諸賢)의 질정(質正)을 앙망한다.

2017년 8월 하순 愼獨齋에서 識하다

제1장

제1장

『老子』選讀

01 道可道¹, 非常道². 名可名³, 非常名.
　　　도 가 도　　비 상 도　　명 가 명　　비 상 명

「제1장」

■ 어휘 설명

1) 道(도): 진리. 도리. 말하다.
2) 常(상): 늘. 항상. 영원불변. 고정불변.
3) 名(명): 이름. 명칭. 이름붙이다. 개념화하다.

02 天下皆知美之爲美¹, 斯惡已². 皆知善之爲善³, 斯不善已.
　　　천하개지미지위미　　사악이　　개지선지위선　　사불선이

제2장

■ 어휘 설명

1) 美之爲美(미지위미): 아름다움이 아름답다는 사실.
2) 斯(사): 이에.
　　惡已(악이): 추악(醜惡)이라는 개념이 생겨나다.
3) 善之爲善(선지위선): 선이 좋다는 사실.

03 不尚賢[1], 使民不爭; 不貴難得之貨[2], 使民不爲盜[3]; 不見可欲[4], 使民
　　　불 상 현　　사 민 부 쟁　　불 귀 난 득 지 화　　사 민 불 위 도　　불 현 가 욕　　사 민

不亂. 是以聖人之治也……使夫知不敢‧弗爲而已[5], 則無不治矣.
불 란　시 이 성 인 지 치 야　　　사 부 지 불 감　　불 위 이 이　　즉 무 불 치 의

「제3장」

▌어휘 설명

1) 尚賢(상현): 현인을 숭상하다. '上賢'으로 된 판본도 있다.

2) 貴(귀): 중시하다. 소중히 여기다.

3) 爲盜(위도): 도둑질하다.

4) 見(현, xiàn): 드러내다. 과시하다. 자랑하다.

   可欲(가욕): 욕심날만한 물건. 탐욕을 불러일으키는 물건.

5) 使夫知不敢弗爲(부지불감불위): 저들 재주와 지식을 가진 자들이 감히 일을 꾸미지도, 함부로 일을
   하지도 못하도록 만든다.

04 上善若水[1]. 水善利萬物而不爭[2], 處衆人之所惡[3], 故幾於道[4]……

상선약수　수선이만물이부쟁　처중인지소오　고기어도

夫唯不爭, 故無尤[5].

부유부쟁　고무우

「제8장」

■ 어휘 설명

1) 上善(상선): 최상의 선.

2) 善利(선리): 이롭게 하길 좋아하다.

3) 處(처): 머물다.

　　所惡(소오): 싫어하는 곳.

4) 幾於(기어): 거의 ~에 가깝다.

5) 夫唯~故(부유~고): ~때문에 그러므로. 오로지 ~해야만 비로소.

　　尤(우): 허물. 잘못. 원한.

05 持而盈之¹, 不如其已²; 揣而銳之³, 不可長保. 金玉滿堂, 莫之能守⁴;
　　　지 이 영 지　불 여 기 이　췌 이 예 지　불 가 장 보　금 옥 만 당　막 지 능 수

　　　富貴而驕⁵, 自遺其咎⁶. 功遂身退⁷, 天之道也.
　　　부 귀 이 교　자 유 기 구　공 수 신 퇴　천 지 도 야

「제9장」

■ 어휘 설명

1) 持而盈之(지지영지): 손에 움켜쥐고 가득 채우다. 소유와 성취에 대한 집착을 말한다.
2) 已(이): 그만두다. 손에 놓다.
　　不如其已(불여기이): 적당한 때에 그치는 것만 못하다.
3) 揣(췌): 철기를 두들기다. 철기를 갈고 다듬다.
　　銳(예): 예리하게 만들다.
4) 莫之能守(막지능수): 무엇으로도 지켜낼 수 없다. '莫'과 같이 '부정사+동사'의 형태에서 목적어가
　　대명사일 경우는 '부정사+목적격대명사+동사'의 어순이 된다.
5) 驕(교): 교만하다.
6) 遺其咎(유기구): 화근을 남기다. 재앙거리를 남기다.
7) 遂(수): 이루다. 완수하다.

06 大道廢[1], 有仁義; 智慧出, 有大僞[2]; 六親不和[3], 有孝慈[4]; 國家昏亂,
　　　　대 도 폐　　유 인 의　지 혜 출　유 대 위　육 친 불 화　유 효 자　국 가 혼 란

　　有忠臣.
　　유 충 신

「제18장」

■ 어휘 설명

1) 大道(대도): 성인(聖人)의 무위지치(無爲之治).

　　廢(폐): 쇠퇴하다. 버림받다.

2) 大僞(대위): 허위와 권모술수.

3) 六親(육친): 부자(父子), 형제(兄弟), 부부(夫婦).

4) 孝慈(효자): 효도와 자애. '孝子'로 된 판본도 있다.

07 絶聖棄智[1], 民利百倍; 絶仁棄義, 民復孝慈; 絶巧棄利[2], 盜賊無有.
　　　절 성 기 지　　민 리 백 배　　절 인 기 의　　민 복 효 자　　절 교 기 리　　도 적 무 유

此三者以爲文不足[3], 故令有所屬[4]; 見素抱樸[5], 少思寡欲[6], 絶學
차 삼 자 이 위 문 부 족　　　고 영 유 소 속　　　견 소 포 박　　　소 사 과 욕　　　절 학

無憂[7].
무 우

「제19장」

■ 어휘 설명

1) 絶聖棄智(절성기지): 성인의 경지를 차단하고 총명과 지혜를 포기하다.

2) 絶巧棄利(절교기리): 남을 속이는 기교를 차단하고 재화의 이익을 포기하다.

3) 三者(삼자): 성지(聖智), 인의(仁義), 교리(巧利).
　文(문): 조문. 법칙.

4) 屬(속): 귀속하다. 적응하다. 기준이 되다.
　令有所屬(영유소속): 사람들의 생각과 인식의 기준으로 삼게 하다. '令'은 사역형 조사로서, '하여금 使(사)'와 같다.

5) 見素抱樸(견소포박): 소박한 자연본색을 유지하다. '素'는 물들이지 않은 실이고, '樸'은 조각하지 않은 나무이다.

6) 少思寡欲(소사과욕): 잡념과 욕심을 줄이다.

7) 絶學(절학): 성지, 인의, 교리에 관한 일체의 학문을 차단하다.
　無憂(무우): 번뇌가 사라지다. 걱정근심을 면하다.

08 有物混成[1], 先天地生[2]. 寂兮寥兮[3], 獨立而不改[4], 周行而不殆[5],
유물혼성 선천지생 적혜막혜 독립이불개 주행이불태

可以爲 天地母[6]. 吾不知其名, 強字之曰道[7], 強爲之名曰大[8].
가이위 천지모 오부지기명 강자지왈도 강위지명왈대

「제25장」

■ 어휘 설명

1) 物(물): 도(道)를 가리킨다.

  混成(혼성): 뒤섞여 이루어지다. 태초의 질박한 상태를 가리킨다.

2) 先(선): 우선하다. 먼저 하다.

3) 寂兮寥兮(적혜막혜): 소리도 없고 형체도 없다.

4) 獨立而不改(독립이불개): 스스로 존재하며 변화하지 않는다. 도의 독립성과 영원성을 형용한다.

5) 周行(주행): 순환운행하다.

  殆(태): 쉬다. 휴식하다.

6) 天地母(천지모): 천지만물의 도. 천지만물이 도로부터 생겨나므로 '母'라고 부른다.

7) 強字之(강자지): 억지로 명명(命名)하다.

8) 爲之名(위지명): 그것에 이름을 붙이다.

  大(대): 도가 무변무제(無邊無際)하며 역량이 무궁(無窮)함을 형용한다.

제1장 9

09 大曰逝¹, 逝曰遠, 遠曰反². 故道大, 天大, 地大, 人亦大³. 域中有
　　　대 왈 서　서 왈 원　원 왈 반　　고 도 대　천 대　지 대　인 역 대　　역 중 유

四大⁴, 而人居其一焉⁵. 人法地⁶, 地法天, 天法道, 道法自然⁷.
사 대　이 인 거 기 일 언　　인 법 지　지 법 천　천 법 도　도 법 자 연

「제25장」

■ 어휘 설명

1) 逝(서): 가다. 운행하다. '도'의 운행이 끊임없이 순환하며 영원히 멈추지 않는 상태를 가리킨다.
2) 反(반): 되돌아보다. '返'과 같다.
3) 人亦大(인역대): 사람은 하늘, 땅과 나란히 삼재(三才)이므로 사람 역시 '도'인 동시에 위대하다.
4) 域中(역중): 공중. 우주 사이.
5) 居其一焉(거기일언): 그 중에 하나를 차지하다.
6) 法(법): 본받다. 모방하다.
7) 道法自然(자연): 도는 자연을 본받는다. 도는 온전히 자연을 본받으므로 자연의 질서에 맡긴다는
　　뜻이다.

10　夫兵者¹, 不祥之器, 物或惡之², 故有道者不處³. 君子居則貴左⁴, 用
　　부 병 자　불 상 지 기　물 혹 오 지　고 유 도 자 불 처　군 자 거 즉 귀 좌　용

　　兵則貴右⁵. 兵者不祥之器, 非君子之器. 不得已而用之, 勝而不美⁷,
　　병 즉 귀 우　병 자 불 상 지 기　비 군 자 지 기　부 득 이 이 용 지　승 이 불 미

　　而美之者, 是樂殺人. 夫樂殺人者, 則不可得志於天下矣.
　　이 미 지 자　시 낙 살 인　부 낙 살 인 자　즉 불 가 득 지 어 천 하 의

「제31장」

■ 어휘 설명

1) 兵(병): 병기. 무기.

2) 物或(물혹): 사람 모두. '物'은 사람을 가리킨다.

　 惡(오, wù): 혐오하다. 싫어하다. 사람들이 싫어하는 물건이라는 뜻이다.

3) 處(처): 차지하다. 사용하다.

4) 貴左(귀좌): 좌를 중시하다. 고대인은 좌가 양(陽), 우가 음(陰)이라고 여겨 예법제도에서 양을 생성
　 하고 음을 봉쇄하기 위해 좌를 중시했다.

5) 貴右(귀우): 우를 중시하다. 용병술을 능한 자는 정공법보다는 음모(陰謀)의 사용이 불가피하므로 우를
　 중시했다.

6) 恬淡(염담): 과욕부리지 않다. 사심 없이 담담히 처리하다.

7) 美(미): 미화하다. 송양(頌揚)하다. 득의양양하다.

11 知人者智¹, 自知者明². 勝人者有力, 自勝者強³. 知足者富, 強行
　　 지인자지　　자지자명　　승인자유력　　자승자강　　지족자부　　강행

者有志⁴. 不失其所者久⁵, 死而不亡者壽⁶.
자유지　　불실기소자구　　사이불망자수

「제33장」

■ 어휘 설명

1) 智(지): 지혜롭다.
2) 明(명): 총명하다.
3) 強(강): 강자. 결단력이 강하다.
4) 強行(강행): 힘써 행하다. 강인하게 실천하다.
   志(지): 의지력.
5) 其所(기소): 제자리. 자기 본분.
6) 亡(망): 사상과 업적 곧 '도(道)'가 사라지다.
   壽(수): 장수하다.

12

上士聞道, 勤而行之; 中士聞道, 若存若亡[1]; 下士聞道, 大笑之[2]. 不笑
상사문도 근이행지 중사문도 약존약망 하사문도 대소지 불소

不足以爲道. 故建言有之[3], 明道若昧[4], 進道若退, 夷道若纇[5].
부족이위도 고건언유지 명도약매 진도약퇴 이도약뢰

上德若谷, 大白 若辱[6], 廣德若不足, 建德若偸[7], 質眞若渝[8].
상덕약곡 대백 약욕 광덕약부족 건덕약투 질진약투

大方無隅[9], 大器晩成, 大音希聲[10], 大象無形[11], 道隱無名[12]. 夫唯道[13],
대방무우 대기만성 대음희성 대상무형 도은무명 부유도

善貸且成[14].
선 대 차 성

「제41장」

▌어휘 설명

1) 若存若亡(약존약망): 마음에 간직한 듯 잊어버린 듯하다. 반신반의하다.
2) 笑(소): 비웃다.
3) 建言有之(건언유지): 입언자(立言者)가 이렇게 말하다. 목적격대명사 '之'가 목적어보다 앞에 놓였다.
4) 明道若昧(명도약매): ① 도에 밝은 사람은 오히려 몽매한 듯 보인다. ② 명백한 도리도 알면 알수록 애매모호해진다.
5) 夷道若纇(이도약뢰): 평탄한 길이 기복이 심해 다니기 힘들게 보인다.
6) 大白若辱(대백약욕): 너무 깨끗하면 더러운 듯 욕을 한다.
7) 建德若偸(건덕약투): 덕을 행하면 마치 도둑인양 얄미워한다.
8) 質眞若渝(질진약투): 품질이 완벽하면 마치 모방품 같아 보인다.
9) 大方無隅(대방무우): 거대한 사각형은 모서리가 보이지 않는다.
10) 大音希聲(대음희성): 너무 큰 소리는 귀를 멀게 해 들리지 않는다. '希'는 드물다는 뜻이다.
12) 大象無形(대상무형): 너무 큰 형상은 모습을 알 수 없다.
13) 道隱無名(도은무명): 도는 은밀하여 이름 붙일 수 없다.
13) 夫唯(부유): 단지 ~만이. 오로지 ~이라야만.
14) 善(선): ~에 능하다.
　　貸且成(대차성): 베풀고 또한 완성시키다. 자연만물의 특성을 잘 보존해 시종일관 도를 떠나지 않도록 도와준다는 뜻이다.

13 使我介然有知¹, 行於大道, 唯施是畏². 大道甚夷³, 而人好徑⁴.
　　사 아 개 연 유 지　행 어 대 도　유 시 시 외　대 도 심 이　이 인 호 경

　　朝甚除⁵, 田甚蕪⁶, 倉甚虛, 服文采⁷, 帶利劍, 厭飮食⁸, 財貨有餘⁹,
　　조 심 제　전 심 무　창 심 허　복 문 채　대 이 검　염 음 식　재 화 유 여

　　是謂盜竽¹⁰. 非道也哉¹¹!
　　시 위 도 우　　비 도 야 재

「제53장」

■ 어휘 설명

1) 我(아): 나. 도를 지닌 성인 곧 노자 자신을 가리킨다.
　　介然有知(개연유지): 아주 조금이나마 지식을 지니다.
2) 施(시): 나쁜 길. 사악한 길.
　　唯施是畏(유시시외): 오로지 사악한 길로 빠질까 걱정하다.
3) 甚夷(심이): 심히 평탄하다.
4) 人(인): 인군(人君).
　　好徑(호경, hào jìng): 사악한 길을 좋아하다.
5) 朝(조): 조정. 궁전.
　　除(제): ① 부패하다. ② 정결하다.
6) 蕪(무): 황폐하다. 잡초가 우거지다.
7) 服文采(복문채): 수를 놓은 화려한 비단옷을 입다.
8) 厭(염): 물리다. 싫증나리만큼 배부르다.
9) 有餘(유여): 남아돌다.
10) 盜竽(도우): 대도(大盜). 도둑의 우두머리.
11) 非道(비도): 무도(無道)함.

■ 어법 설명

唯A是B: 오로지 A만 B하다, B하는 것은 오직 A만이다
　惟利是圖(유리시도) 오로지 이익만 도모한다.
　惟命是從(유명시종) 명령만 내리면 따르겠다.
　惟予首是瞻(유여수시첨) 오로지 내 머리만 쳐다보아라.

14 爲無爲, 事無事¹, 味無味². 大小多少³. 報怨以德⁴. 圖難於其易⁵, 爲
위무위　사무사　미무미　대소다소　보원이덕　도난어기이　위

大於其細⁶; 天下難事, 必作於易; 天下大事, 必作於細. 是以聖人終
대어기세　천하난사　필작어이　천하대사　필작어세　시이성인종

不爲大⁷, 故能成其大. 夫輕諾必寡信⁸, 多易必多難. 是以聖人猶
불위대　고능성기대　부경낙필과신　다이필다난　시이성인유

之⁹, 故終無難矣.
지　고종무난의

「제63장」

▌어휘 설명

1) 事無事(사무사): 일을 만들지 않는다는 원칙을 세워 일을 처리하다.

2) 味無味(미무미): 무미건조한 맛을 맛의 기준으로 삼다.

3) 大小多少(대소다소): ① 큰 것은 작은 것에서 생겨나고, 많은 것은 작은 것에서 생겨난다. ② 큰 것을 작은 것으로, 작은 것은 큰 것으로, 많은 것은 적은 것으로, 적은 것은 많은 것으로 여기다. ③ 큰 것을 버리고 작은 것을 취하고, 많은 것을 버리고 적은 것을 취하다.

4) 報怨以德(규원이덕): 원한을 덕으로 갚다.

5) 圖難於其易(도난어기이): 난제는 쉬운 일부터 해결하다.

6) 爲大於其細(위대어기세): 대사는 세미한 일부터 착수하다.

7) 不爲大(불위대): 대업을 욕심내지 않다. 큰 공을 탐내지 않다.

8) 輕諾(경낙): 쉽게 나오는 승낙.
　寡信(과신): 신용할 수 없다. 실현되기 어렵다.

9) 猶難之(유난지): 오히려 어렵게 여기다.

15 民之饑¹, 以其上食稅之多²; 民之難治³, 以其上之有爲⁴. 民之輕死⁵,
민 지 기   이 기 상 식 세 지 다   민 지 난 치   이 기 상 지 유 위   민 지 경 사

以其上求生之厚⁶, 是以輕死. 夫唯無以生爲者⁷, 是賢於貴生⁸.
이 기 상 구 생 기 후   시 이 경 사   부 유 무 이 생 위 자   시 현 어 귀 생

「제75장」

■ 어휘 설명

1) 饑(기): 굶주리다. 기아로 고통 받다.

2) 上(상): 임금. 통치자.
   食稅(식세): 세금을 축내다. 세금을 가렴주구해서 사치로 낭비하다.

3) 之(지): 목적격대명사.

4) 有爲(유위): 일을 벌이다. 공적을 만들다. 제도와 법률의 정비, 축성, 부역, 전쟁 등 정치적 업적을
   쌓는 통치행위를 가리킨다.

5) 輕(경): 경시하다. 가볍게 여기다.

6) 求生之厚(구생지후): 군왕의 양생(養生)욕구가 지나치게 사치스럽다.

7) 無以生爲者(무이생위자): 통치의 중점을 일신의 양생에 두지 않는 군왕. ② 민생을 위한답시고 일을
   벌이지 않는 군왕.

8) 是(시): 이것. 이런 군왕. 지시대명사이다.
   賢於貴生(현어귀생): ① 지나치게 양생을 중시하는 군왕보다 낫다. '於'는 비교격조사이다.
   ② 진정으로 양생에 능한 군왕이다. '於'는 처소격조사이다.

■ 어법 설명

以(이)

① 이유격 조사: ~때문에, ~로 인해서, ~해서이다.
   君子不以言擧人(군자불이언거인) 군자는 남의 말로 인해 사람을 등용하지 않는다.

② 기구격 조사: ~로써, ~를 가지고
   易之以羊(역지이양) 그것을 양으로 바꾸어라.

③ 자격격 조사: ~로서
   以布衣治經術爲丞相(이포의치경술위승상) 평민의 신분으로 경학을 공부하여 승상이 되었다.

④ 이유, 원인. '由'와 같다.

古人秉燭夜遊, 良有以也(고인병촉야유, 양유이야) 옛사람이 촛대를 잡고 밤새워 논 것은 참으로 이유가 있었다.

16 　天之道, 損有餘而補不足¹; 人之道則不然², 損不足以奉有餘³. 聖人
　　천지도 　손유도이보부족 　인지도즉불연 　손부족이봉유여 　성인

　　爲而不恃⁴, 功成而不處, 其不欲見賢⁵.
　　위이부시 　공성이불처 　기불욕현현

「제77장」

▌어휘 설명

1) 損有餘(손유여): 넉넉한 부분을 들어내다.

　　補不足(보부족): 부족한 부분을 보충하다.

2) 人之道(인지도): 인간사회의 규율.

　　不然(불연): 그렇지 않다.

3) 奉(봉): 섬기다. 봉헌하다.

4) 爲而不恃(위이불시): 뭔가 성취하지만 자랑하지 않는다.

5) 見賢(현현): 자신의 능력을 드러내다.

17 信言不美¹, 美言不信. 善者不辯², 辯者不善. 知者不博³, 博者不知.
　　신 언 불 미　미 언 불 신　선 자 불 변　변 자 불 선　지 자 불 박　박 자 부 지

　　聖人不積⁴, 旣以爲人己愈有⁵, 旣以與人己愈多⁶. 天之道, 利而不害⁸.
　　성 인 부 적　기 이 위 인 기 유 유　기 이 여 인 이 유 다　천 지 도　이 이 불 해

　　聖人之道, 爲而不爭⁹.
　　성 인 지 도　위 이 부 쟁

「제81장」

■ 어휘 설명

1) 信言(신언): 진실한 말. 성실한 말.

　美(미): 번지레하다. 언변이 화려하다. 말에 수식이 많음을 가리킨다.

2) 善者(선언): 선량한 사람.

　辯(변): 달변이다. 말솜씨가 좋다.

3) 博(박): 박식하다. 여기서는 자신의 박식함을 자랑한다는 뜻이다.

4) 積(적): 쌓아두다. 소유욕이 강하다.

5) 爲人(위인): 남을 위하다. 남을 보살피다.

　己愈有(기유유): 자신이 더욱 충실해지다.

6) 與人(여인): 남에게 주다.

　己愈多(기유다): 자신이 더욱이 풍족해지다. '多'는 여기서는 '풍부해지다'라는 뜻이다.

7) 利而不害(이이불해): 만물을 이롭게 하고 손해를 끼치지 않는다.

8) 爲而不爭(위이부쟁): 무슨 일을 해도 남과 다투지 않는다.

우리말 해석

01 제1장

'도'는 말로 표현할 수 없으며, 표현할 수 있으면 영원불변한 '도'가 아니다.

02 제2장

천하 만인 모두 아름다움이 왜 아름다운지 알며, 이에 '못남'이란 개념도 생겨난다. 모두 선이 왜 선인지 알며, 이에 따라 '악'이란 개념이 생겨난다.

03 제3장

나라의 임금이 현자(賢者)를 숭상하지 않아야 백성들의 다툼이 없어지고, 귀한 재물을 중시하지 않아야 백성들을 도둑으로 만들지 않으며, 탐나는 물건을 과시하지 않아야 백성들을 혼란에 빠뜨리지 않는다. 그러므로 성인은 저들 지식과 재주를 가진 이들로 하여금 감히 일을 꾸미거나 망령되이 하지 못하도록 다스릴 뿐이다. 이와 같다면 잘 다스려지지 않을 일이 없을 것이다.

04 제8장

최상의 선은 흐르는 물과 같다. 물은 만물을 이롭게 하지만 앞을 다투지 않으며, 모든 사람이 싫어하는 낮은 곳에 거하므로 물은 거의 '도'의 속성과 가깝다.

05 제9장

자만하고 넘침은 적절함만 못하고, 너무 날카로워 송곳이 삐쳐 나오면 길게 보전하지 못한다. 금과 옥이 집에 가득 차있으면 지켜낼 방도가 없으며, 부귀하나 교만하면 반드시 스스로 화를 자초한다. 공을 이루면 스스로 물러나는 것이 하늘의 도리이다.

06 제18장

대도가 쇠퇴한 이후에 인의가 생겨나고, 지혜가 나타난 이후에 큰 사기꾼이 등장한다. 가족 사이(父子, 兄弟, 夫婦)에 화목이 깨진 이후에 효도와 자애의 관념이 생겨나고, 국가가 혼란에 빠진 이후에 충신이 나타난다.

07 제19장

성인을 차단하고 지혜를 버려야 백성의 혜택이 백 배가 된다. 인간의 천성을 속박하는 인을 차단하고 의를 버려야 백성이 다시 효성과 자애로움을 회복한다. 재주를 차단하고 이익을 포기해야 도둑이 사라진다. 성지(聖智), 인의(仁義), 교리(巧利) 이 세 가지는 사회병폐를 치리하는 법칙이 되기에 부족하다. 따라서 사람들의 생각과 인식에 기준이 생기도록 하고자 하니, 소박한 본성을 간직하고, 잡념과 욕심을 줄이고, 성지(聖智), 인의(仁義), 교리(巧利)에 관한 일체의 학문을 내던져야 번뇌가 사라진다.

08 제25장

하나의 혼성 물질이 천지보다 먼저 생겨났다. 소리도 없고 형체도 없이 만물 위에 홀로 우뚝 서서 영원히 바뀌지 않으며, 우주 안을 두루 돌아다니며 영원히 멈추지 않으니, 천지만물을 창조한 모태라고 말할 수 있다. 나는 그것의 이름을 몰라 억지로 잠시 '도'라고 부르고, 억지로 잠시 '대'라고 명명한다.

09 제25장

도는 광대무변하면서 쉬지 않고 운행하며, 쉬지 않고 운행하면서 멀리 아득하게 퍼져가며, 멀리 아득하게 퍼져갔다가 본원으로 되돌아온다. 그러므로 도가 크고 하늘이 크며, 대지가 크고 사람도 크다. 우주에 네 가지 큰 것이 있으며, 사람이 그 중에 하나를 차지한다. 사람은 (만물을 싣는) 땅을 본받고, 땅은 (만물을 포용하는) 하늘을 본받고, 하늘은 (만물을 양육하지만 주인 행세하지 않는) 도를 본받고, 도는 (완전히 본성에서 나온) 자연을 본받는다.

10 제31장

병기는 상스럽지 못한 기물이다. 만인이 모두 싫어하므로 도를 지닌 사람은 사용하지 않는다. 군자는 평소에 거처할 때 왼쪽을 중시하며, 용병술을 펼 때는 오른쪽을 중시한다. 병기는 상스럽지 못한 기물이며 군자의 기물이 아니다. 부득이하게 사용한다면 과욕을 부리지 않아야 최상이다. 승리해도 미화하지 말며, 미화한다면 이는 살인을 즐기는 자이다. 살인을 즐기는 자는 천하에 뜻을 펴지 못한다.

11 제33장

남의 장단점을 아는 것이 지혜이고, 자신의 본성을 아는 것이 총명함이다. 남을 이기긴 자는 힘이 세고, 자신을 이긴 자는 결단력이 강하다. 자족할 아는 자는 마음이 부자이고, 굳세게 실천하는 자는 의지력이 있다. 자기 분수를 잃지 않는 자는 오래가고, 죽어도 생전의 도가 사라지지 않으면 장수하는 자이다.

12 제41장

최고 선비는 도를 듣고서 부지런히 실천하며, 보통 선비는 도를 듣고서 반신반의하며, 못난 선비는 도를 듣고서 비웃는다. 비웃음을 사지 않으면 도가 되기에 부족하다고 할 것이다. 따라서 옛 어른이 이런 말을 남겼다. 도통한 사람은 어리석은 듯 보이며, 진취적인 도는 퇴행적인 듯이 보이며, 평탄한 길은 기복이 심해 다니기 힘든 듯이 보이며, 숭고한 덕망은 깊은 골짜기에 숨은 듯 보이며, 가장 깨끗한 것에 오점이 숨은 듯하며, 넓은 덕을 가진 인사는 부족한 듯이 보이며, 덕을 행하면 마치 도둑인양 얄미워하며, 품질이 완벽하면 마치 모방품 같아 보인다. 거대한 사각형은 모서리가 보이지 않으며, 큰 그릇은 더디게 만들어지며, 너무 큰 소리는 귀를 멀게 하며, 너무 큰 형상은 모습을 볼 수 없으며, 진정한 도는 은밀해서 뭐라고 개념화할 수 없다. 오로지 도만이 만물의 자연스런 특성을 보존토록 잘 도와준다.

13 제53장

만일 내가 아주 조금이나마 지식을 지니고 대로를 다닌다면 오로지 사악한 길로 빠질까 근심한다. 대로가 비록 평탄할지라도 임금은 사악한 길로 빠지길 좋아한다. 조정의 부패가 이미 극심하여 논밭이 거의 황무지가 되고 창고가 텅텅 비었으나 임금은 여전히 화려하게 수를 놓은 비단옷을 입었으며, 예리한 검을 차고 산해진미를 물리도록 먹으면서 재물이 남아도니 이를 일러 큰 도둑놈이라고 한다. 얼마나 무도한 짓인가!

14 제63장

무위의 태도로 일을 하며, 일을 벌이지 않는 태도로 일을 처리하며, 담백하고 무미한 맛을 맛의 기준으로 삼는다. 큰 것은 작은 것에서 생기고 많은 것은 적은 것에서 생긴다. 나를 원망하는 자에게 무위의 덕으로 응대한다. 어려운 일 처리는 쉬운 일부터 해결하고, 원대한 계획의 실현은 미세한 부분에서 착수한다. 천하의 난제는 반드시 쉬운 일부터 해결해야 하며, 천하의 대사는 반드시 미세한 부분으로부터 시작해야 한다. 따라서 성인은 시종일관 큰 공로를 탐하지 않으므로 대업을 이룰 수 있다. 쉽게 나오는 승낙은 틀림없이 신용할 수 없으며, 일을 너무 쉽게 보면 반드시 많은 난제가 도사린다. 따라서 성인은 오히려 만사를 어렵게 여기므로 끝내 어려움이 뒤따르지 않는다.

15 제75장

백성이 굶주리는 것은 군왕이 세금을 사치로 마구 낭비해서이다. 백성을 다스리기 어려운 것은 군왕이 업적을 이루려고 무리해서이다. 백성이 죽음을 가벼이 여기는 것은 군왕의 양생 욕구가 과중해서이며, 이 때문에 백성은 차라리 죽음을 택한다. 자신의 양생에 통치의 중점을 두지 않는 군왕이야말로 일신의 양생만 일삼는 군왕보다 현명하다.

16 제77장

하늘의 방식은 여유 있는 자의 일부를 덜어내어 부족한 자의 필요를 채워준다. 인간의 방식은 그렇지 않으니, 부족한 자의 것을 덜어내어 여유 있는 자의 필요를 봉양하도록 한다. 그러므로 성인은 만물을 양육하되 자랑하지 않고, 업적을 성취하되 그 공을 차지하지 않으며, 그는 자기의 능력을 드러내려는 욕심이 없다.

17 제81장

진실한 말은 달콤하지 않고, 달콤한 말은 진실하지 않다. 선량한 사람은 달변이지 않으며, 달변이면 선량하지 않다. 지혜로운 사람은 박식을 자랑하지 않으며, 박식을 자랑하면 지혜롭지 못하다. 성인은 쌓아두지 않으며, 이미 남을 위해 헌신했으므로 자신이 더욱 충실해지며, 이미 남에게 주었으므로 자신이 더욱 풍성해진다. 하늘의 원칙은 만물을 이롭게 하지 손해를 끼치지 않는다. 성인의 행위준칙은 무슨 일을 해도 남과 다투지 않는다.

제2장

1. 兼愛(겸애)

01 聖人以治天下爲事者也¹, 不可不察亂之所自起². 當察亂何自起, 起
성 인 이 치 천 하 위 사 자 야　 불 가 불 찰 난 지 소 자 기　 당 찰 난 하 자 기　 기

不相愛 …… 若使天下兼相愛, 愛人若愛其身, 猶有不孝者乎³?
불 상 애　 　 약 사 천 하 겸 상 애　 애 인 약 애 기 신　 유 유 부 효 자 호

視父兄與君若其身, 惡施不孝⁴? 猶有不慈者乎? 視弟子與臣若其身,
시 부 형 여 군 약 기 신　 오 시 불 효　 유 유 부 자 자 호　 시 제 자 여 신 약 기 신

惡施不慈? 故不孝不慈亡有⁵. 猶有盜賊乎? 故視人之室若其室,
오 시 부 자　 고 불 효 부 자 무 유　 유 유 도 적 호　 고 시 인 지 실 약 기 실

誰竊⁶? 視人身若其身, 誰賊⁷? 故盜賊亡有. 猶有大夫之相亂家⁸,
수 절　 시 인 신 약 기 신　 수 적　 고 도 적 무 유　 유 유 대 부 지 상 난 가

諸侯之相攻國者乎⁹? 視人家 若其家, 誰亂? 視人國若其國, 誰攻?
제 후 지 상 공 국 자 호　 시 인 가　 약 기 가　 수 란　 시 인 국 약 기 국　 수 공

故大夫之相亂家, 諸侯之相攻國 者亡有. 若使天下兼相愛, 國與國
고 대 부 지 상 란 가　 제 후 지 상 공 국　 자 무 유　 약 사 천 하 겸 상 애　 국 여 국

不相攻, 家與家不相亂, 盜賊無有, 君臣父子皆能孝慈, 若此則天
불 상 공　 가 여 가 불 상 란　 도 적 무 유　 군 신 부 자 개 능 효 자　 약 차 즉 천

下治.
하 치

「兼愛겸애 · 上상」

■ 어휘 설명

1) 事(사): 일. 임무. 직업.

2) 自起(자기): 기인하다. 시작하다.

3) 猶(유): 오히려.

4) 惡(오 wū): 어찌. 어떻게.

   施(시): 행하다. 저지르다.

5) 亡有(무유): 없다. 있지 않다. 옛 판본에는 '有'자가 빠져있다.

6) 竊(절): 훔치다.

7) 賊(적): 해치다. 상해하다.

8) 亂家(난가): 남의 집안을 침해하다.

9) 國(국): 봉국(封國).

02 子墨子自魯卽齊[1], 過故人[2], 謂子墨子曰: "今天下莫爲義[3], 子獨自苦
자 묵 자 자 노 즉 제　　과 고 인　　위 자 묵 자 왈　　금 천 하 막 위 의　　자 독 자 고

而爲義[4], 子不若已[5]." 子墨子曰: "今有人於此, 有子十人[6], 一人耕
이 위 의　　자 불 약 이　　자 묵 자 왈　　금 유 인 어 차　유 자 십 인　　일 인 경

而九人處[7], 則耕者不可以不益急矣[8]. 何故[9]? 則食者衆而耕者寡也.
이 구 인 처　　즉 경 자 불 가 이 불 익 급 의　　하 고　　즉 식 자 중 이 경 자 과 야

今天下莫爲義, 則子如勸我者也[10], 何故止我?"
금 천 하 막 위 의　즉 자 여 권 아 자 야　　하 고 지 아

「貴義귀의」

■ 어휘 설명

1) 自(자): ~로부터.
   卽(즉): ~로 가다. 나아가다.
2) 過(과): 들르다.
   故人(고인): 옛 친구.
3) 莫爲義(막위의): 아무도 의를 행하지 않다.
4) 子(자): 그대. 당신. 이인칭대명사.
5) 不若已(불약이): 그만둠만 못하다.
6) 子(자): 아들.
7) 處(처): 한거(閑居)하다. 빈둥거리다.
8) 益急(익급): 더욱 긴장하다. 더욱 다급해지다.
9) 故(고): 연고. 까닭.
10) 如(여): 응당. 당연히.

03

子墨子曰: 國有七患. 七患者何? 城郭溝池不可守[1], 而治宮室[2], 一
자묵자왈   국유칠환   칠환자하   성곽구지불가수   이치궁실   일

患也. 邊國至境[3], 四鄰莫救, 二患也. 先盡民力無用之功[4], 賞賜無
환야   변국지경   사린막구   이환야   선진민력무용지공   상사무

能之人, 民力盡於無用, 財寶虛於待客[5], 三患也. 仕者持祿[6], 遊者
능지인   민력진어무용   재보허어대객   삼환야   사자지록   유자

愛佼[7], 君修法討臣[8], 臣懾而不敢拂[9], 四患也. 君自以爲聖智而不
애교   군수법토신   신섭이불감불   사환야   군자이위성지이불

問事[10], 自以爲安彊而無守備[11], 四鄰謀之不知戒[12], 五患也. 所信
문사   자이위안강이무수비   사린모지부지계   오환야   소신

者不忠, 所忠者不信, 六患也. 畜種菽粟不足以食之[13], 大臣不足
자불충   소충자불신   육환야   축종숙속부족이식지   대신부족

以事之, 賞賜不能喜, 誅罰不能威[14], 七患也. 以七患居國, 必無社
이사지   상사불능희   주벌불능위   칠환야   이칠환거국   필무사

稷; 以七患守城, 敵至國傾. 七患之所當[15], 國必有殃.
직   이칠환수성   적지국경   칠환지소당   국필유앙

「七患칠환」

▌어휘 설명

1) 溝池(구지): 해자(垓字). 성곽 주위를 둘러 있는 도랑.

2) 治(치): 짓다. 쌓다. 수축(修築)하다.

3) 邊國(변국): 변방의 적국.

4) 無用之功(무용지공): 쓸데없는 일.

5) 虛(허): 텅 비다. 허비하다. 낭비하다.

6) 持祿(지록): 봉록을 유지하다. 무사안일로 자리만 지킨다는 뜻이다.

7) 遊者(유자): 학문을 하고도 출사(出仕)하지 않은 자.
   佼(교): 교제하다. 결당(結黨)하다. '交(사귈 교)'와 같다.

8) 討(토): 토벌하다. 주살(誅殺)하다.

9) 懾(섭): 두려워하다.

拂(불): 어기다. 대들다. 항명하다.

10) 問事(문사): 정사를 돌보다. 정사를 자문하다.

11) 安彊(안강): 안온하고 강성하다.

12) 謀(모): 공격을 도모하다.

13) 畜種(축종): 가축. 짐승.

菽粟(숙속): 콩과 조. 곡식의 총칭이다.

14) 威(위): 겁주다. 위협하다.

15) 當(당): 존재하다.

04 子墨子怒耕柱子¹. 耕柱子曰: "我無愈於人乎²?" 子墨子曰: "我將上
　　자묵자노경주자　　경주자왈　　아무유어인호　　자묵자왈　　아장상

太行³, 駕驥與羊⁴, 子將誰策⁵?" "耕柱子曰: "將策驥也."
태항　　가기여양　　자장수책　　경주자왈　　장책기야

"子墨子曰: "何故策驥也⁶?" 耕柱子曰: "驥足以責⁷."
　자묵자왈　　하고책기야　　경주자왈　　기족이책

子墨子曰: "我亦以子爲足以責⁸, 故怒之." 耕柱子悟⁹.
자묵자왈　　아역이자위족이책　　고노지　　경주자오

「耕柱경주」

▌어휘 설명

1) 怒(노): 나무라다.

　　耕柱子(경주자): 묵자의 제자.

2) 愈於人(유어인): 남보다 낫다. 여기서의 '於'는 비교격 조사이다.

3) 太行(태항 Taiháng): 태항산. 북경을 비롯하여 산서, 하북, 하남 세 성에 걸쳐 이어지는 큰 산맥이다.

4) 駕驥與羊(가기여양): 천리마와 양을 몰다. '羊'은 '牛'의 오기로 의심된다.

5) 誰策(수책): 어느 것을 몰겠는가.

6) 故(고): 연고. 까닭. 이유.

7) 足以責(족이책): 채찍질할만하다. '責'은 '策(채찍 책)'과 같다.

8) 以A子B(이A위B): A를 B로 여기다.

9) 悟(오): 깨닫다. 각성하다.

05 巫馬子謂子墨子曰[1]: "子兼愛天下, 未云利也; 我不愛天下, 未云賊也[2].
　　무 마 자 위 자 묵 자 왈 　　자 겸 애 천 하 　미 운 이 야 　아 불 애 천 하 　미 운 적 야

功皆未至[3], 子何獨自是而非我哉[4]?" 子墨子曰: "今有燎者於此[5], 一
공 개 미 지 　자 하 독 자 시 이 비 아 재 　　자 묵 자 왈 　금 유 요 자 어 차 　　일

人奉水[6], 將灌之[7]; 一人摻火[8], 將益之. 功皆未至, 子何貴於二人[9]?"
인 봉 수 　장 관 지 　일 인 섬 화 　장 익 지 　공 개 미 지 　자 하 귀 어 이 인

巫馬子曰: "我是彼奉水者之意, 而非夫摻火者之意." 子墨子曰: "吾
무 마 자 왈 　아 시 피 봉 수 자 지 의 　이 비 부 삼 화 자 지 의 　　자 묵 자 왈 　오

亦是吾意[10], 而非子之意也."
역 시 오 의 　　이 비 자 지 의 야

「耕柱경주」

■ 어휘 설명

1) 巫馬子(무마자): 묵자의 변론상대로 『묵자』에 여러 번 등장한다.

2) 賊(적): 해치다. 훼손하다.

3) 功(공): 효과. 결과.
　　至(지): 나타나다.

4) 是(시): 찬성하다. 옳다고 여기다.
　　非(비): 비난하다. 틀렸다고 여기다.

5) 燎(요): 방화(放火)하다.

6) 奉(봉): 두 손으로 받쳐 들다. '捧(받들 봉)'과 같다.

7) 灌(관): 물을 뿌려서 불을 끄다.

8) 摻(삼 shǎn): 가져오다.

9) 貴(귀): 귀하게 여기다. 높이 평가하다.

10) 吾意(오의): 나의 이념.

2. 反戰(반전)

01　民有三患: 飢者不得食, 寒者不得衣, 勞者不得息, 三者民之巨患也.
　　민유삼환　기자부득식　한자부득의　노자부득식　삼자민지거환야

　　然卽當爲之撞巨鍾·擊鳴鼓·彈琴瑟·吹竽笙而揚干戚[1], 民衣食之
　　연즉당위지당거종　격명고　탄금슬　취우생이양간척　　민의식지

　　財將安可得乎[2]? 卽我以爲未必然也. 意舍此[3]. 今有大國卽攻小國,
　　재장안가득호　　즉아이위미필연야　　의사차　　금유대국즉공소국

　　有大家卽伐小家, 强劫弱[4], 衆暴寡[5], 詐欺愚[6], 貴傲賤[7], 寇亂盜賊並
　　유대가즉벌소가　강겁약　중폭과　사기우　귀오천　구란도적병

　　興[8], 不可禁止也. 然卽當爲之撞巨鍾·擊鳴鼓·彈琴瑟·吹竽笙而
　　흥　　불가금지야　연즉당위지당거종　격명고　탄금슬　취우생이

　　揚干戚, 天下之亂也, 將安可得而治與? 卽我未必然也. 是故子墨
　　양간척　천하지란야　장안가득이치여　　즉아미필연야　시고자묵

　　子曰: "姑嘗厚措斂乎萬民[9], 以爲大鍾·鳴鼓·琴瑟·竽笙之聲, 以
　　자왈　고상후조렴호만민　　이위대종　명고　금슬　우생지성　이

　　求興天下之利, 除天下之害而無補也[10]." 是故子墨子曰: "爲樂[11], 非也[12]."
　　구흥천하지리　제천하지해이무보야　　　시고자묵자왈　위악　비야

「非樂비악·上상」

■ 어휘 설명

1) 當(당): ~했을 때. ~을 당면했을 때.

　 爲之撞巨鍾(위지당거종): 그들을 위해 큰 종을 치다.

　 吹竽笙(취우생): 피리와 생황을 불다.

　 揚干戚(양간척): 방패와 도끼를 휘두르며 춤추다.

2) 安(안): 어떻게. 위문대명사.

3) 意舍此.(의사차): 잠시 이 문제를 제쳐두다. 舍는 버릴 '捨(사)'와 같다.

4) 劫(겁): 빼앗다. 노략질하다.

5) 暴(폭): 괴롭히다. 폭력을 가하다.

6) 詐欺愚(사기우): 사기꾼이 어리석은 자를 속이다.

7) 傲(오): 오만을 부리다.

8) 寇亂(구란): 외우내란(外憂內亂).

9) 姑嘗(고상): 우선 시험 삼아.

   厚措斂(후조렴): 중세(重稅)를 부과해 거둬들이다. 곧 가렴주구(苛斂誅求)한다는 뜻이다.

10) 除(제): 제거하다.

   無補(무보): 보탬이 되지 않다. 도움이 되지 않다.

11) 爲樂(위악): 음악을 하다. 음악에 종사하다. 악기를 만들다.

12) 非(비): 그릇되다. 잘못이다. 비판하다.

02 殺一人謂之不義, 必有一死罪矣, 若以此說往, 殺十人十重不義[1],
　　　살 일 인 위 지 불 의　　필 유 일 사 죄 의　　약 이 차 설 왕　　살 십 인 십 중 불 의

必有十死罪矣; 殺百人百重不義, 必有百死罪矣. 當此[2], 天下之君
필 유 십 사 죄 의　　살 백 인 백 중 불 의　　필 유 백 사 죄 의　　당 차　　천 하 지 군

子皆知而非之[3], 謂之不義. 今至大爲不義攻國, 則弗知非, 從而譽
자 개 지 이 비 지　　위 지 불 의　　금 지 대 위 불 의 공 국　　즉 부 지 비　　종 이 예

之[4], 謂之義, 情不知其不義也[5], 故書其言以遺後世[6]. 若知其不義
지　　위 지 의　　정 부 지 기 불 의 야　　고 서 기 언 이 유 후 세　　약 지 기 불 의

也, 夫奚說書其不義以遺後世哉[7]? 有人於此, 少見黑曰黑[8], 多見黑
야　　부 해 설 서 기 불 의 이 유 후 세 재　　유 인 어 차　　소 견 흑 왈 흑　　다 견 흑

曰白, 則以此人不知白黑之辯矣[9]; 少嘗苦曰苦[10], 多嘗苦曰甘, 則必
왈 백　　즉 이 차 인 부 지 백 흑 지 변 의　　소 상 고 왈 고　　다 상 고 왈 감　　즉 필

以此人爲不知甘苦之辯矣. 今小爲非[11], 則知而非之. 大爲非攻國,
이 차 인 위 부 지 감 고 지 변 의　　금 소 위 비　　즉 지 이 비 지　　대 위 비 공 국

則不知非, 從而譽之, 謂之義. 此可謂知義與不義之辯乎? 是以知
즉 부 지 비　　종 이 예 지　　위 지 의　　차 가 위 지 의 여 불 의 지 변 호　　시 이 지

天下之君子也, 辯義與不義之亂也[12].
천 하 지 군 자 야　　변 의 여 불 의 지 란 야

「非攻비공·上상」

▌어휘 설명

1) 重(중 chóng): 배로 늘어나다.

　十重不義(십중불의): 불의한 죄가 열 배로 늘어나다.

2) 當此(당차): 이런 죄행에 대하여.

3) 非之(비지): 비난하다. 잘못이라고 지적하다.

4) 從而譽之(종이예지): 찬동하여 칭찬하다.

5) 情(정): 참으로. 진실로.

6) 書其言(서기언): 그 말을 기록하다. 잘못된 주장을 책에 기록한다는 뜻이다.

7) 奚說(해설): 어떤 구실을 붙어 변명하면서. 무슨 근거가 있어.

8) 少(소): 조금. 적게나마.

9) 辯(변): 구별. '辨(분변할 변)'과 같다.

10) 嘗(상): 맛보다.

11) 小(소): 사소하게. 작은 일이나마.

12) 亂(난): 혼란스럽다. 시비가 전도(顚倒)되다.

公輸盤爲楚造雲梯之械[1], 成, 將以攻宋. 子墨子聞之, 起於齊, 行十
공 수 반 위 초 조 운 제 지 계　성　장 이 공 송　자 묵 자 문 지　기 어 제　행 십

日十夜而至於郢[2], 見公輸盤. 公輸盤曰: "夫子何命焉爲[3]?" 子墨子曰:
일 십 야 이 지 어 영　견 공 수 반　공 수 반 왈　부 자 하 명 언 위　자 묵 자 왈

"北方有侮臣[4], 願藉子殺之[5]." 公輸盤不說[6]. 子墨子曰: "請獻十金[7]."
북 방 유 모 신　원 자 자 살 지　공 수 반 불 열　자 묵 자 왈　청 헌 십 금

公輸盤曰: "吾義固不殺人[8]." 子墨子起, 再拜曰: "請說之[9]. 吾從北方,
공 수 반 왈　오 의 고 불 살 인　자 묵 자 기　재 배 왈　청 설 지　오 종 북 방

聞子爲梯, 將以攻宋. 宋何罪之有? 荊國有餘於地[10], 而不足於民,
문 자 위 제　장 이 공 송　송 하 죄 지 유　형 국 유 여 어 지　이 부 족 어 민

殺所不足, 而爭所有餘, 不可謂智. 宋無罪而攻之, 不可謂仁.
살 소 부 족　이 쟁 소 유 여　불 가 위 지　송 무 죄 이 공 지　불 가 위 인

知而不爭[11], 不可謂忠. 爭而不得, 不可謂強. 義不殺少而殺衆[12],
지 이 부 쟁　불 가 위 충　쟁 이 부 득　불 가 위 강　의 부 살 소 이 살 중

不可謂知類[13]." 公輸盤服. 子墨子曰: "然, 胡不已乎[14]?"
불 가 위 지 류　공 수 반 복　자 묵 자 왈　연　호 불 이 호

公輸盤曰: "不可. 吾旣已言之王矣." 子墨子曰: "胡不見我於王[15]?"
공 수 반 왈　불 가　오 기 이 언 지 왕 의　자 묵 자 왈　호 불 현 아 어 왕

公輸盤曰: "諾."
공 수 반 왈　낙

■ 어휘 설명

1) 公輸盤(공수반): 춘추시대 말엽 노(魯)나라 출신의 초(楚)나라 대부. 일명 노반(魯盤)이다. 기계를
   잘 만들었던 명장(名匠)이라서 중국 장인(匠人)의 조사(祖師)로 추앙받는다.
   雲梯(운제): 고대 전쟁에서 공성(攻城)을 위해 사용한 사다리. 높아서 운제라고 불렀다.
2) 郢(영): 춘추전국시대 초나라의 수도[지금의 호북성(湖北省) 형주시(荊州市) 일대].
3) 夫子(부자): 선생님. 존칭이다.

命(명): 분부. 가르침.

焉爲(언위): 의문종결형 어기조사.

4) 侮臣(모신): 나를 모욕하다. '臣'은 자신을 가리키는 겸칭어로 당시에 일반적으로 쓰였다.

5) 藉子(자자): 당신의 힘을 빌리다.

6) 說(열): 기뻐하다. '悅(기쁠 열)'과 같다.

7) 金(금): 양사(量詞). 선진시대에 은자 20량(兩)이 1금이었다.

8) 義(의): 도의를 굳게 지키다.

9) 請說之(청설지): 설명하도록 허락해 달라. 之는 앞으로 할 말을 가리킨다.

10) 荊國(형국): 초나라의 별칭. 주(周)나라 성왕(成王) 때 손웅(孫熊)이 자작(子爵)으로 봉해져 형(荊)을 세웠고, 춘추시대에 영(郢)으로 천도하여 국호를 초(楚)로 바꾸었다.

11) 爭(쟁 zhēng): 간쟁(諫爭)하다. 간언(諫言)하다.

12) 不殺少而殺衆(불살소이살중): 내가 부탁한 그 사람은 죽이지 못하다면서 많은 백성을 죽이다.

13) 知類(지류): 유추해서 사물의 도리를 알다.

14) 胡(호): 왜. 어찌. 의문대명사이다.

15) 見我於王(현아어왕): 내가 왕을 알현하도록 주선하다. 왕은 초혜왕(楚惠王)을 가리킨다.

03-2

子墨子見王, 曰: 今有人於此, 舍其文軒[1], 鄰有敝轝[2], 而欲竊之;
자묵자현왕 왈 금유인어차 사기문헌 인유폐여 이욕절지

舍其錦繡[3], 鄰有短褐[4], 而欲竊之; 舍其粱肉[5], 鄰有糠糟[6], 而欲竊之.
사기금수 인유단갈 이욕절지 사기양육 인유강조 이욕절지

此爲何若人?” 王曰: “必爲竊疾矣[7].” 子墨子曰: “荊之地, 方五千里,
차위하약인 왕왈 필위절질의 자묵자왈 형지지 방오천리

宋之地, 方五百里, 此猶文軒之與敝轝也[8]; 荊有雲夢[9], 犀兕麋鹿
송지지 방오백리 차유문헌지여폐여야 형유운몽 서시미록

滿之[10], 江漢之魚鼈黿鼉爲天下富[11], 宋所爲無雉兔狐貍者也[12],
만지 강한지어별원타위천하부 송소위무치토호리자야

此猶粱肉之與糠糟也; 荊有長松·文梓·楩柟·豫章[13], 宋無長木,
차유양육지여강조야 형유장송 문재 편남 예장 송무장목

此猶錦繡之與短褐也. 臣以三事之攻宋也, 爲與此同類, 臣見大王
차유금수지여단갈야 신이삼사지공송야 위여차동류 신현대왕

之必傷義而不得.” 王曰: “善哉! 雖然, 公輸盤爲我爲雲梯,
지필상의이부득 왕왈 선재 수연 공수반위아위운제

必取宋.”
필취송

■ 어휘 설명

1) 文軒(문헌): 장식이 화려한 수레. '軒'은 지붕이 있는 수레이다.
2) 敝轝(폐여): 낡고 고장 난 수레. 곧 고물 수레를 말한다.
3) 錦繡(금수): 수놓은 비단옷.
4) 短褐(단갈): 짧고 거친 베옷.
5) 粱肉(양육): 기장밥과 고기반찬. 진수성찬(珍羞盛饌)을 가리킨다.
6) 糠糟(강조): 쌀겨와 술지게미. 변변치 못한 음식을 가리킨다.
7) 竊疾(절질): 도둑질 병. 절도질 병.

8) 猶(유): ~와 같다.

   A之與B(A지여B): A와 B의 관계.

   輿(여): 수레.

9) 雲夢(운몽): 호북성(湖北省) 강한(江漢)평원에 소재한 대택(大澤).

10) 犀兕(서시): 무소. 코뿔소 수컷과 암컷.

    麋鹿(미록): 고라니와 사슴.

11) 江漢(강한): 장강(長江)과 한수(漢水).

    魚鱉黿鼉(어별원타): 물고기, 자라, 거북, 악어. '鱉'은 '鼈(자라 별)'과 동자(同字)이다.

    爲天下富(위천하부): 천하에서 가장 풍부하다.

12) 雉兔狐狸(치토호리): 꿩, 토끼, 여우, 살쾡이.

13) 文梓(문재): 가래나무. '梓'를 '자'로 읽기도 한다.

    楩柟(편남): 녹나무. 교목(喬木)에 속한다.

    豫章(예장): 녹나무과의 상록 교목.

03-3

於是見公輸盤, 子墨子解帶爲城[1], 以牒爲械[2]. 公輸盤九設攻城之機
어 시 견 공 수 반   자 묵 자 해 대 위 성   이 첩 위 계   공 수 반 구 설 공 성 지 기

變[3], 子墨子九距之[4]. 公輸盤之攻械盡, 子墨子之守圉有餘[5].
변   자 묵 자 구 거 지   공 수 반 지 공 계 진   자 묵 자 지 수 어 유 여

公輸盤詘[6], 而曰: "吾知所以距子矣[7], 吾不言." 子墨子亦曰: "吾知
공 수 반 굴   이 왈   오 지 소 이 거 자 의   오 불 언   자 묵 자 역 왈   오 지

子之所以距我, 吾不言." 楚王問其故[8], 子墨子曰: "公輸子之意,
자 지 소 이 거 아   오 불 언   초 왕 문 기 고   자 묵 자 왈   공 수 자 지 의

不過欲殺臣. 殺臣, 宋莫能守, 可攻也. 然臣之弟子禽滑釐等三百
불 과 욕 살 신   살 신   송 막 능 수   가 공 야   연 신 지 제 자 금 골 리 등 삼 백

人[9], 已持臣守圉之器[10], 在宋城上而待楚寇矣[11]. 雖殺臣, 不能絕也[12]."
인   이 지 신 수 어 지 기   재 송 성 상 이 대 초 구 의   수 살 신   불 능 절 야

楚王曰: "善哉! 吾請無攻宋矣." 子墨子歸, 過宋, 天雨, 庇其閭
초 왕 왈   선 재   오 청 무 공 송 의   자 묵 자 귀   과 송   천 우   비 기 려

中[13], 守閭者不內也[14]. 故曰: "治於神者[15], 衆人不知其功, 爭於
중   수 려 자 불 납 야   고 왈   치 어 신 자   중 인 부 지 기 공   쟁 어

明者[16], 衆人知之."
명 자   중 인 지 지

「公輸공수」

▌어휘 설명

1) 解帶爲城(해대위성): 허리띠를 풀어 성 모형을 만들다.

2) 以牒爲械(이첩위계): 서책으로 수성(守城)병기로 삼다.

3) 設(설): 실행하다. 시험하다.

   機變(기변): 교묘한 전술.

4) 距(거): 막아내다. '拒(막을 거)'와 같다.

5) 守圉有餘(수어유여): 여유 있게 지켜내다. '圉(yù)'는 '禦(막을 어)'와 같다.

6) 詘(굴 qū): (방법, 대책 등이) 궁색해지다. 좌절당하다.

7) 禽滑釐(금골리 Qín Gǔlí): 묵자의 수제자. 자가 신자(愼子)이다. 원래 자하(子夏)의 제자로 유가였으나 나중에 묵자 문하에 투신하였다.

8) 持(지): 소지하다. 손에 들다.

9) 楚寇(초구): 초나라 침략군. 초나라 오랑캐.

10) 絶(절): 전멸시키다. 모두 없애다.

11) 庇其閭中(비기여중): 여문(閭門) 안으로 들어가 비를 피하다. '閭'는 마을 입구에 세운 문이다.

12) 內(납): 들이다. 들어오게 하다. '納(들일 납)'과 같다.

13) 治於神(치어신): 신묘한 기략을 운용하다.

14) 爭於明(쟁어명): 보이는 곳에서 쟁변(爭辯)하다.

3. 節用薄葬(절용박장)

01 古者聖王, 制爲節用之法曰[1]: '凡天下群百工[2], 輪車·鞼鞄·陶冶·
　　고자성왕　제위절용지법왈　　범천하군백공　윤거　운포　도야

梓匠[3], 使各從事其所能', 曰: '凡足以奉給民用, 則止[4].' 諸加費不
재장　　사각종사기소능　왈　범족이봉급민용　즉지　　제가비불

加於民利者[5], 聖王弗爲."
가어민리자　　성왕불위

古者聖王制爲飮食之法曰: "足以充虛繼氣[6], 強股肱[7], 耳目聰明,
고자성왕제위음식지법왈　족이충허계기　　강고굉　이목총명

則止. 不極五味之調[8], 芬香之和[9], 不致遠國珍怪異物."……俛仰周
즉지　불극오미지조　　분향지화　　불치원국진괴이물　　　　면앙주

旋威儀之禮[10], 聖王弗爲. 古者聖王制爲衣服之法曰: "冬服紺緅之衣[11],
선위의지례　　성왕불위　고자성왕제위의복지법왈　동복감추지의

輕且暖, 夏服絺綌之衣[12], 輕且淸[13], 則止." 諸加費不加於民利者, 聖
경차난　하복치격지의　　경차정　　즉지　제가비불가어민리자　성

王弗爲.
왕불위

「節用절용·中중」

▌어휘 설명

1) 節用(절용): 비용을 절약하다.
2) 百工(백공): 여러 종류의 장인(匠人).
3) 輪車(윤거): 수레 만드는 장인.
　　鞼鞄(운포): 가파치, 곧 가죽을 만드는 장인.
　　陶冶(도야): 도공(陶工)과 대장장이.
　　梓匠(재장): 목수.

4) 止(지): 된다. 그만이다. 충분하다.

6) 充虛繼氣(충허계기): 허기를 채우고 원기를 돕다.

7) 強股肱(강고굉): 팔다리를 튼튼하게 하다.

8) 極(극): 극에 달하다.

　　五味(어미): 단맛(甘), 쓴맛(苦), 신맛(酸), 매운맛(辛), 짠맛(鹹) 등 다섯 가지 맛.

9) 芬香(분향): 방향(芳香). 좋은 향.

10) 俛仰(면앙): 머리를 아래로 조아리고 고개를 위로 들다. 절을 하고 일어나는 동작을 말한다.

　　周旋(주선): 고대에 예를 행할 때의 진퇴(進退)와 읍양(揖讓) 동작.

　　威儀之禮(위의지례): 엄격한 예법의식.

11) 紺緅(감추): 짙은 감색과 검붉은 색. '紺緅之衣(감추지의)'는 겨울에 입는 짙은 색 옷을 말한다.

12) 絺綌(치격): 칡베 중에서 발이 고운 갈포와 굵은 갈포(葛布).

13) 凊(정): 서늘하다. 시원하다. 본음은 '청'이다.

今執厚葬久喪者言曰[1]: "厚葬久喪, 果非聖王之道, 夫胡說中國之
금 집 후 장 구 상 자 언 왈　　후 장 구 상　　과 비 성 왕 지 도　　부 호 설 중 국 지

君子[2], 爲而不已[3], 操而不擇哉[4]?" 子墨子曰: "此所謂便其習而義其俗
군 자　　위 이 불 이　　조 이 불 택 재　　자 묵 자 왈　　차 소 위 편 기 습 이 의 기 속

者也[5]. 昔者越之東有輆沐之國者[6], 其長子生, 則解而食之[7]. 謂之'宜
자 야　　석 자 월 지 동 유 해 목 지 국 자　　기 장 자 생　　즉 해 이 식 지　　위 지 의

弟'[8]; 其大父死, 負其大母而棄之, 曰鬼妻不可與居處[9]. 此上以爲政,
제　　기 대 부 사　　부 기 대 모 이 기 지　　왈 귀 처 불 가 여 거 처　　차 상 이 위 정

下以爲俗, 爲而不已, 操而不擇, 則此豈實仁義之道哉?
하 이 위 속　　위 이 불 이　　조 이 불 택　　즉 차 기 실 인 의 지 도 재

此所謂便其習而義其俗者也. 楚之南有炎人國者[10], 其親戚死, 朽其
차 소 위 편 기 습 이 의 기 속 자 야　　초 지 남 유 염 인 국 자　　기 친 척 사　　후 기

肉而棄之[11], 然後埋其骨, 乃成爲孝子. 秦之西有儀渠之國者[12], 其親
육 이 기 지　　연 후 매 기 골　　내 성 위 효 자　　진 지 서 유 의 거 지 국 자　　기 친

戚死, 聚柴薪而焚之[13], 燻上, 謂之'登遐'[14], 然後成爲孝子.
척 사　　취 시 신 이 분 지　　훈 상　　위 지 등 하　　연 후 성 위 효 자

此上以爲政, 下以爲俗, 爲而不已, 操而不擇, 則此豈實仁義之道哉?
차 상 이 위 정　　하 이 위 속　　위 이 불 이　　조 이 불 택　　즉 차 기 실 인 의 지 도 재

此所謂便其習而義其俗者也.
차 소 위 편 기 습 이 의 기 속 자 야

▌ 어휘 설명

1) 執(집): 견지하다. 고집하다. 주장하다.

　厚葬久喪(후장구상): 성대한 장례와 삼년상.

2) 胡說~哉(호설~재): 어떻게 설명하겠는가?

3) 爲(위): 행하다. 시행하다.

　已(이): 그치다. 멈추다.

4) 操(조): 붙잡다. 견지하다.

　 擇(택): 놓다. 버리다. 포기하다. '釋(풀 석)'과 같다.

5) 便其習(편기습): 그러한 습관에 길들어지다.

　 義其俗(의기속): 그러한 풍속을 당연시하다.

6) 較沐(개목): 옛 나라의 이름.

7) 解而食之(해이식지): 잡아먹다. '解'는 사지를 찢는다는 뜻이다.

8) 宜弟(의제): 동생을 많이 두다. 곧 아들을 많이 낳기 위한 의식이다.

8) 鬼妻(귀처): 귀신 곧 이미 죽은 사람의 아내.

9) 炎人國(염인국): 옛 나라 이름.

10) 朽其肉(후기육): 시신의 살을 발라내다.

11) 儀渠(의거): 옛 나라 이름.

12) 柴薪(시신): 땔나무.

13) 登遐(등하): 머나먼 하늘로 올라가다. 후대에 제왕의 죽음을 이르는 말로 많이 사용된다.

02-2

若以此若三國者觀之[1], 則亦猶薄矣[2]. 若以中國之君子觀之, 則亦
약 이 차 약 삼 국 자 관 지   즉 역 유 박 의   약 이 중 국 지 군 자 관 지   즉 역

猶厚矣. 如彼則大厚[3], 如此則大薄, 然則葬埋之有節矣[4]. 故衣食者,
유 후 의   여 피 즉 대 후   여 차 즉 대 박   연 즉 장 매 지 유 절 의   고 의 식 자

人之生利也[5], 然且猶尚有節[6]; 葬埋者, 人之死利也, 夫何獨無節
인 지 생 리 야   연 차 유 상 유 절   장 매 자   인 지 사 리 야   부 하 독 무 절

於此乎? 子墨子制爲葬埋之法曰: '棺三寸, 足以朽骨[7]; 衣三領[8],
어 차 호   자 묵 자 제 위 장 매 지 법 왈   관 삼 촌   족 이 후 골   의 삼 령

足以朽肉[9]; 掘地之深, 下無菹漏[10], 氣無發洩於上[11], 壟足以期其所[12],
족 이 후 육   굴 지 지 심   하 무 저 루   기 무 발 설 어 상   농 족 이 기 기 소

則止矣. 哭往哭來[13], 反從事乎衣食之財[14], 佴乎祭祀[15], 以致孝於
즉 지 의   곡 왕 곡 래   반 종 사 호 의 식 지 재   이 호 제 사   이 치 효 어

親.' 故曰子墨子之法, 不失死生之利者, 此也.
친   고 왈 자 묵 자 지 법   불 실 사 생 지 리 자   차 야

「節葬절장・下하」

■ 어휘 설명

1) 若三國者(약삼국자): 세 나라의 경우

2) 薄(박): 박장(薄葬).

3) 大(대): 너무. '太(클 태)'와 같다.

4) 節(절): 절제. 절도.

5) 生利(생리): 살아있을 때 누리는 이익.

6) 尙(상): 숭상하다.

7) 朽骨(후골): 유골이 썩어 문드러지다.

8) 三領(삼령): 세 벌. 양사로 백화문(白話文)의 '件'과 같다.

9) 朽肉(후육): 시신이 썩어 문드러지다.

10) 菹漏(저루): 축축해져 물이 새다.

11) 氣(기): 악취. 곧 시신이 썩는 냄새.

　　發洩(발설): 새어나오다.

12) 壟(농): 봉분. 무덤.

　　期其所(기기소): 제자리를 알아보다.

13) 哭往哭來(곡왕곡래): 울면서 장례행렬을 보내고 울면서 장지에서 돌아오다.

14) 反(반): (집으로) 되돌아오다. '返(돌아올 반)'과 같다.

　　衣食之財(의식지재): 생업. 먹고사는 일.

15) 佴(이): 돕다. 보태다. 보탬이 되다.

우리말 해석

1. 겸애

01 성인은 천하를 다스리는 것을 일로 삼는 사람이며 혼란이 어디에서 기인하는지 살피지 않을 수 없다. 혼란이 어디에서 기인하는지 살펴보니 서로 사랑하지 않은 데에서 기인한다. …… 만약 천하가 서로 겸애하여 남을 사랑함이 자신을 사랑함과 같다면 오히려 불효자가 생기겠는가? 부형과 임금 보기를 자신처럼 한다면 불효를 어떻게 저지를 수 있겠는가? 동생과 자식과 신하를 보기를 자신처럼 한다면 자애롭지 못한 짓을 어떻게 저지를 수 있겠는가? 그러므로 불효와 자애롭지 못함이 사라진다. 오히려 대부가 서로 집안끼리 침해하고 제후가 서로 나라를 공격하는 일이 사라진다. 가령 천하가 서로 겸애하면 나라끼리 서로 공격하지 않으며, 집안끼리 서로 침해하지 않으며, 도적이 사라지며, 군신과 부자 모두 효성스럽고 자애롭게 될 수 있다. 이와 같다면 천하는 다스려진다.

「겸애·상」

02 묵자가 노나라에서 제나라로 가면서 옛 친구에게 들르자 묵자에게 말하였다. "지금 천하에 아무도 의를 행하지 않는데 자네 혼자만 고생하며 의를 실천하고 있네. 자네는 그만두는 것이 낫다." 묵자가 말했다. "지금 여기에 어떤 사람이 있네. 아들을 열이나 두었는데 한 아들만 밭을 갈고 아홉 아들은 빈둥거린다면 밭가는 사람이 더욱 다급해질 수밖에 없다네. 무슨 까닭이겠는가? 먹는 사람은 많고 밭가는 사람은 부족해서라네. 지금 천하에 아무도 의를 행하지 않는다면 자네는 응당 나를 권면해야지 무슨 까닭으로 나를 만류하는가?

「귀의」

03 묵자가 말하였다, "묵자가 말하였다, "나라에는 일곱 가지 우환이 있다. 무엇이 일곱 가지 우환인가? 성곽과 해자로 수비할 수 없어 궁실을 수축하는 것이 첫 번째 우환이다. 변방의 적국이 국경까지 도달했으나 사방의 인접국 어느 나라도 구원병을 보내지 않는 것이 두 번째 우환이다. 먼저 백성의 힘을 쓸데없는 일에 전부 소진하고 무능한 사람에게 상을 내려서 백성의 힘이 쓸데없이 소진해버리고 재물보화가 빈객을 접대하느라 텅 비는 것이 세 번째 우환이다. 벼슬살이하는 관리가 봉록만 받고 무사안일하고, 배우고도 벼슬살이 않는 자는 파당을 지어 교제하기를 좋아하고, 임금은 법을 고쳐 신하를 토벌하고, 신하는 두려워서 감히 항명하지 못하는 것이 네 번째 우환이다. 임금이 자신을 신성하고 총명하다고 여기고 정사를 자문하지 않으며, 스스로 변방이 안온하다고 여기고 수비하지 않으며, 사방 인접국이 침공을 도모해도 경계하지 않는 것이 다섯 번째 우환이다. 신임하는 자가 불충하고, 충성된 자를 신임하지 않는 것이 여섯 번째 우환이다. 먹을 곡식이 부족하고 일할 대신이

부족하며, 상을 내려도 기뻐하지 않고 죽이는 벌을 내려도 겁을 주지 못하는 것이 일곱 번째 우환이다. 치국에 일곱 가지 우환이 있으면 반드시 사직이 사라지고, 수성에 일곱 가지 우환이 있으면 적국이 당도해 도성이 무너진다. 일곱 가지 우환이 존재하면 어느 나라든지 반드시 재앙이 뒤따른다.

「칠환」

04 묵자가 경주자를 노여워했다. 경주자가 말하였다. "제게 남보다 나은 점이 없습니까?" 묵자가 말했다. "내가 장차 태항산에 오르면서 천리마와 양을 몰고 가려는데 너는 어느 것을 몰겠느냐?" 경주자가 말하였다. "천리마를 몰겠습니다." 묵자가 말했다. "왜 천리마를 몰려고 하는가?" 경주자가 말하였다. "천리마는 채찍질할만합니다." 묵자가 말했다. "나 역시 너를 채찍질할만하다고 여기므로 노여워한 것이다." 경주자가 각성하였다.

「경주」

05 무마자가 묵자에게 말하였다. "그대는 천하를 겸애한다고 하나 아직 이로울 것이 없으며, 나는 천하를 사랑하지 않으나 아직 해로울 것이 없다. 결과가 모두 나타나지 않았거늘 그대는 왜 유독 자신만 옳고 나를 그르다고 하는가?" 묵자가 말하였다. "지금 여기에 불이 났다고 하자. 한 사람이 두 손에 물을 받쳐 들고 와서 불속으로 뿌리고, 한 사람은 불씨를 가져와서 불을 더욱 지핀다. 결과가 모두 나타나지 않았는데 그대는 두 사람 중에서 누가 더 귀중한가?" 무마자가 말하였다. "나는 물을 받쳐 들고 온 사람의 뜻이 옳고 불씨를 집어온 사람의 뜻은 그르다고 여긴다네." 묵자가 말하였다. "나 역시 나의 이념이 옳고 자네의 이념은 그르다고 여긴다네.

「경주」

2. 반전

01 백성은 세 가지 걱정이 있다. 주린 자가 먹지 못하고, 추위에 떠는 자가 입지 못하고, 지친 자가 쉬지 못하는 것 세 가지가 백성의 가장 큰 걱정이다. 그러나 그들을 위해 거대한 종을 치고, 울리는 북을 두드리고, 거문고를 연주하고, 피리와 생황을 불며 도끼와 방패를 휘두르며 춤을 춘다고 백성들이 입고 먹을 재물을 어디에서 얻어지겠는가? 나는 꼭 그렇게 보지 않는다. 이 점은 접어두자. 지금 대국이 소국을 침공하고, 큰 가문이 작은 가문을 치고, 강자가 약자를 노략질하고, 다수가 소수에게 폭력을 휘두르고, 사기꾼이 바보를 속이고, 귀족이 천민을 업신여기고, 외우내란과 도적이 한꺼번에 일어나 막을 수가 없다. 그렇다면 그들을 위해 거대한 종을 치고, 울리는 북을 두드리고, 거문고를 연주하고, 피리와 생황을 불며 도끼와 방패를 휘두르며 춤을 춘다고 천하의 분란이 장차 어떻게 다스려질 수 있겠는가? 나는 꼭 그렇게 보지 않는다. 그러므로 묵자는 말한다. "우선 시험

삼아 만민에게 세금을 마구 거둬들여 큰 종, 울리는 북, 거문고, 피리와 생황을 만들어 악기소리로 천하의 이익을 진작하고 천하의 해악을 제거하기를 도모한다면 아무런 도움이 되지 않는다." 그러므로 묵자는 말한다. "음악에 종사하는 것은 잘못이다."

「비악·상」

02 한 사람이라도 죽이면 불의라고 말하며, 반드시 한 번의 죽을죄를 진다. 이 말로 유추하자면, 열 명을 죽이면 열 배로 불의하므로 열 번의 죽을죄를 져야 하며, 백 명을 죽이면 백 배로 불의하므로 백 번의 죽을 죄를 져야 한다. 이러한 죄행에 대해서 천하의 군자 모두 이를 비난할 줄 알아서 불의하다고 말한다. 지금 타국을 침공하는 큰 불의에 대해서는 잘못됨을 알지 못하고 도리어 찬동하여 칭찬하며 의롭다고 일컫는다. 참으로 그것의 불의함을 모르므로 칭찬의 어록까지 기록해 후세에 남겼다. 만약 그것의 불의함을 알았다면 무엇하러 불의한 행위를 기록해 후대에 남겼겠는가? 여기에 어떤 사람이 약간 검게 보이는 것을 검다고 말하고 많이 검게 보이는 것을 희다고 말한다면 이 사람은 흰색과 검은색을 구별할 줄 모르기 때문이다. 약간 쓴 맛을 보고서 쓰다고 말하고 많이 쓴 맛을 보고서 달다고 말한다면 반드시 이 사람은 달고 쓴 맛을 구별할 줄 모르기 때문이다. 지금 작은 잘못을 하면 잘못을 비난할 줄 알면서 크게 잘못을 저질러 타국을 침공하면 잘못인 줄 모르고 찬동하여 칭찬하며 의롭다고 말한다. 이것이야말로 정의와 불의의 구별을 안다고 말할 수 있겠는가? 따라서 천하의 군자들이 정의와 불의의 구별을 혼동하고 있음을 알겠다.

「비공·상」

03-1 공수반이 초나라를 위해 운제라는 기계를 만들었는데 완성하자 송나라를 침공하려 했다. 묵자가 듣고서 제나라에서 출발해서 열흘 밤낮을 가서 수도 영에 도달하여 공수반을 만났다. 공수반이 말하였다. "선생께서 무슨 분부가 있으신지요?" 묵자가 말하였다. "북방에 나를 모욕하는 자가 있는데 그대가 그를 죽여주시오." 공수반이 불쾌해했다. 묵자가 말했다. "황금 이백 냥을 주겠소." 공수반이 말하였다. "저는 도의를 굳게 지키는지라 살인하지 않습니다." 묵자가 일어나 두 번이나 절하고 말하였다. "그대에게 의에 대해서 말하겠소. 내가 북방에서 그대가 운제를 만들어 장차 송나라를 침공한다고 들었는데 송나라가 무슨 죄가 있습니까? 초나라는 땅이 남아돌지만 백성이 부족합니다. 부족한 백성을 죽이고 남아도는 땅을 다투는 것은 지혜롭다고 말할 수 없으며, 송나라가 아무 죄도 없는데 침공한다면 어질다고 말할 수 없습니다. 이 사실을 알면서도 임금에게 간쟁(諫爭)하지 않으면 충신이라고 말할 수 없으며, 간쟁하였으나 성공하지 못하면 능력이 있다고 말할 수 없습니다. 도의를 지키느라 내가 부탁한 한 사람조차 죽이지 못하면서 수많은 백성을 살해한다면 도리를 유추할 줄 안다고 말할 수 없습니다." 공수반이 감복하였다. 묵자가 말하였다. "그렇다면 왜 침공을 중지하지 않소?" 공수반이 말하였다. "그럴 수 없습니다. 제가 이미 왕께 말씀을 드렸습니다." 묵자

가 말하였다. "어찌 내가 왕을 알현하도록 주선하지 않소?" 공수반이 말하였다. "좋습니다."

03-2 묵자가 초나라 혜왕을 알현하여 말하였다. "지금 여기에 어떤 사람이 지붕이 달린 명품 수레를 버리고 이웃의 고물 가마를 훔치고자 하고, 자기의 수놓은 비단옷을 버리고 이웃의 짧고 거친 베옷을 훔치고자 하고, 자기네 진수성찬을 버리고 이웃의 술지게미를 훔치고자 한다면 이 사람은 어떤 사람이겠습니까?' 왕이 말하였다. "필시 도벽이 있을 것이오." 묵자가 말하였다. "초나라 영토는 사방 오천 리가 되고, 송나라 영토는 사방 오백 리가 되니 이는 명품 수레와 고물 가마의 관계와 같습니다. 초나라에는 운몽 습지가 있어 그 안에 코뿔소·고라니·사슴이 가득하며, 장강과 한수에는 물고기·자라·거북·악어가 천하에서 가장 풍부한데, 송나라는 꿩·토끼·여우·살쾡이조차 없으니, 이는 진수성찬과 술지게미의 관계와 같습니다. 초나라에는 키 큰 소나무·녹나무·가래나무·예장나무가 있는데 송나라는 키 큰 나무가 없으니, 이는 수놓은 비단옷과 짧고 거친 베옷과의 관계와 같습니다. 제가 이 세 가지 일로 볼 때 송나라를 침공하는 일은 도벽이 있는 사람과 같은 유형이니, 신이 보기에 대왕께서는 반드시 도의만 해치고 송나라를 얻지 못합니다." 왕이 말하였다. "좋은 말씀입니다! 그렇기는 해도 공수반이 나를 위해 운제를 만들었으니 반드시 송을 취해야겠소."

03-3 이에 (왕이) 공수반을 불렀다. 묵자는 허리띠를 풀어 성 모형을 만들고 작은 목편으로 성을 수비하는 기계 모형을 만들었다. 공수반이 아홉 차례나 성을 공략하는 기묘한 전술을 펼쳤고, 묵자는 아홉 번 모두 막아냈다. 공수반의 공격용 병기가 모조리 다 동원되었고, 묵자의 수비전술은 여유로웠다. 공수반이 궁색해졌으나 도리어 말하였다. "나는 당신을 막아내는 방법을 알고 있지만 나는 말하지 않겠습니다." 묵자도 말하였다. "나는 그대가 나를 막아내는 방법이 무엇인지 알고 있지만 나는 말해주지 않겠소." 초나라 왕이 그 연유를 묻자 묵자가 말하였다. "공수반의 뜻은 겨우 신을 죽이고자 할뿐입니다. 신을 죽이면 송나라를 지킬만한 사람이 아무도 없으니 침공이야 가능하겠지요. 그러나 신의 제자 금골리 등 삼백 명이 이미 신이 발명한 수성 병기를 손에 들고 송나라 도성 위에서 초나라 침략군을 기다리고 있습니다. 설사 신을 죽일지라도 그들을 모두 죽일 수는 없을 것입니다." 초나라 왕이 말하였다. "좋습니다! 나는 송나라를 침공하지 않겠소."

묵자가 돌아오는 길에 송나라를 지나가는데 하늘에서 비가 내렸다. 비를 피하려 마을입구의 여문 안으로 들어가려는데 여문을 지키는 문지기가 안으로 들이지 않았다. 그래서 이런 말이 있다. "신묘한 전략을 다루는 자는 대중이 그 공로를 몰라주고, 보이는 곳에서 쟁변하는 자는 대중이 알아준다."

「공수」

3. 節用薄葬

01 옛날 성군은 물자를 절약하는 규범을 제정하고 말하였다. "무릇 천하의 수많은 장인, 예를 들어 수레 제작자, 가파치, 도공, 대장장이, 목수 모두 각자 능통한 기예에 종사하도록 한다", "백성이 쓸 것을 공급해주기만 하면 그것으로 충분하다." 비용만 늘어나고 백성의 이익이 늘어나지 않는 일을 성군은 하지 않았다. 옛날에 성군은 음식에 관한 규범을 제정하고 말하였다. "허기를 채우고 원기를 보충하며, 사지를 튼튼히 하며, 귀와 눈이 밝기만 하면 그것으로 충분하다. 음식의 다섯 가지 맛과 향의 조화를 과도하게 추구하지 않으며, 멀리 타국에서 진귀하고 신기한 식물을 가져오지 않는다."……절과 진퇴와 읍양 등 엄격한 예법의식을 성군은 행하지 않았다. 옛날 성군은 의복 규범을 제정하고 말하였다. "겨울에는 짙은 감색과 검붉은 색 옷을 입어 가볍고도 따뜻하며, 여름에는 굵고 가는 칡베로 만든 옷을 입어 가볍고도 시원하면 그것으로 충분하다." 비용만 늘어나고 백성의 이익이 늘어나지 않는 일을 성군은 하지 않는다.

「절용・중」

02-1 지금 후한 장례와 삼년상을 고집하는 자들은 말한다. "후한 장례와 삼년상이 과연 성군의 법도가 아니라면 중원의 군자가 실천하기를 그치지 않고 견지하며 포기하지 않는 것을 도대체 어떻게 설명하겠는가?" 묵자가 말하였다. "이것은 이른바 그러한 습관에 길들여지고 그러한 풍속을 당연시한다는 것이다. 이전에 월나라 동쪽에 개목이라는 나라가 있었는데, 장자가 태어나면 사지를 찢어 잡아먹었다. 이를 '의제(동생과 화목하기)'라고 불렀다. 조부가 죽으면 조모를 등에 업고 나가 버리고는 말하길, '귀신의 아내와 한 집에 함께 살 수 없다.'라고 했다. 이는 이른바 그러한 습관에 길들여지고 그러한 풍속을 당연시한다는 것이다. 초나라 남쪽에 염인국이 있었는데 부모가 죽으면 시신의 살을 발라내어 내버리고, 그 다음에 유골을 매장해야 비로소 효자가 되었다. 진나라 서쪽에 의거라는 나라가 있었는데, 친척이 죽으면 땔나무를 모아 시신을 태우고 연기가 위로 올라가면 이를 '등하(머나먼 하늘로 올라가다)'라고 불렀다. 위에서 이렇게 국정을 운영하고 아래에서 이것을 풍속으로 삼아 실천하기를 그치지 않고 견지하며 포기하지 않는다고 해서 이것이 어떻게 실제로 인의의 법도이겠는가? 이는 이른바 그러한 습관에 길들여지고 그러한 풍속을 당연시한다는 것이다."

02-2 이 세 나라의 경우를 살펴보자면 장・상례가 또한 오히려 매우 박한 편이며, 중국 군자의 경우를 살펴보자면 장・상례가 또한 오히려 매우 후한 편이다. 저렇게 하면 너무 후하고 이렇게 하면 너무 박하므로 매장에 절제가 따르는 법이다. 그러므로 입고 먹는 일은 사람이 생시에 누리는 이득이고, 장례와 매장은 사람이 사후에 누리는 이득인데, 어떻게 유독 이것에만 절제가 없을 수

있겠는가? 묵자가 매장하는 규범을 제정하여 말하였다. "관은 세 치 두께면 유골을 썩힐 수 있으며, 수의는 세 벌이면 시신을 썩힐 수 있으며, 시신을 묘지를 파는 깊이는 아래로 습기가 차서 물이 새지 않으며, 악취가 위로 새어나오지 않으며, 봉분은 장소를 찾을 수 있으면 그것으로 충분하다. 울면서 장례행렬을 보냈다가 울면서 장지에서 돌아오며, 집으로 돌아온 후에는 입고 먹는 생업에 종사해 제사에 보탬으로써 부모님께 효도를 다한다." 그래서 묵자의 규범은 생시와 사후의 이득을 손상하지 않다고 말하는데 바로 이 때문이다.

「절장・하」

제3장

1. 逍遙遊(소요유)

01
北冥有魚¹, 其名爲鯤². 鯤之大, 不知其幾千里也; 化而爲鳥, 其名爲
북명유어 기명위곤 곤지대 부지기기천리야 화이위조 기명위

鵬³. 鵬之大, 不知幾千里也; 怒而飛, 其翼若垂天之雲⁴. 是鳥也, 海
붕 붕지대 부지기천리야 노이비 기익약수천지운 시조야 해

運則將徙於南冥⁵. 南冥者, 天池也⁶; 齊諧者⁷, 志怪者也⁸. 諧之言曰:
운즉장사어남명 남명자 천지야 제해자 지괴자야 해지언왈

"鵬之徙於南冥也, 水擊三千里⁹, 摶扶搖而上者九萬里¹⁰, 去以六月
붕지사어남명야 수격삼천리 단부요이상자구만리 거이육월

息者也¹¹." 野馬也¹², 塵埃也¹³, 生物之以息相吹也¹⁴. 天之蒼蒼¹⁵, 其
식자야 야마야 진애야 생물지이식상취야 천지창창 기

正色邪? 其遠而無所至極邪¹⁶? 其視下也, 亦若是則已矣¹⁷.
정색야 기원이무소지극야 기시하야 역약시즉이의

■ 어휘 설명

1) 北冥(북명): 북쪽 바다. '冥'은 짙은 검푸른 색을 띠는 대해(大海)를 가리키며, '溟(어두울 명)'
   과 같다.
2) 鯤(곤): 큰 물고기 이름.
3) 鵬(붕): 전설 속의 큰 새.
4) 垂天(수천): 하늘가. 하늘의 끝. '垂'는 '陲(변방 수)'와 통한다.

5) 徙(사): 옮겨가다.

6) 天池(천지): 천연으로 형성된 연못.

7) 齊諧(제해): 고대의 기문이사(奇聞異事)를 기록한 이야기모음집.

8) 志怪(지괴): 괴이한 일을 기록하다.

9) 水擊(수격): 수면을 치다. 대붕이 날아오를 때 날개가 수면을 치는 광경을 형용하였다.

10) 摶(단): 선회하며 상승하다. 빙빙 돌며 올라가다. '搏(칠 박)'으로 된 판본도 있다.

　　扶搖(부요): 선풍(旋風). 회오리바람.

　　上(상): 하늘로 올라가다.

11) 去以六月息(거이육월식): ① 6개월을 날아가서 쉬다. ② 유월에 부는 계절풍을 타고 가다. '息'은 '風'과 같으면 붕새가 유월의 계절풍을 타고 남명으로 날아간다는 뜻이다.

12) 野馬(야마): 아지랑이. 봄 햇빛이 강할 때 공기가 아른거리는 현상이 마치 말이 들판을 달리는 모습과 흡사해서 '야마'라고 형용했다.

13) 塵埃(진애): 공중에 떠도는 먼지.

14) 生物(생물): ① 생물. ② 조물주.

　　以息相吹(이식상취): 입김으로 서로 불다. 내쉬는 입김에 불려 아지랑이와 먼지가 휘날리는 것을 말한다.

15) 蒼蒼(창창): 푸르디푸르다.

16) 無所至極(무소지극): 도달할 끝이 없다. 끝까지 도달하지 못하다.

17) 則已(즉이): ~할 따름이다.

▌어법 설명

其~邪(기~야): 혹시 ~인가, 아마도 ~가 아닐까

　　邪가 문장 끝에 놓이면 의문형 어기조사 耶(야)와 통용하며, 격앙 또는 반문의 어조를 나타낸다. 其眞無馬邪, 其眞不知馬也(기진무마야, 기진부지마야) 혹시 참으로 천리마가 없었던 것일까? 아마 참으로 천리마를 알아보지 못한 것이리라!

02 且夫水之積也不厚¹, 則其負大舟也無力². 覆杯水於坳堂之上³, 則芥
차 부 수 지 적 야 불 후　즉 기 부 대 주 야 무 력　복 배 수 어 요 당 지 상　즉 개

爲之舟⁴, 置杯焉則膠⁵, 水淺而舟大也. 風之積也不厚, 則其負大翼也
위 지 주　치 배 언 즉 교　수 천 이 주 대 야　풍 지 적 야 불 후　즉 기 부 대 익 야

無力. 故九萬里而風斯在下矣, 而後今乃之培風⁶, 背負靑天而莫之夭
무 력　고 구 만 리 이 풍 사 재 하 의　이 후 금 내 지 배 풍　배 부 청 천 이 막 지 요

閼者⁷, 而後乃今將圖南⁸. 蜩與學鳩笑之曰⁹: "我決起而飛¹⁰, 搶楡枋¹¹,
알 자　이 후 내 금 장 도 남　조 여 학 구 소 지 왈　아 결 기 이 비　창 유 방

時則不至而控於地而已矣¹², 奚以之九萬里而南爲¹³?" 適莽蒼者¹⁴,
시 즉 부 지 이 공 어 지 이 이 의　해 이 지 구 만 리 이 남 위　적 망 창 자

三餐而反¹⁵, 腹猶果然¹⁶; 適百里者, 宿舂糧¹⁷; 適千里者, 三月聚糧.
삼 찬 이 반　복 유 과 연　적 백 리 자　숙 용 량　적 천 리 자　삼 월 취 량

之二蟲¹⁸, 又何知! 小知不及大知, 小年不及大年¹⁹. 奚以知其然也?
지 이 충　우 하 지　소 지 불 급 대 지　소 년 불 급 대 년　해 이 지 기 연 야

朝菌不知晦朔²⁰, 蟪蛄不知春秋²¹: 此小年也. 楚之南有冥靈者²²,
조 균 부 지 회 삭　혜 고 부 지 춘 추　차 소 년 야　초 지 남 유 명 령 자

以五百歲爲春, 五百歲爲秋; 上古有大椿者²³, 以八千歲爲春, 以八千
이 오 백 세 위 춘　오 백 세 위 추　상 고 유 대 춘 자　이 팔 천 세 위 춘　이 팔 천

歲爲秋: 此大年也. 而彭祖乃今以久特聞²⁴, 衆人匹之²⁵, 不亦悲乎!
세 위 추　차 대 년 야　이 팽 조 내 금 이 구 특 문　중 인 필 지　불 역 비 호

▌어휘 설명

1) 且夫(차부): 발어사. 뜻이 없이 다음 문장을 불러오는 작용을 한다.
　水之積(수지적): 물이 쌓이다. 물이 고이다.
2) 負大舟(부대주): 큰 배를 띄우다.
3) 覆杯水(복배수): 잔에 든 물을 엎지르다.
　坳堂(요당): 마루에 움푹 파인 곳.
4) 芥(개): 작은 풀. 짚 검불.
　爲之舟(위지주): 거기서 배가 된다. 풀잎이 엎지른 물 위에서 배가 된다는 뜻이다.

5) 置杯焉(치배언): 잔을 거기에 두다. 물을 엎지른 마루 위에 잔을 놓는다는 뜻이다.

膠(교): 아교처럼 달라붙다.

6) 培風(배풍): 바람을 타다. 培은 '기댈 憑(빙)'과 통한다.

7) 夭閼(요알): 꺾다. 가로막다.

8) 圖南(도남): 남쪽을 향하다. 남명으로 가려고 꾀하다.

9) 蜩(조): 매미.

學鳩(학구): 산비둘기의 일종. 날기를 배우기 시작한 어린 비둘기를 가리킨다.

10) 決(결): ① 힘차게. ② 재빨리.

11) 搶(창): 닿다. 모이다. 도달하다.

榆枋(유방): 느릅나무와 박달나무. 수목(樹木)의 범칭으로 보는 것이 좋다.

12) 控(공): 떨어지다. 원래 활시위를 당긴다는 뜻이며, 당겨진 활시위가 제자리로 돌아오듯이 새들도 원래 날아오르던 곳으로 떨어지는 것을 말한다.

13) 奚(해): 무엇하려고. 무엇 때문에.

爲(위): 의문어기조사. '乎'와 같으며, 백화문의 '呢'에 해당한다.

14) 適(적): ~로 가다.

莽蒼(망창): 교외의 푸른 들판.

15) 三餐(삼찬): 세 끼 밥을 먹다. 곧 하루를 가리킨다.

16) 果然(과연): 배가 부른 모양. ① 果는 '裸(많을 과)'의 가차자이다. ② 배가 과일처럼 둥글다.

17) 宿(숙): ① 전날 밤. ② 이른 아침. '夙(일찍 숙)'의 가차자이다.

春糧(용량): 먹을 양식을 찧다.

18) 之二蟲(지이충): 이 두 날짐승. 곧 매미와 산비둘기. 之는 지시대명사로 '此(이 차)'와 같다.

19) 小年(소년): 단명. 아래의 '大年'는 장수를 뜻한다.

20) 朝菌(조균): ① 하루살이 버섯. ② 아침 한나절 살이 버섯.

晦朔(회삭): ① 그믐과 초하루. 한 달을 뜻한다. ② 저녁.

21) 蟪蛄(혜고): 쓰르라미. 봄에 태어나 여름에 죽거나 혹은 여름에 태어나 가을에 죽는다.

22) 冥靈(명령): ① 전설 속의 거목. 잎이 무성하기까지 오백년 걸리고 잎이 지기까지 오백년 걸린다. ② 명해(冥海)의 신령스런 거북이.

23) 大椿(대춘): 전설 속의 신령스런 고목. 참죽나무의 일종이다.

24) 彭祖(팽조): 전설 속의 장수인물. 하대 요(堯)임금부터 주대까지 팔백 세를 살았다고 한다.

久(구): 장수.

特聞(특문): 매우 유명하다. 명성이 자자하다.

25) 匹(필): 견주다. 비교하다. 나란히 하다.

03 湯之問棘也是已¹. 窮髮之北², 有冥海者, 天池也. 有魚焉, 其廣數千
탕 지 문 극 야 시 이　궁 발 지 북　유 명 해 자　천 지 야　유 어 언　기 광 수 천

里, 未有知其修者³, 其名爲鯤. 有鳥焉, 其名爲鵬, 背若泰山, 翼若垂
리　미 유 지 기 수 자　기 명 위 곤　유 조 언　기 명 위 붕　배 약 태 산　익 약 수

天之雲, 摶扶搖羊角而上者九萬里⁴, 絕雲氣⁵, 負靑天, 然後圖南,
천 지 운　단 부 요 양 각 이 상 자 구 만 리　절 운 기　부 청 천　연 후 도 남

且適南冥也⁶. 斥鴳笑之曰⁷: "彼且奚適也? 我騰躍而上⁸, 不過數仞
차 적 남 명 야　척 안 소 지 왈　피 차 해 적 야　아 등 약 이 상　불 과 수 인

而下⁹, 翶翔蓬蒿之間¹⁰, 此亦飛之至也¹¹. 而彼且奚適也?" 此小大
이 하　고 상 봉 호 지 간　차 역 비 지 지 야　이 피 차 해 적 야　차 소 대

之辯也¹².
지 변 야

┃ 어휘 설명

1) 湯(탕): 은상(殷商)왕조를 개국한 임금 탕왕(湯王).

   棘(극): 고대의 현인(賢人). 탕왕 때의 대부(大夫)라고 전해진다.

   是已(시이): 바로 이것이다. '小知'와 '大知' 이 문제뿐이라는 뜻이다.

2) 窮髮(궁발): 초목이 나지 않는 땅, 곧 불모지(不毛地).

3) 修(수): 길이.

4) 羊角而上(양각이상): 영양의 뿔처럼 꼬불꼬불 올라가다.

5) 絕雲氣(절운기): 구름을 뚫다. 구름 기운을 가르다.

6) 且(차): 장차.

7) 斥鴳(척안 chì yàn): 작은 연못가의 메추라기.

8) 騰躍(등약): 힘차게 뛰어오르다.

9) 數仞(수인): 몇 길. 길은 사람 키 정도의 길이이다. 주대(周代)에는 8척이 1인이었고, 한대(漢代)에는 7척이 1인이었다.

10) 翶翔(고상): 빙빙 돌며 날다.

    蓬蒿(봉호): 쑥대. 쑥대밭.

11) 至(지): 극치. 극도로 발휘한 비행솜씨를 가리킨다.

12) 辯(변): 구분. 구별. 차이.

04 故夫知效一官¹, 行比一鄉², 德合一君³, 而徵一國者⁴, 其自視也亦
고 부 지 효 일 관　　행 비 일 향　　덕 합 일 군　　이 징 일 국 자　　기 자 시 야 역

若此矣⁵. 而宋榮子猶然笑之⁶. 且舉世而譽之而不加勸⁷, 舉世而非
약 차 의　　이 송 영 자 유 연 소 지　　차 거 세 이 예 지 이 불 가 권　　거 세 이 비

之而不加沮⁸, 定乎內外之分⁹, 辯乎榮辱之竟¹⁰, 斯已矣¹¹; 彼其於世,
지 이 불 가 저　　정 호 내 외 지 분　　변 호 영 욕 지 경　　사 이 의　　피 기 어 세

未數數然也¹². 雖然, 猶有未樹也¹³. 夫列子御風而行¹⁴, 冷然善也¹⁵,
미 삭 삭 연 야　　수 연　　유 유 미 수 야　　부 열 자 어 풍 이 행　　냉 연 선 야

旬有五日而後反¹⁶. 彼於致福者¹⁷, 未數數然也. 此雖免乎行, 猶有
순 유 오 일 이 후 반　　피 어 치 복 자　　미 삭 삭 연 야　　차 수 면 호 행　　유 유

所待者也¹⁸. 若夫乘天地之正¹⁹, 而御六氣之辯²⁰, 以遊無窮者,
소 대 자 야　　약 부 승 천 지 지 정　　이 어 육 기 지 변　　이 유 무 궁 자

彼且惡乎待哉²¹! 故曰: 至人無己²², 神人無功, 聖人無名.
피 차 오 호 대 재　　고 왈　　지 인 무 기　　신 인 무 공　　성 인 무 명

「內篇내편・逍遙遊소요유」

■ 어휘 설명

1) 知(지): 재지(才智), 곧 재능과 지혜.
   效(효): 담당하다. 감당하다.

2) 行(행): 품행. 행실.
   比(비): ① 비호하다. 보호하다 ② 단결시키다. ③ 칭송을 받다.

3) 合(합): 부합하다. 합치하다.

4) 而(이): ① 순접접속사. ② '能(능할 능)'과 같다.
   徵(징): 신임을 받다.

5) 其(기): 그들. 위의 네 사람.
   若此(약차): 이와 같다. '斥鷃'과 같다는 뜻이다.

6) 宋榮子(송영자): 전국(戰國)시대 도가의 현인. 화평과 과욕(寡慾)을 주장했다.
   猶然(유연): 은근히 비웃는 모습.

7) 舉世(거세): 온 세상. 세상 모든 사람.

譽(예): 칭찬하다.

勸(권): 분발하다. 고무되다. 자신을 권면하다.

8) 非(비): 비난하다. 책망하다.

沮(저): 풀이 죽다. 기운을 잃다.

9) 定(정): 인정하다. 정립하다.

內外(내외): 주관과 객관. 자아와 외물(外物).

10) 辯(변): 분별하다. 변별해내다.

竟(경): 경계. 구분. '境(지경 경)'과 같다.

11) 斯已(사이): 이러할 뿐이다. 송영자의 지혜와 덕행이 이와 같다는 뜻이다.

12) 數數然(삭삭연 shuò shuò rán): 급급한 모양. 절박하게 매달리는 모양.

13) 樹(수): 수립하다. 이룩하다.

14) 列子(열자): 주대(周代)의 정(鄭)나라 출신 사상가. 이름이 어구(禦寇)이며, 『열자』 8편이 전해지나 『장자』와 겹쳐지는 부분이 많아 후대의 위작으로 여겨진다.

御風(어풍): 바람을 몰다. 바람을 타다.

15) 冷然(냉연): 초탈한 모습. 경쾌하고 아름다운 모습.

善(선): 숙달되다. 능수능란하다.

16) 旬有五日(순유오일): 열흘하고도 닷새, 곧 15일.

反(반): 되돌아오다. '返(돌아올 반)'과 같다.

16) 致福(치복): 복을 얻다. 복을 불러들이다.

17) 待(대): 기대다. 의지하다. 여전히 바람이라는 외물(外物)에 의지하는 것을 가리킨다.

18) 若夫(약부): ~에 이르러. '至於(지어)'와 같다.

乘(승): 따르다. '順(따를 순)'과 같다.

正(정): 본성. 본연. 진정한 정신.

19) 六氣(육기): 음(陰), 양(陽), 풍(風), 우(雨), 회(晦), 명(明) 등 자연의 여섯 가지 기운.

辯(변): 변화. '變(변할 변)'과 통한다. 위의 '正'과 상대적인 개념으로, '正'은 근본이고 '辯'은 파생(派生)이다.

20) 無窮(무궁): 영원무궁한 우주. 곧 절대자유의 경지.

21) 惡乎(오호): 무엇.

22) 至人(지인): 최고 경지에 이른 인간.

無(무): 잊다. 내세우지 않다. 추구하지 않다.

渾沌之死

05 南海之帝爲儵[1], 北海之帝爲忽[2], 中央之帝爲渾沌[3]. 儵與忽時相與遇
남해지제위숙 북해지제위홀 중앙지제위혼돈 숙여홀시상여우

於渾沌之地[4], 渾沌待之甚善[5]. 儵與忽謀報渾沌之德[6], 曰: "人皆有七
어혼돈지지 혼돈대지심선 숙여홀모보혼돈지덕 왈 인개유칠

竅[7], 以視·聽·食·息[8], 此獨無有, 嘗試鑿之[9]." 日鑿一竅,
규 이시 청 식 식 차독무유 상시착지 일착일규

七日而渾沌死.
칠일이혼돈사

「內篇내편·應帝王응제왕」

■ 어휘 설명

1) 爲(위): ~이다.
   儵(숙): 우언 속의 가상인물. 잠깐이라는 뜻이 담겨있다.
2) 忽(홀): 우언 속의 가상인물. 잠깐이라는 뜻이 담겨있다.
3) 渾沌(혼돈): 우언 속의 가상인물. 질박하고 자연스럽다는 뜻이 담겨있다.
4) 時(시): 늘. 항상.
   相與(상여): 서로 함께.
5) 待之甚善(대지심선): 매우 잘 대해주다.
6) 謀(모): 의논하다.
   報(보): 보답하다.
7) 七竅(칠규): 인체의 이목구비에 난 구멍. 모두 일곱 개의 구멍이 있다.
8) 息(식): 숨쉬다. 호흡하다.
9) 嘗試(상시): 시도해 보다. 시험해 보다.
   鑿(착): 뚫다. 뚫어주다.

■ 어법 설명

시간사+而(이)

　시간의 경과를 나타낸다: ~만에, ~가 지나서

　一旦而馬價十倍(일단이마가십배) 하루 만에 말 값이 열 배가 올랐다.

　三年而悔過遷善(삼년이회과천선) 삼년이 지나서 개과천선하였다.

天地精神

06

寂漠無形[1], 變化無常[2], 死與生與[3], 天地並與[4], 神明往與[5]! 芒乎何
적 막 무 형　변 화 무 상　사 여 생 여　천 지 병 여　신 명 왕 여　망 호 하

之[6]? 忽乎何適[7]? 萬物畢羅[8], 莫足以歸. 古之道術有在於是者, 莊周聞
지　홀 호 하 적　만 물 필 라　막 족 이 귀　고 지 도 술 유 재 어 시 자　장 주 문

其風而悅之[9]. 以謬悠之說[10], 荒唐之言[11], 無端崖之辭[12], 時恣縱而
기 풍 이 열 지　이 유 유 지 설　황 당 지 언　무 단 애 지 사　시 자 종 이

風而悅之[9]. 以謬悠之說[10], 荒唐之言[11], 無端崖之辭[12], 時恣縱而不儻[13],
풍 이 열 지　이 유 유 지 설　황 당 지 언　무 단 애 지 사　시 자 종 이 부 당

不觭見之也[14]. 以天下爲沈濁[15], 不可與莊語[16]. 以卮言爲曼衍[17], 以
불 기 현 지 야　이 천 하 위 침 탁　불 가 여 장 어　이 치 언 위 만 연　이

重言爲眞[18], 以寓言爲廣[19]. 獨與天地精神往來, 而不敖倪於萬物[20].
중 언 위 진　이 우 언 위 광　독 여 천 지 정 신 왕 래　이 불 오 예 어 만 물

不譴是非[21], 以與世俗處. 其書雖瑰瑋[22], 而連犿無傷也[23].
불 견 시 비　이 여 세 속 처　기 서 수 괴 위　이 연 변 무 상 야

其辭雖參差[24], 而諔詭可觀[25]. 彼其充實, 不可以已[26]. 上與造物者遊,
기 사 수 참 치　이 숙 궤 가 관　피 기 충 실　불 가 이 이　상 여 조 물 자 유

而下與外死生 · 無終始者爲友[27].
이 하 여 외 사 생　무 종 시 자 위 우

「雜篇잡편 · 天下천하」

▌어휘 설명

1) 寂寞(적막): 고요하다. '芴漠(홀막)'으로 된 판본도 있다.

2) 常(상): 일정한 법칙.

3) 死(사): 소멸하다.

　與(여): 감탄과 의문을 나타내는 어기조사 '歟(여)'와 같다.

　生(생): 생겨나다. 세상만물이 생성과 소멸을 반복하므로 삶과 죽음을 추월한다는 뜻이다.

4) 並(병): 병존하다. 공존하다. 나와 함께 생겨나다.

5) 神明(신명): 조물주.

　　往(왕): 왕래하다.

6) 芒乎(망호): 아득히. 망연히. '恍惚(황홀)'과 같으며, 불분명하여 종잡을 수 없다는 뜻이다. 芒은 '茫(아득할 망)'과 같다.

7) 忽乎(홀호): 홀연히. 종잡을 수 없이. 역시 '恍惚(황홀)'과 같다.

　　適(적): 오다. 이르다. 도달하다.

8) 畢羅(필라): 모두 망라(網羅)하다. 남김없이 포용하다.

9) 風(풍): 사유풍조. 학문풍조.

10) 謬悠(유유): 허무맹랑하고 비현실적이다.

11) 荒唐(황당): 황당무계(荒唐無稽)하다. 터무니없이 과장되다.

12) 無端崖(무단애): 두서가 없다. 핵심이 없다. 비논리적이다.

13) 恣縱(자종): 구애받지 않다. 마음 내키는 대로 하다.

　　儻(당): 고지식하다. 독선적이다.

14) 觭(기): 한쪽으로 치우친 견해. 남과 다름을 표방하는 이색적인 견해.

15) 沈濁(침탁):　물욕에 빠져 혼탁해지다.

16) 莊語(장어): 장중(莊重)하게 대화하다. 진지하게 토론하다.

17) 卮言(치언): 함부로 내뱉는 말. 마음에도 없는 말. '卮言(치언)'과 같다.

　　曼衍(만연): 거리낌 없이 늘어놓다. 내키는 대로 자유롭게 발언하겠다는 뜻이다.

18) 重言(중언): 남들의 중시를 받는 성현의 말.

　　眞(진): 믿을만하다. 주장의 진실성을 증대시킨다는 뜻이다.

19) 寓言(우언): 남의 입을 빌려 완곡하게 뜻을 기탁하는 말.

　　廣(광): 확대하다. 도리를 설명하는 범위를 넓힌다는 뜻이다.

20) 敖倪(오예): 경시하다. 거만을 떠다.

21) 譴(견): 따지다. 꾸짖다. 견책하다.

22) 瑰瑋(괴위): 진기하고 뛰어나다. 평범하지 않다.

23) 連犿(연변 lián fān): 말이 완곡한 모양. 말이 부드러운 모양.

24) 參差(참치 cēn cī): 들쑥날쑥하다. 가지런하지 않다.

25) 諔詭(숙궤): 기묘하다. 익살스럽고 기발하다.

26) 已(이): ① 행문(行文)을 멈추다. ② 끝나는 경지.

27) 外(외): 초탈하다. 도외시하다.

2. 齊物論(제물론)

物之所同

01-1

齧缺問乎王倪曰[1]: "子知物之所同是乎[2]?" 曰: "吾惡乎知之[3]!"
설결문호왕예왈　　자지물지소동시호　　왈　　오오호지지

"子知子之所不知邪?" 曰: "吾惡乎知之!" "然則物無知邪[4]?" 曰:
자지자지소부지야　　왈　　오오호지지　　연즉물무지야　　왈

"吾惡乎知之! 雖然, 嘗試言之[5]. 庸詎知吾所謂知之非不知邪[6]?
오오호지지　수연　상시언지　　용거지오소위지지비부지야

庸詎知吾所謂不知之非知邪? 且吾嘗試問乎女[7], 民濕寢則腰疾偏
용거지오소위부지지비지야　차오상시문호여　민습침즉요질편

死[8], 鰌然乎哉[9]? 木處則惴慄恂懼[10], 猨猴然乎哉[11]? 三者孰知正處[12]?
사　추연호재　목처즉췌율순구　원후연호재　삼자숙지정처

民食芻豢[13], 麋鹿食薦[14], 蝍蛆甘帶[15], 鴟鴉耆鼠[16], 四者孰知正味[17]?
민식추환　미록식천　즉저감대　치아기서　사자숙지정미

猨猵狙以爲雌[18], 麋與鹿交[19], 鰌與魚遊[20].
원편저이위자　미여록교　추여어유

■ 어휘 설명

1) 齧缺(설결): 전설 속의 고대 현자로 『장자』 우언 중의 허구인물.
　王倪(왕예): 전설 속의 고대 현자로 『장자』 우언 중의 허구인물. 「외편(外篇)·천지(天地)」에 "요의
　스승은 허유이고, 허유의 스승은 설결이고, 설결의 스승은 왕예이고, 왕예의 스승은 피의이다(堯之
　師曰許由, 許由之師曰齧缺, 齧缺之師曰王倪, 王倪之師曰被衣)."라고 하였다.
2) 子(자): 그대. 선생. 이인칭 대명사이다.
　所同是(소동시): 공동으로 인정하는 도리. 상호간의 공통점.
3) 惡乎(오호): 어떻게.

4) 無知(무지): 알 방도가 없다.

5) 嘗試(상시): 시험하다. 시험 삼아 ~해보다.

6) 庸詎(용거): 어찌. 어떻게. '庸'과 '詎' 모두 의문사로, '何(어찌 하)'와 같다.

7) 女(여): 너. 그대. 이인칭 대명사 '汝(너 여)'와 같다.

8) 民(민): 사람. '人(사람 인)'과 같다.

   濕寢(습침): 축축한 곳에서 누워 자다.

   偏死(편사): 반신불수가 되다.

9) 鰌(추): 미꾸라지. '鰍(미꾸라지 추)'의 이체자이다.

   然(연): 그러하다. 그와 같다.

10) 惴慄恂懼(체율순구): 두려워하다. 네 자 모두 두려워하다는 뜻이다.

11) 猨猴(원후): 원숭이. 猨은 '猿(원숭이 원)'과 같다.

12) 孰(숙): 무엇. 어느 곳.

   正處(정처): 진정 편안한 처소.

13) 芻豢(추환): 꼴을 먹이고 곡물을 먹여 키운 가축. 가축의 총칭(總稱)이다.

14) 麋鹿(미록): 고라니와 사슴.

   薦(천): 맛난 풀. 무성하게 자란 풀.

15) 蝍蛆(즉저 jī jū): 지네.

   甘帶(감대): ① 개미 알을 맛있어하다. ② 어린 뱀의 눈을 맛있어하다.

16) 鴟鴉(치아): 솔개와 까마귀.

   耆(기): 좋아하다. 선호하다. '嗜(즐길 기)'와 같다.

17) 正味(정미): 진정 맛있는 맛.

18) 猵狙(편저): 원숭이와 유사한 동물. 원숭이와 닮았으나 머리는 개 모양이며, 원숭이 암컷과 교미하기를 즐긴다고 전한다.

   雌(자): ① 암컷. 암컷 짝. ② 암수 짝.

   猨猵狙以爲雌(원편저이위자): ① 원숭이를 편저는 암컷 짝으로 여기다. ② 원숭이가 편저를 암컷 짝으로 여기다.

19) 交(교): 교미하다. 교배하다.

20) 遊(유): 희롱하며 놀다. 서로 교미하다는 뜻이다.

毛嬙麗姬

01-2

毛嬙麗姬[1], 人之所美也[2], 魚見之深入, 鳥見之高飛, 麋鹿見之決
모장여희　　인지소미야　　어견지심입　조견지고비　미록견지결

驟[3]. 四者孰知天下之正色哉[4]? 自我觀之, 仁義之端, 是非之塗[5], 樊然
취　　사자숙지천하지정색재　　자아관지　인의지단　시비지도　번연

殽亂[6], 吾惡能知其辯[7]!" 齧缺曰: "子不知利害, 則至人固不知利害
효란　　오오능지기변　　설결왈　자부지이해　즉지인고부지이해

乎?" 王倪曰: "至人神矣! 大澤焚而不能熱[8], 河漢沍而不能寒[9],
호　　왕예왈　지인신의　대택분이불능열　　하한호이불능한

疾雷破山[10], 飄風振海而不能驚[11]. 若然者, 乘雲氣, 騎日月, 而遊乎
질뢰파산　　표풍진해이불능경　　약연자　승운기　기일월　이유호

四海之外, 死生無變於己[12], 而況利害之端乎[13]!"
사해지외　사생무변어기　　이황이해지단호

▌어휘 설명

1) 毛嬙(모장): 춘추시대 월(越)나라 미녀. 월왕 구천(句踐)의 애희(愛姬)라고 전해진다.

　麗姬(여희): 춘추시대 소국 여융(麗戎)의 미녀. 진(晉)나라 헌공(獻公)에게 총애를 받았다.

2) 美(미): 아름답다고 여기다.

3) 決驟(결취): 재빨리 내달리다.

4) 正色(정색): 진정한 미색.

5) 塗(도): 경로. 통로. 방법. '途(길 도)'와 같다.

6) 樊然(번연): 복잡한 모양. 뒤죽박죽인 모양.

　殽亂(효란): 어지럽게 뒤섞이다.

7) 辯(변): 변별. 구별. 구분.

8) 大澤(대택): 산속의 큰 늪지대. 숲속의 큰 늪지대.

　焚(분): 태우다.

　熱(열): 열기를 느끼다.

9) 河漢(하한): 황하(黃河)와 한수(漢水). 여기서는 큰 강을 가리킨다.

  沍(호): 얼다. 결빙하다.

  寒(한): 한기를 느끼다.

10) 疾雷(질뢰): 신속한 천둥번개.

11) 飄風(표풍): 폭풍.

12) 變(변) 변화를 일으키다.

13) 況~乎(황~호): 하물며 ~이겠는가.

  利害之端(이해지단): 이해득실이라는 사소한 단서.

蝴蝶之夢

02　昔者莊周夢爲胡蝶[1], 栩栩然胡蝶也[2], 自喻適志與[3]! 不知周也. 俄然
　　　석 자 장 주 몽 위 호 접　　허 허 연 호 접 야　　자 유 적 지 여　　부 지 주 야　　아 연

　　　覺[4], 則蘧蘧然周也[5]. 不知周之夢爲胡蝶與, 胡蝶之夢爲周與? 周與
　　　각　　즉 거 거 연 주 야　　부 지 주 지 몽 위 호 접 여　　호 접 지 몽 위 주 여　　주 여

　　　胡蝶, 則必有分矣[6]. 此之謂物化[7].
　　　호 접　　즉 필 유 분 의　　차 지 위 물 화

「內篇내편 · 齊物論제물론」

■ 어휘 설명

1) 昔者(석자): 옛날에. 이전에.

　　胡蝶(호접): 나비.

2) 栩栩然(허허연): 훨훨 날아다니는 모양.

3) 喻(유): 유쾌하다. '愉(즐거울 유)'와 통한다.

　　適志(적지): 마음에 맞다. 기분이 좋다.

　　與(여): 감탄 또는 의문의 어조를 나타내는 종결형 어기조사 '歟(여)'와 같다.

4) 俄然(아연): 갑자기. 별안간.

5) 蘧蘧然(거거연): 반색하는 모양. 놀랍고도 기뻐하는 모양.

6) 分(분): 구분.

7) 物化(물화): 만물이 융합되어 하나가 된 상태.

■ 어법 설명

之(지)

① 주격 조사(주어+之+술어)

　　吾妻之美我者, 私我也(오처지미아자, 사아야) 내 아내가 나를 잘 생겼다고 여기는 것은 나를 사사롭게
여기기 때문이다.

② 목적격 대명사(동사+之): 그것. 그 사람

　　吏護之還鄕(이호지환향) 관리들이 그를 호위하여 고향으로 돌려보냈다.

③ 구조 조사(목적어+지+동사)

　　句讀之不知(구두지부지) 구두점을 알지 못한다.

④ 관형격 조사

　　以子之矛, 陷子之~盾, 何如(이자지모, 함자지순, 하여) 그대의 창으로 그대의 방패를 찌른다면 어 떻게 되겠는가?

　　近塞上之人, 死者十九(근새상지인, 사자십구) 변방 근처에 사는 사람 중에 죽은 자가 열에 아홉이었다.

⑤ 지시대명사: 이, 저

　　之二蟲, 又何知(지이충, 우하여) 이 두 미물이 또한 무엇을 알겠는가?

⑥ 동사: 가다

　　吾欲之南海(오욕지남해) 나는 남해로 가고자 한다.

3. 諷刺(풍자)

車轍之鮒

01 莊周家貧, 故往貸粟於監河侯[1]. 監河侯曰: "諾. 我將得邑金[2], 將貸
　　장주가빈　고왕대속어감하후　감하후왈　낙　아장득읍금　장대

子三百金[3], 可乎?" 莊周忿然作色曰[4]: "周昨來, 有中道而呼者[5]. 周顧
　자삼백금　가호　장주분연작색왈　주작래　유중도이호자　주고

視車轍中[6], 有鮒魚焉[7]. 周問之曰: '鮒魚來! 子何爲者邪?' 對曰:
　시거철중　유부어언　주문지왈　부어래　자하위자야　대왈

'我, 東海之波臣也[8]. 君豈有斗升之水而活我哉[9]?' 周曰: '諾.
　아　동해지파신야　군기유두승지수이활아재　주왈　낙

我且南遊吳·越之王[10], 激西江之水而迎子[11], 可乎?' 鮒魚忿然作
　아차남유오　월지왕　격서강지수이영자　가호　부어분연작

色曰: '吾失我常與[12], 我無所處[13]. 吾得斗升之水然活耳[14], 君乃言
　색왈　오실아상여　아무소처　오득두승지수연활이　군내언

此[15], 曾不如早索我於枯魚之肆[16]!'"
　차　증불여조색아어고어지사

「雜篇잡편·外物외물」

▌어휘 설명

1) 貸粟(대속): 곡식을 빌리다.
　監河侯(감하후): 하천을 감독하는 관리.
2) 邑金(읍금): 봉읍(封邑)에서 거둔 세금.
3) 子(자): 그대. 이인칭대명사.
　金(금): 금속화폐.
4) 忿然(분연): 분노한 모습.
　作色(작색): 안색이 변하다. 화난 표정을 짓다.

5) 中道(중도): 도중(途中).

6) 車轍(거철): 수레바퀴 자국. 곧 수레바퀴가 지나가면서 우묵하게 파인 얕은 웅덩이.

7) 鮒魚(부어): 붕어.

8) 波臣(파신): ① 거센 파도에 휩쓸려 뭍으로 밀려온 해신(海神) 신하. ② 파도를 관장하는 신하.

9) 君(군): 그대. 당신. 이인칭대명사.

　豈(기): 혹시.

　斗升(두승): 한 말들이 말과 한 되들이 됫박. 매우 소량을 비유한다.

　活(활): 살리다. 생명을 구하다.

10) 遊(유): 유세하다. 방문하다.

11) 激(격): 물길을 막아 끌어오다.

12) 常與(항여): 늘 함께하던 물.

13) 處(처): 머물다. 거처하다.

14) 然(연): 곧. 이에.

15) 乃(내): 오히려. 뜻밖에도.

16) 曾不如(증불여): 차라리 ~하는 것이 낫다.

　早(조): 얼른. 서둘러. 일찌감치.

　索(색): 찾다.

　枯魚之肆(고사지사): 건어물가게.

■ 어법 설명

不如(불여)

(1) ~하는 것이 낫다

　不如不遇傾城色(불여불우경성색) 경국지색의 미인을 만나지 않은 것이 나았다.

(2) 열등비교 A不如B: A는 B만 못하다

　千羊之皮, 不如一狐之掖(천양지피, 불여일호지액) 양 천 마리 가죽이 여우 한 마리 겨드랑이 털만 못하다.

舐痔得車

02 宋人有曹商者¹, 爲宋王使秦². 其往也, 得車數乘³. 王說之⁴, 益車百
　송 인 유 조 상 자　위 송 왕 사 진　기 왕 야　득 거 수 승　왕 열 지　익 거 백

　乘⁵. 反於宋⁶, 見莊子曰: "夫處窮閭阨巷⁷, 困窘織屨⁸, 槁項黃馘者⁹,
　승　반 어 송　견 장 자 왈　부 처 궁 려 애 항　곤 군 직 구　고 항 황 혁 자

　商之所短也¹⁰; 一悟萬乘之主而從車百乘者¹¹, 商之所長也¹²."
　상 지 소 단 야　일 오 만 승 지 주 이 종 거 백 승 자　상 지 소 장 야

　莊子曰: "秦王有病召醫. 破癰潰痤者得車一乘¹³, 舐痔者得車五乘¹⁴,
　장 자 왈　진 왕 유 병 소 의　파 옹 궤 좌 자 득 거 일 승　지 치 자 득 거 오 승

　所治愈下¹⁵, 得車愈多. 子豈治其痔邪¹⁶? 何得車之多也? 子行矣¹⁷!"
　소 치 유 하　득 거 유 다　자 기 치 기 치 야　하 득 거 지 다 야　자 행 의

「雜篇잡편 · 列禦寇열어구」

■ 어휘 설명

1) 曹商(조상): 전국시대의 인물.

2) 爲(위 wèi): 위하다. 대신하다.
　使(사): 사신가다.

3) 得車(득거): 수레를 하사받다.

4) 說(열, yuè): 기뻐하다. 가상히 여기다.

5) 益(익): 더해주다.

6) 反(반): 되돌아오다. '返(돌아올 반)'과 같다.

7) 窮閭阨巷(궁려애항): 누추한 마을문과 좁은 골목. 곧 외진 마을.

8) 困窘織屨(곤군직리): 가난한 살림살이에 직접 짚신을 짜다.

9) 槁項黃馘(고항황혁): 비쩍 마른 목과 누런 얼굴. 얼굴이 야위고 초췌한 모습을 형용한다.

10) 所短(소단): 단점. 부족한 점. 모자라는 부분.

11) 悟(오): 깨우쳐주다.

12) 所長(소장): 장점. 잘하는 점. 능통한 부분.

13) 破癰潰痤(파옹궤좌): 독창을 터트리고 부스럼을 없애다.

14) 舐痔(지치): 치질을 핥아주다.

15) 治(치): 치료하다.

    愈下(유하): 더욱 아래로 내려가다.

16) 豈(기): 혹시. 설마. 아마도.

17) 行(행): 가다. 떠나다. 쫓아내는 말이다.

4. 交友(교우)

鴟嚇鵷鶵

01　惠子相梁[1], 莊子往見之. 或謂惠子曰[2]: "莊子來, 欲代子相[3]." 於是惠
　　혜자상양　장자왕견지　혹위혜자왈　　장자래　욕대자상　　어시혜

　　子恐, 搜於國中三日三夜[4]. 莊子往見之, 曰: "南方有鳥, 其名鵷鶵[5],
　　자공　수어국중삼일삼야　　장자왕견지　왈　　남방유조　기명원추

　　子知之乎? 夫鵷鶵, 發於南海而飛於北海[6]; 非梧桐不止[7], 非練實不
　　자지지호　부원추　발어남해이비어북해　비오동부지　　비연실불

　　食[8], 非醴泉不飲[9]. 於是鴟得腐鼠[10], 鵷鶵過之[11], 仰而視之曰[12]:
　　식　비예천불음　어시치득부서　　원추과지　　앙이시지왈

　　'嚇!' 今子欲以子之梁國而嚇我邪[13]?"
　　혁　금자욕이자지양국이혁아야

「外篇외편・秋水추수」

■ 어휘 설명

1) 惠子(혜자): 전국시대 송(宋)나라 출신의 명가(名家) 인물 혜시(惠施, B.C.370?~B.C.309?). 양나라
　　혜왕(惠王)과 양양(襄王) 때 재상을 지냈다. 말년에 고국 송나라로 돌아와 장자와 우정을 쌓았으며,
　　『장자』에도 여러 번 나온다.
　　相(상): 재상(宰相)을 맡다.
　　梁(양): 위(魏)나라. 위나라의 수도가 대량(大梁)이며, 도읍명이 국명을 대신한 경우이다.
2) 或(혹): 혹자. 어떤 자.
3) 代子(대자): 그대를 대신하다. '子'는 이인칭 대명사이다.
4) 搜(수): 찾다. 수색하다.
　　國中(국중): 나라의 도성(都城) 안. 고대에는 습관적으로 도성을 '國'이라고 일컬었다.
　　三日三夜(삼일삼야): 사흘 주야(晝夜).
5) 鵷鶵(원추): 신화전설 속 상상의 새. 봉황의 일종으로 난봉(鸞鳳)에 속한다고 한다.
6) 發(발): 출발하다. 날아오르다.

7) 梧桐(오동): 벽오동나무. 낙엽교목에 속하며, 마디가 없고 재질이 가벼우며 음향 전도가 좋아 악기 재료로 많이 쓰인다.

8) 練實(연실): 대나무 열매. 대나무가 개화한 후에 맺는 과실로 수령 50년에서 100년 사이에 개화하여 종자를 번식하고 시들어 죽는다고 한다. 일명 '죽미(竹米)'라고도 한다.

9) 醴泉(예천) : ① 단 샘물. 물맛에 단 맛이 도는 샘물을 말한다. ② 감주(甘酒). '醴'는 단 술을 뜻하며, 물맛에 약한 술맛이 나는 샘물을 말한다. 일명 '감천(甘泉)'이라고도 한다.

10) 鴟(치): ① 솔개. ② 올빼미. 악조(惡鳥)를 뜻하며, 전의하여 흉악한 사람을 가리킨다.
    得(득): 잡다.

11) 過之(과지): 거기를 지나가다.

12) 仰(앙): 우러르다. 고개를 들다.

13) 嚇(혁 hè): 의성어. 남에게 겁을 주거나 내쫓는 소리.

14) 以(이): ~로써. ~을 가지고.

■ 어법 설명

(1) 非A不B: A 아니면 B 아니 한다

　　非人不傳(비인부전) 적임자가 아니면 전수하지 않는다.

　　我非堯舜之道, 不敢以陳於王前(아비요순지도, 불감이진어왕전) 저는 요순의 도리가 아니면 감히 왕 면전에 아뢰지 않습니다.

(2) 以(이)+명사

　① 기구격 조사: ~로써, ~을 가지고(도구, 수단, 방법)

　　事親以孝(사친이효) 효로써 어버이를 섬기다.

　　以子之矛, 陷子之盾, 何如(이자지모, 함자지모, 하여) 그대의 창을 가지고 그대의 방패를 찌른다면 어떻게 되겠는가?

　② 자격격 조사: ~로서(자격, 신분)

　　以臣弑君, 可乎(이신시군, 가호) 신하로서 임금을 시해하면 되겠는가?

　③ 이유격 조사: ~ 때문에, ~하다고 해서(이유, 원인)

　　未嘗以貧廢學(미상이빈폐학) 가난하다고 해서 공부를 폐한 적이 없었다.

　　以是爲不恭, 故弗卻也(이시위불공, 고불각야) 이는 공경스럽지 못하므로 사양하지 않았다.

濠梁之辯

02

莊子與惠子遊於濠梁之上¹. 莊子曰: "鯈魚出游從容², 是魚樂也³." 惠
장자여혜자유어호량지상　장자왈　조어출유종용　시어락야　　혜

子曰: "子非魚⁴, 安知魚之樂⁵?" 莊子曰: "子非我, 安知我不知魚之
자왈　자비어　안지어지락　　장자왈　자비아　안지아부지어지

樂?" 惠子曰: "我非子, 固不知子矣⁶, 子固非魚也, 子之不知魚之
락　혜자왈　아비자　고부지자의　자고비어야　자지부지어지

樂, 全矣⁷."
락　전의

莊子曰: "請循其本⁸. 子曰汝安知魚樂云者⁹, 旣已知吾知之而問我¹⁰,
장자왈　청순기본　자왈여안지어락운자　기이지오지지이문아

我知之濠上也¹¹."
아지지호상야

「外篇외편·秋水추수」

▌어휘 설명

1) 濠梁(호량): 호수(濠水)에 놓인 다리. 안휘성(安徽省) 봉양현(鳳梁縣) 북부에 소재하며, 장자의 묘(墓)가 여기에 있다. '梁'은 교량(橋梁)이다.

2) 鯈魚(조어 tiáo yú): 피라미. 뱅어.
   從容(종용): 느긋하게 노니는 모양. 유유자적(悠悠自適)하는 모양.

3) 是(시): 이. 이것. 지시대명사이다.
   樂(락): 즐거움.

4) 子(자): 자네, 그대. 이인칭 대명사이다.

5) 安(안): 어찌. 어떻게.

6) 固(고): 원래. 정말. 물론. 당연히.

7) 全(전): 완전히 그러하다. 확실히 그러하다.

8) 循(순): 쫓다. 따라가다. 곧 따져보자는 말이다.

本(본): 근본, 곧 화제(話題)의 근원. 최초로 질문을 제기했던 말을 가리킨다.

9) 汝(여): 그대. 자네. 당신. 이인칭 대명사이다.

云者(운자): ~라고 말한 것.

10) 既已(기이): 이미. 벌써.

11) 知之濠上(지지호상): 호수(濠水) 다리 위에서 알았다. 선영(宣穎)의 『남화경해(南華經解)』는 이 구절을 "내가 호수 위를 노니면서 즐거우니 물고기가 호수 아래에서 노니는 것도 역시 얼마나 즐거운지 알았다."라고 설명한다.

5. 生死(생사)

雕陵之樊

01　莊周遊於雕陵之樊[1], 一異鵲自南方來者[2], 翼廣七尺, 目大運寸[3], 感
　　　　장주유어조릉지번　　일이작자남방래자　　익광칠척　목대운촌　감

　　　周之顙而集於栗林[4]. 莊周曰: "此何鳥哉? 翼殷不逝[5], 目大不睹[6]?" 蹇
　　　주지상이집어율림　장주왈　차하조재　익은불서　목대부도　건

　　　裳躩步[7], 執彈而留之[8]. 睹一蟬[9], 方得美蔭而忘其身[10], 螳蜋執翳
　　　상곽보　집탄이유지　도일선　방득미음이망기신　당랑집예

　　　而搏之[11], 見得而忘其形[12]; 異鵲從而利之[13], 見利而忘其眞[14].
　　　이박지　견득이망기형　　이작종이리지　　견리이망기진

　　　莊周怵然曰[15]: "噫[16]! 物固相累[17], 二類相召也[18]!" 捐彈而反走[19],
　　　장주출연왈　　희　　물고상루　　이류상소야　　　연탄이반주

　　　虞人逐而誶之[20].
　　　우인축이수지

「外篇외편·山木산목」

■ 어휘 설명

1) 雕陵(조릉): 전국시대 위(魏)나라 남부에 소재한 밤나무 숲 능원(陵園).
　　樊(번): 울타리. '藩(울타리 번)'과 통한다.
2) 異鵲(이작): 특이한 까치.
3) 運寸(운촌): 직경이 한 치가 되다. 까치의 눈이 매우 큰다는 것을 가리킨다.
4) 感(감): 부딪히다.
　　顙(상 săng): 이마.
　　集(집): 깃들다. 내려앉다.
5) 殷(은): 크다.
　　逝(서): 날아가다.

6) 不睹(불도): 발견하지 못하다. 장자를 보지 못하고 부딪힌 것을 말한다.

7) 蹇裳(건상 qiān cháng): 치마를 걷어 올리다. 바짓단을 들어 올리다.

躩步(곽보): 잰걸음으로 살금살금 걷다. 까치가 놀라 도망갈까 조심하는 걸음걸이이다.

8) 彈(탄): 새총. 탄궁(彈弓).

留(유): 지켜보다. 발사할 기회를 엿보다.

9) 蟬(선): 매미.

10) 美蔭(미음): 좋은 그늘.

11) 螳蜋(당랑): 사마귀.

執翳(집예 zhí yì): 나뭇잎으로 자신을 가리다. 나뭇잎 뒤에 숨다.

搏(박): 덮치다. 내려치다.

12) 得(득): (매미를) 잡다. 손에 넣다.

13) 利(이): 이득을 얻다. 사마귀를 잡은 것을 말한다.

14) 眞(진): 진짜 중요한 것, 곧 자신 생명의 안위.

15) 怵然(출연): 두려워하는 모양.

16) 噫(희): 감탄사.

17) 相累(상루): 서로 연루되다. 곧 서로 연쇄적인 관계를 맺다.

18) 二類(이류): 만물의 화(禍)와 복(福). 사물의 해악과 이익.

召(소): 불러들이다.

19) 捐(연): 버리다. 내던지다.

反走(반주): 발길을 돌려 도망가다.

20) 虞人(우인): 율림 능원의 관리자.

逐(축): 쫓아오다.

誶(수 suì): 호되게 욕하다. 장자를 밤을 훔치러 온 도둑으로 여겼기 때문이다.

畏影惡跡

02 人有畏影惡跡而去之走者[1], 舉足愈數而跡愈多[2], 走愈疾而影不離身[3],
　　인 유 외 영 오 적 이 거 지 주 자　　거 족 유 삭 이 적 유 다　　주 유 질 이 영 불 리 신

　　自以爲尚遲[4], 疾走不休, 絕力而死[5]. 不知處陰以休影[6], 處靜以息跡[7],
　　자 이 위 상 지　　질 주 불 휴　　절 력 이 사　　부 지 처 음 이 휴 영　　처 정 이 식 적

　　愚亦甚矣!
　　우 역 심 의

「雜篇잡편 · 漁父어부」

■ 어휘 설명

1) 畏影(외영): 자기 그림자를 무서워하다.

　　惡跡(오적): 자기 발자국을 싫어하다.

　　去之走(거지주): 그것들을 떨쳐버리려고 도망가다.

2) 愈(유): 더욱.

　　數(삭 shuò): 자주. 빈번하다.

3) 疾(질): 질주하다. 빠르게 달리다.

4) 尚遲(상지): 아직 느리다.

5) 絕力(절력): 탈진하다.

6) 處陰(처음): 그늘을 찾아 머물다.

　　休影(휴영): 그림자를 없애다. 그림자가 사라지다.

7) 처정(處靜): 고요한 곳을 찾아 머물다.

　　식적(息跡): 발걸음을 쉬다. 발자국을 생기지 않도록 하다.

■ 어법 설명

愈(유)

① 더욱 ~하다

　　聞而愈悲(문이유비) 듣고서 더욱 슬펐다.

② 愈A愈B: A할수록 더욱 B하다

　　山路愈走愈陡, 而風景愈來愈奇(산로유주유두, 이풍경유래유기) 산길은 걸을수록 더욱 가파르고, 풍경은 갈수록 더욱 기이하다.

③ 병이 낫다

　　黛玉之疾漸愈(대옥지병점유) 대옥의 병이 점차 나아졌다.

④ ~보다 낫다

　　女與回也孰愈(여여회야숙유) 너와 안회는 누가 더 나으냐?

　　丹之治水也, 愈於禹(단지치수야, 유어우) 단의 치수 능력이 우임금보다 낫다.

鼓盆而歌

03 莊子妻死, 惠子弔之[1], 莊子則方箕踞鼓盆而歌[2]. 惠子曰: "與人
장자처사 혜자조지 장자즉방기거고분이가 혜자왈 여인

居, 長子老身[3], 死不哭亦足矣, 又鼓盆而歌[4], 不亦甚乎!" 莊子曰:
거 장자노신 사불곡역족의 우고분이가 불역심호 장자왈

"不然. 是其始死也[5], 我獨何能無槪然[6]! 察其始而本無生, 非徒無生
불연 시기시사야 아독하능무개연 찰기시이본무생 비도무생

也而本無形[7], 非徒無形也而本無氣. 雜乎芒芴之間[8], 變而有氣,
야이본무형 비도무형야이본무기 잡호망홀지간 변이유기

氣變而有形, 形變而有生, 今又變而之死, 是相與爲春秋冬夏四
기변이유형 형변이유생 금우변이지사 시상여위춘추동하사

時行也. 人且偃然寢於巨室[9], 而我噭噭然隨而哭之[10], 自以爲不通
시행야 인차언연침어거실 이아교교연수이곡지 자이위불통

乎命[11], 故止也."
호명 고지야

「外篇외편 · 至樂지락」

▌어휘 설명

1) 弔(조): 조문하다. 문상하다.
2) 箕踞(기거): 두 다리를 뻗고 앉다. 앉음새가 마치 키를 까부르는 모습과 같아 '箕踞'라 하였다.
   鼓盆(고분): 질그릇을 두드리다.
3) 長子老身(장자노신): 자식은 장성하고 자신은 늙다. '子長身老'를 도치(倒置)하였다.
4) 是(시): 이 사람. 장자의 아내를 가리킨다.
5) 始(시): 막. 처음. 방금.
5) 槪然(개연): 가슴아파하는 모양. 槪는 '慨(개탄할 개)'와 와 같다.
6) 非徒(비도): ~일 뿐만 아니라.
7) 芒芴(망홀): 황홀(恍惚). 판본에 따라 '芒惚' 또는 '茫惚'으로 되었으며, 알아보지 못해 종잡을
   수 없음을 형용한다.

雜乎芒芴(잡호황홀): 무엇이 진실이고 무엇이 환상인지 흐릿한 상태, 곧 무에서 유로 변하는 중간 고리이자 천지만물의 시작점.

8) 且(차): 만약.

優然(언연): 누워서 편히 쉬는 모양.

寢(침): 잠자다. 잠들다. 장자의 아내가 죽은 모습을 형용한다.

巨室(거실): 거대한 방. 하늘과 땅 사이를 비유한다.

9) 噭噭(교교 áo áo): 애곡(哀哭)하는 의성어.

10) 通乎命(통호명): 천명(天命)에 통달하다.

莊子之葬

04 莊子將死, 弟子欲厚葬之. 莊子曰: "吾以天地爲棺槨¹, 以日月爲連璧²,
　　　 장자장사　제자욕후장지　장자왈　오이천지위관곽　이일월위연벽

　　 星辰爲珠璣³, 萬物爲齎送⁴. 吾葬具豈不備邪⁵? 何以加此⁶!" 弟子曰:
　　 성신위주기　만물위재송　오장구기불비사　하이가차　제자왈

　　 "吾恐烏鳶之食夫子也⁷." 莊子曰: "在上爲烏鳶食, 在下爲螻蟻食⁸,
　　 오공오연지식부자야　장자왈　재상위오연식　재하위루의식

　　 奪彼與此⁹, 何其偏也¹⁰!"
　　 탈피여차　하기편야

「雜篇잡편 · 列禦寇열어구」

▌어휘 설명

1) 棺槨(관곽): 시신을 안치하는 관의 범칭. '棺'은 시신을 두는 속 널이고, '槨'은 속 널을 담는 덧널이다.
2) 連璧(연벽): 두 쪽을 함께 꿰 서로 연결된 옥벽(玉璧). 쌍벽(璧雙)이라고도 한다.
3) 珠璣(주기): 진주. 구슬. '珠'는 둥근 구슬이고, '璣'는 둥글지 않은 구슬이다.
4) 齎送(재송): 장송(葬送)에 쓰이는 물품. 齎는 '齋(재계할 재)'와 통한다.
5) 葬具(장례): 장례용품. 장례 도구.
6) 加(가): 더하다. 보태다.
7) 吾(오): 우리. 저희.
　 烏鳶(오연): 까마귀와 솔개.
　 夫子(부자): 선생님.
8) 螻蟻(누의): 땅강아지와 개미.
9) 奪彼(탈피): 저들의 것을 빼앗다. '彼'는 까마귀와 솔개를 가리킨다.
　 與此(여차): 이들에게 주다. '此'는 땅강아지와 개미의 먹이를 가리킨다.
10) 何其(하기): 얼마나
　 偏(편): 편애하다. 편파적이다.

6. 功名(공명)

曳尾塗中

01 莊子釣於濮水¹, 楚王使大夫二人往先焉², 曰: "願以竟內累矣³!"
장 자 조 어 복 수　　초 왕 사 대 부 이 인 왕 선 언　　왈　　원 이 경 내 누 의

　　莊子持竿不顧⁴, 曰: "吾聞楚有神龜⁵, 死已三千歲矣⁶, 王巾笥而藏
　　장 자 지 간 불 고　　왈　　오 문 초 유 신 귀　　사 이 삼 천 세 의　　왕 건 사 이 장

　　之廟堂之上⁷. 此龜者, 寧其死爲留骨而貴乎⁸? 寧其生而曳尾於塗
　　지 묘 당 지 상　　차 귀 자　　영 기 사 위 유 골 이 귀 호　　영 기 생 이 예 미 어 도

　　中乎⁹?" 二大夫曰: "寧生而曳尾塗中." 莊子曰: "往矣! 吾將曳尾於
　　중 호　　이 대 부 왈　　영 생 이 예 미 도 중　　장 자 왈　　왕 의　　오 장 예 미 어

　　塗中!"
　　도 중

「外篇외편·秋水추수」

▌ 어휘 설명

1) 釣(조): 낚시하다.
　　濮水(복수): 고대의 강 이름. 지금의 복양(濮陽)과 복주(濮州)라는 지명 모두 복수에서 유래한다.
2) 楚王(초왕): 초나라 위왕(威王).
　　使(사): 보내다. 파견하다.
　　往先焉(왕선언): 그곳에 먼저 가서 뜻을 전하다. 현자에 대한 예우 표시이다.
3) 境內(경내): 사방 국경의 안쪽. 국내의 정무(政務)를 가리킨다.
　　累(누 lèi): 누를 끼치다. 수고를 끼치다. 『사기(史記)·노장신한열전(老莊申韓列傳)』에 "위왕이 장주가 현자라는 소문을 듣고 사절을 보내 후한 폐물로 그를 초빙해 재상으로 삼을 것을 약속하였다 (威王聞莊周賢, 使使厚幣聘之, 許以爲相)."라고 적고 있다.
4) 竿(간): 낚싯대.
　　顧(고): 돌아보다. 고개를 돌리다.

5) 神龜(신귀): 신령스런 거북. 곧 신처럼 떠받드는 거북.

6) 歲(세): 년. 해.

7) 巾笥(건사): 건사하다. 비단으로 싸서 대나무 상자에 넣어 보관하는 것을 말한다.

   藏(장): 소장하다. 간직하다.

   廟堂(묘당): 태묘의 명당(明堂). 군신(君臣)이 정사를 의논하고 제례를 거행하던 장소이다.

8) 寧(영): 차라리. 오히려.

   貴(귀): 존귀해지다. 존귀함을 과시하다.

9) 曳尾(예미): 꼬리를 질질 끌다.

   塗中(도중): 진흙 밭. 진흙탕 속.

■ 어법 설명

寧(영)

① 차라리 A할지언정 B하지 않는다, 차라리 A할지언정 B하지 말라

   寧爲玉碎, 不爲瓦全(영사불굴) 차라리 옥쇄할지언정 구차하게 목숨을 보전하지 않는다.

   寧爲雞口, 勿爲牛後(영위계구, 물위우후) 차라리 닭 머리가 될지언정 소꼬리는 되지 말라.

② 의문사: 어찌, 어떻게

   王侯將相寧有種乎(왕후장상영유종호) 왕후장상이라고 어찌 종자가 따로 있겠는가?

爲君之患

02 越人三世弑其君[1], 王子搜患之[2], 逃乎丹穴[3]. 而越國無君, 求王子
　　월인삼세시기군　　왕자수환지　　도호단혈　　이월국무군　구왕자

搜不得[4], 從之丹穴[5]. 王子搜不肯出, 越人薰之以艾[6], 乘以王輿[7].
수부득　　종지단혈　　왕자수불긍출　월인훈지이애　　승이왕여

王子搜援綏登車[8], 仰天而呼曰[9]: "君乎君乎! 獨不可以舍我乎[10]!"
왕자수원수등거　　앙천이호왈　　군호군호　독불가이사아호

王子搜非惡爲君也[11], 惡爲君之患也[12]. 若王子搜者, 可謂不以國傷
왕자수비오위군야　　오위군지환야　　약왕자수자　가위불이국상

生矣[13], 此固越人之所欲得爲君也.
생의　　차고월인지소욕득위군야

「雜篇잡편·讓王양왕」

▌어휘 설명

1) 三世(삼세): 삼 대째. 삼 대 연속.
　弑其君(시기군): 그들의 임금을 시해하다. 월왕 예(翳)가 그의 아들에게 시해되었고, 월나라 사람들이 그의 아들을 죽이고 무여(無餘)를 임금으로 옹립하였으며, 무여도 피살되어 무전(無顓)을 임금으로 옹립하였다.

2) 王子搜(왕자수): 월나라 왕자 무전(無顓).
　患之(환지): 시해 당할 것을 염려하다.

3) 丹穴(단혈): 산 동굴 이름. '南山洞(남산동)'으로 된 판본도 있다.

4) 求(구): 찾다.
　不得(부득): 찾지 못하다.

5) 從(종): 따라가다. 추적하다.

6) 薰(훈): 연기를 피우다.

7) 乘(승): 태우다.
　王輿(왕여): 임금이 타는 수레. '玉輿(옥여)'로 된 판본도 있다.

8) 援綏(원수): 수레의 손잡이를 잡아당기다.

9) 呼(호): 외치다. 울부짖다.

10) 獨~乎(독~호): 설마 ~란 말인가. 어찌 ~란 말인가.

　　舍(사): 놓아주다. 내버려두다. '捨(버릴 사)'와 같다.

11) 惡(오, wù): 싫어하다.

12) 爲君之患(위군지환): 군왕에게 뒤따르는 우환. 군왕의 자리에 올랐을 때 뒤따르는 염려 곧 시해되는 재앙을 말한다.

13) 以國傷生(이국상생): 국군(國君)이란 자리 때문에 목숨을 잃다.

7. 絕聖去知(절성거지)

吳王射狙

01 吳王浮於江¹, 登乎狙之山². 衆狙見之, 恂然棄而走³, 逃於深蓁⁴.
오 왕 부 어 강 등 호 저 지 산 중 저 견 지 순 연 기 이 주 도 어 심 진

有一狙焉, 委蛇攫搔⁵, 見巧乎王⁶. 王射之⁷, 敏給搏捷矢⁸. 王命相
유 일 저 언 위 이 확 소 현 교 호 왕 왕 사 지 민 급 박 첩 시 왕 명 상

者趨射之⁹, 狙執死¹⁰. 王顧謂其友顏不疑曰¹¹: "之狙也¹², 伐其巧¹³,
자 추 사 지 저 집 사 왕 고 위 기 우 안 불 의 왈 지 저 야 벌 기 교

恃其便以敖予¹⁴, 以至此殛也¹⁵. 戒之哉! 嗟乎¹⁶, 無以汝色驕人哉¹⁷."
시 기 편 이 오 여 이 지 차 극 야 계 지 재 차 호 무 이 여 색 교 인 재

顏不疑歸而師董梧¹⁸, 以鋤其色¹⁹, 去樂辭顯²⁰, 三年而國人稱之²¹.
안 불 의 귀 이 사 동 오 이 서 기 색 거 락 사 현 삼 년 이 국 인 칭 지

「雜篇잡편·徐母鬼서무귀」

■ 어휘 설명

1) 浮(부): 배를 띄우다. 뱃놀이하다.

2) 狙(저): 원숭이.

3) 恂然(순연): 두려워하는 모양.
   棄(기): 육지를 포기하다.

4) 蓁(진): 가시덤불. 수풀더미. 숲속.

5) 委蛇(위이 wēi yí): ① 태연자약하게 유유히 거니는 모양. ② 몸을 구부리고 이리저리 피하는 모양. '逶迤(위이)'와 같다.
   攫搔(확소): 이것저것 붙잡고 매달렸다가 여기저기 긁어대다.

6) 見巧(현교): 재주를 뽐내다. 見은 '現(나타날 현 xiàn)'과 통한다.

7) 射(사): 활을 쏘다.

8) 敏給(민급): 날래다. 잽싸다. 민첩하다.

搏捷(박첩): ① 잡다. 잡아채다. ② 피하다.

 9) 相者(상자 xiàng zhě): 조수(助手). 오왕의 사냥을 따라다니는 시종이다.

趨(추): 급히. 속히.

10) 執死(집사): ① 즉사하다. 執은 '즉각'을 뜻한다. ② 나무를 껴안고 죽다.

11) 顔不疑(안불의): 인명.

12) 之(지): 이. 저. 지시대명사이다.

13) 伐(벌): 자랑하다. 과시하다.

14) 恃(시): 믿다. 의지하다.

便(편): 민첩함. 재빠름.

敖予(오여): 나한테 거만을 떨다. 나에게 거들먹거리다.

15) 殛(극): 죽음. 피살. 살육. 여기서는 화살에 맞아 죽게 되었다는 뜻이다.

16) 嗟乎(차호): 슬프도다. 비탄의 감정을 나타내는 감탄사이다.

17) 無(무): ~하지 말라. 금지사 '毋(말 무)'와 통한다.

汝(여): 너. 자네. 그대. 이인칭 대명사이다.

色(색): 재주를 뽐내는 태도. 잘난 척하는 태도.

驕人(교인): 남에게 교만을 부리다.

18) 董梧(동오): 오나라의 현자.

19) 鋤(서): 없애다. 제거하다.

20) 去樂(거락): 향락을 포기하다.

辭顯(사현): 고관대작을 사절하다.

21) 稱(칭): 칭찬하다. 칭송하다.

爲大盜守

02-1

世俗之所謂知者¹, 有不爲大盜積者乎²? 所謂聖者, 有不爲大盜守
세 속 지 소 위 지 자　유 불 위 대 도 적 자 호　소 위 성 자　유 불 위 대 도 수

者乎³? 何以知其然邪⁴? 昔者齊國鄰邑相望⁵, 雞狗之音相聞, 罔罟
자 호　하 이 지 기 연 야　석 자 제 국 인 읍 상 망　계 구 지 음 상 문　망 고

之所布⁶, 耒耨之所刺⁷, 方二千餘里. 闔四竟之內⁸, 所以立宗廟社
지 소 포　뇌 누 지 소 자　방 이 천 여 리　합 사 경 지 내　소 이 입 종 묘 사

稷⁹, 治邑·屋·州·閭·鄕曲者¹⁰, 曷嘗不法聖人哉¹¹!
직　치 읍　옥　주　여　향 곡 자　갈 상 불 법 성 인 재

然而田成子一旦殺齊君而盜其國¹². 所盜者豈獨其國邪? 並與其聖
연 이 전 성 자 일 단 살 제 군 이 도 기 국　소 도 자 기 독 기 국 야　병 여 기 성

知之法而盜之¹³. 故田成子有乎盜賊之名, 而身處堯·舜之安¹⁴,
지 지 법 이 도 지　고 전 성 자 유 호 도 적 지 명　이 신 처 요　순 지 안

小國不敢非¹⁵, 大國不敢誅¹⁶, 十二世有齊國¹⁷, 則是不乃竊齊國¹⁸,
소 국 불 감 비　대 국 불 감 주　십 이 세 유 제 국　즉 시 불 내 절 제 국

並與其聖知之法, 以守其盜賊之身乎¹⁹?
병 여 기 성 지 지 법　이 수 기 도 적 지 신 호

■ 어휘 설명

1) 知(지): 지혜(智慧).
2) 爲(위 wèi): 위하다.
   積(적): 재물을 축적하다.
3) 守(수): 재물을 수호하다.
4) 知其然(지기연): 그 까닭을 알다. 그렇다는 것을 알다.
5) 鄰邑相望(인읍상망): 인접한 성읍끼리 서로 마주 바라보다.
6) 罔罟(망고): 어망. 물고기그물.
   布(포): 치다. 펼치다. 강과 호수 및 늪지대를 두루 가리킨다.

7) 耒耨(뇌누): 쟁기와 괭이. 농기구의 범칭이다.

刺(자): 땅을 갈다. 경작하다. 농기구로 경작할 수 있는 땅을 가리킨다.

8) 闔(합): 합하다. 통틀다.

四竟(사경): 사경(四境). 사방 국경.

9) 宗廟(종묘): 고대에 천자와 제후가 조상에게 제사를 지내던 묘우(廟宇).

社稷(사직): 토지와 오곡신에게 제사를 지내던 장소. 종묘사직은 한 국가의 존립을 상징한다.

10) 治(치): 치리하다. 관리하다.

邑屋州閭鄕曲(읍옥주여향곡): 고대의 행정단위. 성현영(成玄英)의 『남화진경주소(南華眞經注疏)』에 토지의 구획에 따라 "6척이 1보이고, 100보가 1무이고, 100무가 1부이고, 3부가 1옥이고, 3옥이 1정이고, 4정이 1읍이다(六尺爲步, 步百爲畝, 畝百爲夫, 夫三爲屋, 屋三爲井, 井四爲邑)."라고 하였다. 정현(鄭玄)은 호구(戶口)에 따라 25가(家)가 여(閭)이고, 2,500가 (家)가 주(州)이고, 12,500가 (家)가 향(鄕)이라고 하였다.

11) 曷嘗不~哉(갈상불~재): 언제 ~하지 않은 적이 있는가. '曷'은 '何(어찌 하)'와 같다.

法(법): 본받다. 모범으로 삼다.

12) 田成子(전성자): 제나라 대부 전항(田恒)의 시호(諡號). 노(魯)나라 애공(哀公)14년(B.C. 481)에 전성자가 제나라 간공(簡公)을 시해하고 대권을 장악하고 간공의 동생 평공(平公)을 세웠으나 허수아비에 불과하였다.

一旦(일단): 하루아침에.

13) 聖知之法(성지지법): 성인과 지자의 법규와 제도.

14) 堯舜之安(요순지안): 요순시대와 같은 안온함.

15) 非(비): 비난하다. 힐책하다.

16) 誅(주): 정벌하다. 토벌하다.

17) 十二世有齊國(십이세유제국): 12대 동안 제나라를 소유하다. 전성자가 제나라를 찬탈한 후 5대 후에 전화(田和)가 강공(康公)을 내쫓고 즉위하여 강씨(姜氏)의 제나라는 대가 끊겼고, 다시 7대 후에 제나라 왕 건(建)이 진(秦)나라에게 멸망당해 전씨(田氏)가 모두 12대에 걸쳐 260년 남짓 제나라를 향유하였다.

18) 是不乃~乎(시불내~호): 이는 곧 ~가 아닌가.

19) 守(수): 수호하다. 보호하다.

02-2

嘗試論之, 世俗之所謂至知者¹, 有不爲大盜積者乎? 所謂至聖者²,
상 시 논 지　세 속 지 소 위 지 지 자　유 불 위 대 도 적 자 호　소 위 지 성 자

有不爲大盜守者乎? 何以知其然邪? 昔者龍逢斬³, 比干剖⁴, 萇弘胣⁵,
유 불 위 대 도 수 자 호　하 이 지 기 연 야　석 자 용 봉 참　비 간 부　장 홍 이

子胥靡⁶, 故四子之賢而身不免乎戮⁷. 故盜蹠之徒問於蹠曰⁸:
자 서 미　고 사 자 지 현 이 신 불 면 호 륙　고 도 척 지 도 문 어 척 왈

"盜亦有道乎⁹?" 蹠曰: "何適而無有道邪¹⁰? 夫妄意室中之藏¹¹,
도 역 유 도 호　척 왈　하 적 이 무 유 도 야　부 망 의 실 중 지 장

聖也; 入先, 勇也; 出後, 義也; 知可否¹², 知也; 分均¹³, 仁也.
성 야　입 선　용 야　출 후　의 야　지 가 부　지 야　분 균　인 야

五者不備而能成大盜者, 天下未之有也¹⁴." 由是觀之, 善人不得聖
오 자 불 비 이 능 성 대 도 자　천 하 미 지 유 야　유 시 관 지　선 인 부 득 성

人之道不立, 蹠不得聖人之道不行; 天下之善人少而不善人多,
인 지 도 불 립　척 부 득 성 인 지 도 불 행　천 하 지 선 인 소 이 불 선 인 다

則聖人之利天下也少而害天下也多¹⁵. 故曰: "脣竭則齒寒¹⁶, 魯酒薄
즉 성 인 지 이 천 하 야 소 이 해 천 하 야 다　고 왈　순 갈 즉 치 한　노 주 박

而邯鄲圍¹⁷, 聖人生而大盜起. 掊擊聖人¹⁸, 縱舍盜賊¹⁹, 而天下始
이 한 단 위　성 인 생 이 대 도 기　부 격 성 인　종 사 도 적　이 천 하 시

治矣."
치 의

「外篇외편·胠篋거협」

▌ 어휘 설명

1) 至知者(지지자): 최고의 지자(智者).
2) 至聖者(지성자): 최고의 성인(聖人).
3) 龍逢(용봉): 하(夏)나라 걸왕(桀王) 때 현신 관용봉(關龍逢). 걸왕에게 참형(斬刑)을 당했다.

4) 比幹(비간): 은(殷)나라 주왕(紂王)의 숙부. 주왕에게 간언했다가 심장을 가르는 형을 당해 죽었다. 剖(부): 가르다.

5) 萇弘(장홍): 춘추 말기 주(周)나라 영왕(靈王)의 신하. 왕실의 파벌싸움에 휘말려 피살되었다. 胒(이 nǐ): ① 배를 갈라 창자를 꺼내다. ② 거열형(車裂刑)을 당하다.

6) 子胥(자서): 오(吳)나라의 창업공신 오자서(伍子胥). 오나라 왕에게 간언했으나 받아들이지 않았으며, 오히려 참언을 믿은 왕에게서 자살을 명받았다. 죽은 뒤에 시신을 강에 내던지고 썩어 없어질 때까지 방치하였다. 靡(미): 시신이 썩어문드러지다.

7) 戮(륙): 살육. 도륙.

8) 盜蹠(도척): 춘추시대 전설적인 대도(大盜). 수천 명의 비적(匪賊)무리를 이끄는 우두머리로 노나라 대부 유하혜(柳下惠)의 동생이라고 전해진다. 판본에 따라 '盜跖(도척)'이라고도 한다.

9) 道(도): 규범. 원칙. 섬기는 도리.

10) 何適(하적): 어디에 가든지. 무엇을 하든지.

11) 妄意(망의): 마음대로 짐작하다. 아무렇게나 추측하다. 한 눈에 알아낸다는 뜻이다. 藏(장): 숨겨진 재물.

12) 知可否(지가부): 훔칠 수 있는 지 여부를 알다.

13) 分均(분균): 고르게 나누다. 균등하게 분배하다.

14) 未之有(미지유): 여태까지 있지 않다. '동사+之'의 형태를 부정할 때는 목적대명사 '之'는 부정사와 동사 사이에 둔다.

15) 利(이): 이롭게 하다. 害(해): 해를 끼치다.

16) 竭(갈): 들리다. 뒤집어지다. 양 입술이 각각 위아래로 뒤집어지는 것을 말한다.

17) 魯酒薄而邯鄲圍(노주박이한단위): 노나라 술맛이 싱거워서 조나라 수도 한단이 포위당하다. ① 초(楚)나라 선왕(宣王)이 제후들과 만났을 때 노나라 모공(慕公)이 늦게 와서 술을 바쳤는데 술맛이 싱거웠다. 초선왕이 노하여 모욕을 주려하자 주공의 후대로 천자의 예악을 행했던 노모공이 자존심이 상해 인사도 없이 귀국했다. 초선왕이 노하여 제나라와 연합해 노나라를 치려고 했다. 양(梁)나라 혜왕(惠王)이 조(趙)나라를 치려고 호시탐탐 노렸는데 초나라가 조나라 편을 들까 걱정하던 차에 초나라가 노나라를 공격하느라 겨를이 없을 틈을 타서 조나라를 침공하여 수도 한단을 포위하였다.(陸德明의 『經典釋文·莊子音義』) ② 초나라 왕이 제후들과 만났을 때 조나라와 노나라 모두 술을 바쳤는데 조나라의 술은 맛있었고 노나라의 술은 싱거웠다. 술을 관장하는 관리가 조나라에게 술을 달라고 요구했으나 얻지 못하자 초왕에게 조나라를 모함하였고 이에 화가 난 초왕이 군사를 일으켜 조나라 수도 한단을 공격하였다.(許愼의 『淮南子』注) 이 구절은 입술과

이 시린 것이 원래 무관하지만 결과적으로 이가 시리게 되었으며, 노나라 술맛이 조나라 수도 한단과는 원래 무관하지만 결과적으로 한단이 포위공격 당했다는 뜻이다.

18) 掊擊(부격 pǒu jī): 배격하다. 타도하다.

19) 縱舍(종사): 풀어주다. 방치하다.

絶聖棄知

02-3

夫川竭而谷虛[1], 丘夷而淵實[2]. 聖人已死, 則大盜不起, 天下平而
부 천 갈 이 곡 허　구 이 이 연 실　성 인 이 사　즉 대 도 불 기　천 하 평 이

無故矣[3]. 聖人不死, 大盜不止. 雖重聖人而治天下[4], 則是重利盜蹠[5]
무 고 의　성 인 불 사　대 도 부 지　수 중 성 인 이 치 천 하　즉 시 중 리 도 척

也爲之斗斛以量之[6], 則並與斗斛而竊之; 爲之權衡以稱之[7], 則並與
야 위 지 두 곡 이 양 지　즉 병 여 두 곡 이 절 지　위 지 권 형 이 칭 지　즉 병 여

權衡而竊之; 爲之符璽以信之[8], 則並與符璽而竊之; 爲之仁義以矯
권 형 이 절 지　위 지 부 새 이 신 지　즉 병 여 부 새 이 절 지　위 지 인 의 이 교

之[9], 則並與仁義而竊之. 何以知其然邪? 彼竊鉤者誅[10], 竊國者爲
지　즉 병 여 인 의 이 절 지　하 이 지 기 연 야　피 절 구 자 주　절 국 자 위

諸侯, 諸侯之門而仁義存焉[11], 則是非竊仁義聖知邪?
제 후　제 후 지 문 이 인 의 존 언　즉 시 비 절 인 의 성 지 야

故逐於大盜[12], 揭諸侯[13], 竊仁義並斗斛權衡符璽之利者, 雖有軒冕
고 축 어 대 도　게 제 후　절 인 의 병 두 곡 권 형 부 새 지 리 자　수 유 헌 면

之賞弗能勸[14], 斧鉞之威弗能禁[15]. 此重利盜蹠而使不可禁者,
지 상 불 능 권　부 월 지 위 불 능 금　차 중 리 도 척 이 사 불 가 금 자

是乃聖人之過也[16]. 故曰: "魚不可脫於淵, 國之利器不可以示人[17]."
시 내 성 인 지 과 야　고 왈　어 불 가 탈 어 연　국 지 이 기 불 가 이 시 인

彼聖人者, 天下之利器也, 非所以明天下也[18]. 故絶聖棄知[19], 大盜
피 성 인 자　천 하 지 이 기 야　비 소 이 명 천 하 야　고 절 성 기 지　대 도

乃止; 擿玉毀珠[20], 小盜不起; 焚符破璽, 而民樸鄙[21]; 掊斗折衡[22],
내 지　적 옥 훼 주　소 도 불 기　분 부 파 새　이 민 박 비　부 두 절 형

而民不爭; 殫殘天下之聖法[23], 而民始可與論議[24].
이 민 부 쟁　탄 잔 천 하 지 성 법　이 민 시 가 여 논 의

「外篇외편·胠篋거협」

▌어휘 설명

1) 竭(갈): 마르다.

   虛(허): 비다.

2) 夷(이): 평평하다. 평평해지다.

   實(실): 차다. 채워지다.

3) 平(평): 태평하다.

   無故(무고): 아무 일이 없다. 사고가 발생하지 않다. 성인이 없으면 인의예법도 없고 탐욕과 경쟁심도 없으며, 사람들이 욕심 없이 천성에 따라 무위의 삶을 영위하므로 근본적으로 남의 것을 훔치거나 빼앗을 도적이 생길 조건이 사라진다는 뜻이다.

4) 重(중): 중용하다. 믿고 의지하다.

5) 重利(중리): 크게 이롭게 하다. 큰 이득을 주다.

6) 爲之斗斛(위지두곡): 그들(백성)에게 두곡을 만들어주다. '斗斛'은 양을 재는 용기로 10두가 1곡이다.

7) 權衡(권형): 저울. '權'은 저울추이고, '衡'은 저울대이다.

   稱(칭): 무게를 달다.

8) 符璽(부새): 부절(符節)과 인장(印章).

   信(신): 신물(信物)로 삼다. 서로 믿게 만들다.

9) 矯(교): 교정하다. 과실을 바로잡다.

10) 鉤(구): 요대(腰帶) 고리. 별 값어치가 없는 작은 물건을 비유한다.

    誅(주): 주살하다. 사형에 처하다.

11) 仁義存焉(인의존언): 거기에 인의예법도 함께 존재하다. 焉은 '於之(어지)'의 준말로 之는 '諸侯之門'을 가리킨다.

12) 逐(축): 따르다. 추종하다.

13) 揭(게): 발탁하다. 치켜 올리다. 자신을 제후의 자리로 높이 올린다는 뜻이다.

14) 軒冕(헌면): 고관대작과 후한 봉록. 軒은 고대에 대부 이상이 타는 수레이고, 冕은 대부 혹은 제후가 착용하는 예관(禮冠)이다.

    勸(권): 권면하다. 격려하다.

15) 斧鉞之威(부월지위): 도끼로 목이 잘리는 두려움, 곧 사형 당한다는 위협. 고대에는 사형수를 도끼로 참수하였다. 鉞은 큰 도끼이다.

16) 過(과): 잘못. 과실.

17) 利器(이기): 유익한 도구. 여기서는 치국의 비법을 가리킨다.

    示(시): 내보이다. 보여주다.

18) 明(명): 명시하다. 훤히 드러내 보여주다.

19) 絶聖棄知(절성기지): 총명을 근절하고 지혜를 포기하다. 『노자』 제19장에 나오는 말로, 인위적인 예의법도를 버리고 질박한 자연 상태를 회복하자는 주장이다.

20) 擿(적 zhì): 내던지다. 내다버리다. '擲(던질 척)'과 같다.

21) 樸鄙(박비): 순박해서 완전히 무지해지다.

22) 掊(부 pǒu): 부수다.
    折(절): 꺾다. 부러뜨리다.

23) 殫殘(탄잔): 모조리 파괴하다. 남김없이 무너뜨리다.
    聖法(성법): 성인의 법도. 곧 성인이 정립한 인의도덕의 예법질서를 말한다.

24) 與(여): 더불어 하다. 참여시키다.

8. 無用之用(무용지용)

支離疏

01 支離疏者¹, 頤隱於臍², 肩高於頂³, 會撮指天⁴, 五管在上⁵, 兩髀
　　　지리소자　이은어제　견고어정　회촬지천　오관재상　양비

　　爲脅⁶. 挫針治繲⁷, 足以糊口⁸; 鼓筴播精⁹, 足以食十人¹⁰. 上徵武士¹¹,
　　위협　좌침치해　족이호구　고책파정　족이사십인　상징무사

　　則支離攘臂而遊於其間¹²; 上有大役¹³, 則支離以有常疾不受功¹⁴;
　　즉지리양비이유어기간　상유대역　즉지리이유상질불수공

　　上與病者粟¹⁵, 則受三鍾與十束薪¹⁶. 夫支離其形者, 猶足以養其
　　상여병자속　즉수삼종여십속신　부지리기형자　유족이양기

　　身¹⁷, 終其天年¹⁸, 又況支離其德者乎¹⁹!
　　신　종기천년　우황지리기덕자호

「內篇내편・人間世인간세」

▌어휘 설명

1) 支離疏(지리소): 장자가 만든 가공의 인물. 외형이 기형적으로 생긴 장애인이다.
2) 頤(이): 턱.
　　臍(제): 배꼽.
3) 頂(정): 정수리. 머리꼭지.
4) 會撮(회촬): 상투꽂이. 상투싸개. 會는 상투이고 撮은 상투를 싸는 작은 관(冠)이다.
5) 五管(오관): 오장(五臟)의 경혈(頸血). 오장은 간, 폐, 심장, 신장, 비장 등 다섯 장기이다.
　　在上(재상): 위로 쏠리다. 등이 하늘로 향하고 허리가 심하게 굽었다는 뜻이다.
6) 髀(비 bì): 넓적다리.
　　脅(협): 옆구리. 갈비뼈. 등이 너무 굽어 넓적다리만 보이고 옆구리는 보이지 않는다는 뜻이다.
7) 挫針(좌침): 바느질하다.
　　治繲(치해): 빨래하다. 헌 옷을 빨다.

8) 糊口(호구): 입에 풀칠하다. 생계로 삼다.

9) 鼓筴(고책): ① 키질하다. 키질하여 까불리다. ② 점대를 펼치고 점을 치다.

播精(파정): 겨와 쭉정이를 털고 쌀을 가려내다.

10) 食(사 sì): 먹이다. 먹여 살리다.

11) 上(상): 임금. 나라님.

徵(징): 징발하다.

12) 攘臂(양비): 소매를 걷어 올리고 팔뚝을 내놓다.

13) 役(역): 노역(勞役). 역사(役事).

14) 常疾(상질): 불구. 장애.

功(공): 사역. 노역. '工(일 공)'과 통한다.

15) 與(여): 주다. 하사하다.

粟(속): 곡식.

16) 鍾(종): 무게단위. 6곡(斛)4두(斗)가 1鍾이다.

束(속): 묶음. 더미.

17) 養(양): 공양하다. 봉양하다.

18) 天年(천년): 타고난 수명.

19) 支離其德(지리기덕): 덕성을 망각하다. 거창스런 인의도덕을 초월했다는 뜻이다.

■ 어법 설명

於(어)

① 비교격 조사(형용사+於): ~보다 더 ~하다

苛政猛於虎也(가정맹어호야) 가혹한 정치가 호랑이보다 더 사납다.

② 처소격 조사(동사+於): ~에, ~에서, ~에게, ~으로

寄身於翰墨(기신어한묵) 몸을 붓과 먹에 의탁한다.

爲嬰兒戲於親側(위영아희어친측) 부모 곁에서 아기놀이를 하다.

己所不欲, 勿施於人(기소불욕, 물시어인) 자기가 싫어하는 일을 남에게 행하지 말라.

河內凶, 則移其民於河東(하내흉, 즉이기민어하동) 하내지방에 흉년이 들면 그곳 백성을 하동지방으로 이주시킨다.

③ 전치사: ~에 대하여

寡人之於國也, 盡心焉耳矣(과인지어국야, 진심언이의) 과인은 나라에 대하여 마음을 다할 따름이다.

楚狂接輿

02 孔子適楚[1], 楚狂接輿遊其門曰[2]: "鳳兮鳳兮[3], 何如德之衰也[4]! 來
　　　공자적초　　초광접여유기문왈　　봉혜봉혜　　하여덕지쇠야　　래

世不可待[5], 往世不可追也[6]. 天下有道, 聖人成焉[7]; 天下無道, 聖人
세불가대　　왕세불가추야　　천하유도　성인성언　천하무도　성인

生焉[8]. 方今之時, 僅免刑焉[9]. 福輕乎羽, 莫之知載[10]; 禍重乎地[11],
생언　방금지시　근면형언　복경호우　막지지재　　화중호지

莫之知避. 已乎已乎[12]. 臨人以德[13]! 殆乎殆乎[14], 畫地而趨[15]!
막지지피　이호이호　임인이덕　태호태호　획지이추

迷陽迷陽[16], 無傷吾行[17]! 吾行郤曲[18], 無傷吾足." 山木自寇也[19],
미양미양　무상오행　오행극곡　무상오족　산목자구야

膏火自煎也[20]. 桂可食[21], 故伐之; 漆可用[22], 故割之[23].
고화자전야　계가식　고벌지　칠가용　고할지

人皆知有用之用, 而莫知無用之用也.
인개지유용지용　이막지무용지용야

「內篇내편・人間世인간세」

■ 어휘 설명

1) 適(적): 가다.
2) 狂(광): 광자(狂者). 고서에서의 광자는 세속의 도덕에 항거하는 은사(隱士)가 대부분이다.
   接輿(접여): 초나라의 은사(隱士) 육통(陸通). 접여는 그의 자이다.
   遊其門(유기문): 공자의 거처를 지나가다.
3) 鳳(봉): 봉황새. 여기서는 공자를 비유한다.
4) 何如德之衰也(하여덕지쇠야): ① 어떻게 성인의 덕을 지니고 쇠란한 나라에 왔는가. 之는 '가다'의
   뜻이다. ② 어떻게 당신의 덕행이 쇠퇴하였는가. 如는 '爾(너 이)'와 통한다.
5) 待(대): 기대하다.
6) 追(추): 되돌리다.
7) 成(성): 일을 성취하다. 이상을 성취하다.

8) 生(생): 생명을 보전하다.

9) 僅(근): 겨우.

免刑(면형): 형륙(刑戮)을 면하다. 목을 달아나는 형벌을 면할 정도이다.

10) 載(재): 받다. 취하다.

莫之知載(막지지재): 어떻게 해야 취할 수 있는지 모르다.

11) 地(지): 대지.

12) 已(이): 그만두다. 포기하다.

13) 臨人(임인): 남 앞에 나서다.

14) 殆(태): 위태롭다. 위험하다.

15) 畫地而趨(획지이추): 땅에다 선을 긋고 그 범위 안에서 달리게 하다. 인위적인 예법에 얽매이는 것을 비유한다.

16) 迷陽(미양): ① 도처가 가시밭길이다. ② 혼란스럽다. ③ 마음에도 없이 미친척하다.

17) 無(무): ~하지 말라. 금지사 '毋(말 무)'와 같다.

傷(상): 방해하다. 영향을 끼치다.

18) 吾行郤曲(오행극곡): ① 나는 굽이굽이 굽은 길을 걷는다. ② 구불구불한 길이여. 郤曲郤曲의 오기(誤記)이다.

19) 自寇(자구): 벌목을 자초하다. 재목감으로 쓸모가 있으므로 베어진다는 뜻이다.

20) 膏火(고화): 기름심지로 타는 촛불.

自煎(자전): 연소를 자초하다. 밝게 타기 때문에 태워진다는 뜻이다.

21) 桂(계): 계수나무. 수피(樹皮)가 향료로 쓰인다.

22) 漆(칠): 옻나무.

23) 割(할): 베다. 자르다. 뜯어내다.

材與不材

03-1

莊子行於山中, 見大木, 枝葉盛茂, 伐木者止其旁而不取也. 問其
장자행어산중　견대목　지엽성무　벌목자지기방이불취야　문기

故¹, 曰: "無所可用." 莊子曰: "此木以不材得終其天年²." 夫子出於
고　왈　무소가용　장자왈　차목이부재득종기천년　부자출어

山³, 舍於故人之家⁴. 故人喜, 命豎子殺雁而烹之⁵. 豎子請曰: "其一
산　사어고인지가　고인희　명수자살안이팽지　수자청왈　기일

能鳴, 其一不能鳴, 請奚殺⁶?" 主人曰: "殺不能鳴者."
능명　기일불능명　청해살　주인왈　살불능명자

▌어휘 설명

1) 故(고): 까닭. 이유. 연고.

2) 以(이): ~하다고 해서.

　不材(부재): 재목감이 못되다.

3) 夫子(부자): 선생님. 여기서는 장자를 가리킨다.

4) 舍(사): 머물다.

　故人(고인): 고우(故友). 옛 친구.

5) 豎子(수자): 동복(童僕). 어린 종복.

　殺(살): 잡다.

　雁(안): 거위. 거위는 기러기를 길들인 조류라서 거위를 일러 '雁'이라고 부른다.

　烹(팽): ① 삶다. ② 대접하다. '享(누릴 향)'이 되어야 옳다. 享은 '饗(잔치할 향)'과 통한다.

6) 奚(해): 무엇. 어느 것.

明日, 弟子問於莊子曰: "昨日山中之木以不材得終其天年, 今主人
명일　제자문어장자왈　작일산중지목이부재득종기천년　금주인

之雁, 以不材死, 先生將何處¹?" 莊子笑曰: "周將處乎材與不材之間.
지안　이부재사　선생장하처　　장자소왈　주장처호재여부재지간

材與不材之間, 似之而非也², 故未免乎累³. 若夫乘道德而浮遊則
재여부재지간　사지이비야　　고미면호루　　약부승도덕이부유즉

不然⁴, 無譽 無訾⁵, 一龍一蛇⁶, 與時俱化⁷, 而無肯專爲⁸; 一上一下⁹,
불연　무예 무자　　일룡일사　여시구화　　이무긍전위　　일상일하

以和爲量¹⁰, 浮遊乎萬物之祖¹¹, 物物而不物於物¹², 則胡可得而累
이화위량　부유호만물지조　　물물이불물어물　　즉호가득이루

邪¹³! 此神農·黄帝之法則也. 若夫萬物之情¹⁴, 人倫之傳¹⁵, 則不然.
야　차신농 황제지법칙야　약부만물지정　인륜지전　즉불연

合則離, 成則毁; 廉則挫¹⁶, 尊則議¹⁷, 有爲則虧¹⁸, 賢則謀¹⁹, 不肖
합즉리 성즉훼 염즉좌　　존즉의　　유위즉휴　현즉모　불초

則欺²⁰, 胡可得而必乎哉²¹! 悲夫! 弟子志之²², 其爲道德之鄕乎²³!"
즉기　호가득이필호재　비부　제자지지　기위도덕지향호

「外篇외편·山木산목」

■ 어휘 설명

1) 處(처): 처신하다.
2) 似之而非(사지이비): 대도와 유사하지만 사실은 아니다.
3) 累(루): 연루되다. 얽매이다.
4) 若夫(약부): ~에 이르러서는.
   乘道德(승도덕): 자연에 따르다.
   浮遊(부유): 만유(漫遊)하다. 정처 없이 자유롭게 떠돌다.
5) 訾(자 zǐ): 헐뜯다. 비방하다.
6) 一龍一蛇(일룡일사): 때로는 용처럼 모습을 드러내고 때로는 뱀처럼 모습을 감추다.
7) 與時(여시): 수시로. 때에 따라.

8) 專爲(전위): 오로지하다. 오직 한 가지에 매달리다.

9) 上(상): 앞으로 나아가다.

   下(하): 뒤로 물러나다.

10) 和(화): 조화. 중화(中和). 외물과 서로 화해하는 것을 말한다.

    量(량): 도량.

11) 祖(조): 원시 상태. 혼돈 상태. 곧 자연을 말한다.

12) 物物(물물): 사물의 본성을 따라 만물을 주재하다.

    不物於物(불물어물): 다른 사물에게 부림을 당하지 않다. 다른 사물의 지배를 받지 않는다는 뜻이다.

13) 胡(호): 어떻게. 의문대명사이다.

14) 情(정): 정리. 이치.

15) 傳(전): 전습(傳習). 전승. 대물림.

16) 廉(염): 강직하다. 모가 나다.

    挫(좌): 꺾이다. 좌절하다.

17) 尊(존): 높아지다. 존귀해지다.

    議(의): 질책하다. 흠을 잡다. 쑥덕거리다.

18) 虧(휴): 이지러지다.

19) 謀(모): 음해하다. 음해당하다.

20) 欺(기): 속이다. 기만당하다.

21) 必(필): 반드시 얽매이지 않는다.

22) 志(지): 기억하다. 명심하다.

23) 鄕(향): 향하다. 돌아가다. '向(향할 향)'과 같다.

9. 由技進道(유기진도)

病僂者承蜩

01-1

仲尼適楚[1], 出於林中[2], 見病僂者承蜩[3], 猶掇之也[4]. 仲尼曰: "子巧
중니적초　　출어임중　　견구루자승조　　유철지야　　중니왈　자교

乎[5]! 有道邪[6]?" 曰: "我有道也. 五六月累丸二而不墜[7], 則失者錙銖[8];
호　유도야　왈　아유도야　오육월누환이이불추　즉실자치수

累三而不墜, 則失者十一[9]; 累五而不墜, 猶掇之也. 吾處身也[10], 若厥
누삼이불추　즉실자십일　누오이불추　유철지야　오처신야　　약궐

株拘[11]; 吾執臂也[12], 若槁木之枝; 雖天地之大, 萬物之多, 而唯蜩翼
주구　　오집비야　　약고목지지　수천지지대　만물지다　이유조익

之知[13]. 吾不反不側[14], 不以萬物易蜩之翼[15], 何爲而不得[16]!"
지지　　오불반불측　　불이만물역조지익　　하위이부득

孔子顧謂弟子曰: "用志不分[17], 乃凝於神[18], 其病僂丈人之謂乎[19]!"
공자고위제자왈　용지불분　　내응어신　　기구루장인지위호

「外篇외편·達生달생」

▌어휘 설명

1) 仲尼(중니): 공자의 자(字). 공자의 형이 다리를 절어서 공자 부모가 니구산(尼丘山)에서 기도하여 공자를 낳아 이름을 구(丘), 자를 중니(仲尼)라 지었다.
2) 出(출): 통과하다. 빠져나오다.
3) 痀僂(구루 gōu lóu): 곱사등이.
   承蜩(승조): 매미를 잡다. 매미를 거둬들이다. 고대에는 장대 끝에 끈끈한 풀을 묻혀 매미를 달라붙게 해서 잡았다.
4) 猶(유): 마치 ~같다.
   掇(철): 줍다.

5) 巧(교): 솜씨가 좋다.

6) 道(도): 비법. 비결. 방법.

7) 五六月(오육월): 다섯 달 내지 여섯 달. 매미 잡는 기술을 배우는 기간을 가리킨다.

累丸(누환): 작은 구슬탄환을 포개다.

墜(추): 떨어지다. 떨어뜨리다. 대나무 장대 끄트머리에 탄환을 포개어 놓고 떨어뜨리지 않는
단 것은 대나무 장대를 잡는 팔뚝의 안정성이 상당한 경지에 도달했음을 나타낸다.

8) 失者(실자): 실패하는 확률. 실수하는 경우.

錙銖(치수): 극히 가벼운 무게단위. 매우 적음을 형용한다. 6銖가 1치이고, 4錙가 1냥(兩)이다.

9) 十一(십일): 10분의 9. 극히 적음을 형용한다.

10) 處身(처신): 몸을 똑바로 세우다.

11) 厥(궐): ① 그. 지시대명사 '其(그 기)'와 통한다. ② 말뚝. '橛(말뚝 궐)'과 통한다.

株拘(주구): ① 고목의 그루터기. ② 잘라놓은 나무 밑동. ③ 땅에 박아놓은 말뚝. 모두 고정되어
움직이지 않는다는 뜻이다.

12) 執臂(집비): 대나무 장대를 잡은 팔뚝.

13) 知(지): 감지하다. 주목하다.

唯蜩翼之知(유조익지지): 오직 매미날개 그것만 주시하다. 동사 앞에 목적격 대명사가 있는 도치
구이다.

14) 反(반): 몸을 뒤집다.

側(측): 옆을 보다. '不反不側'은 전혀 움직이지 않고 정신을 집중하는 것을 가리킨다.

15) 易(역): 바꾸다. 교환하다.

16) 何爲(하위): 왜. 어찌하여.

17) 用志不分(용지불분): 생각이 분산되지 않다.

18) 凝(응): ① 응집하다. 전념하다. ② 비견되다. 필적하다. '似(같을 사)'자의 오기(誤記)이다.

19) 丈人(장인): 노인. 지팡이를 짚는 노인에 대한 존칭이다.

之謂(지위): ~을 두고 하는 말이다. 동사 앞에 목적격 대명사가 있는 도치구이다.

津人操舟

01-2

顏淵問仲尼曰[1]: "吾嘗濟乎觴深之淵[2], 津人操舟若神[3]. 吾問焉,
안 연 문 중 니 왈   오 상 제 호 상 심 지 연   진 인 조 주 약 신   오 문 언

曰: '操舟可學邪?' 曰: '可. 善遊者數能[4]. 若乃夫沒人[5], 則未嘗見舟
왈   조 주 가 학 야   왈   가   선 유 자 삭 능   약 내 부 몰 인   즉 미 상 견 주

而便操之也[6]. 吾問焉而不吾告[7], 敢問何謂也?" 仲尼曰: "善游者
이 변 조 지 야   오 문 언 이 불 오 고   감 문 하 위 야   중 니 왈   선 유 자

數能, 忘水也[8]. 若乃夫沒人之未嘗見舟而便操之也, 彼視淵若陵[9],
삭 능   망 수 야   약 내 부 몰 인 지 미 상 견 주 이 변 조 지 야   피 시 연 약 능

視舟之覆猶其車卻也[10]. 覆卻萬方陳乎前而不得入其舍[11], 惡往而
시 주 지 복 유 기 거 각 야   복 각 만 방 진 호 전 이 부 득 입 기 사   오 왕 이

不暇[12]! 以瓦注者巧[13], 以鉤注者憚[14], 以黃金注者殙[15]. 其巧一也[16],
불 가   이 와 주 자 교   이 구 주 자 탄   이 황 금 주 자 혼   기 교 일 야

而有所矜[17], 則重外也[18]. 凡外重者內拙[19]."
이 유 소 긍   즉 중 외 야   범 외 중 자 내 졸

「外篇외편·達生달생」

▌어휘 설명

1) 顏淵(안연): 공자의 제자.

2) 濟(제): 건너가다.

   觴深(상심): 송나라에 소재한 연못 이름. 물이 깊고 모양이 술잔과 닮았다.

3) 津人(진인): 나루터의 뱃사공

   操(조): 젓다. 조종하다.

4) 善游(선유): 수영에 능하다. 헤엄을 잘 치다.

   數能(삭능): ① 여러 번 자주 연습하면 금방 능숙해지다. 數를 '삭 shuò'로 읽는다. ② 천성적으로 능숙하다. 數는 타고난 운수(運數)를 가르키며, '수 shǔ'로 읽는다.

5) 若乃(약내): 예를 들자면. ~로 말하자면

沒人(몰인): 잠수에 능한 사람. 곧 오랫동안 잠수할 수 있으며 물을 잘 아는 사람.

6) 便(변): 금방. 보자마자.

7) 不吾告(불오고): 나에게 일러주지 않다. 부정문에서 동사의 목적어가 대명사일 때는 목적격 대명사를 동사 앞에 둔다.

8) 忘水(망수): 물에 대한 두려움을 잊다.

9) 陵(능): 언덕. 구릉. 육지.

10) 覆(복): 전복. 뒤집히다.

11) 卻(각): 후진하다. 퇴각하다.

12) 萬方(만방): 온갖 일. 만 가지 사단(事端). 수많은 돌발 사고를 가리킨다.

陳乎前(진호전): 목전에 펼쳐지다. 눈앞에 일어나다.

舍(사): 마음.

13) 惡(오 wū): 어디.

暇(가): 여유롭다. 한가롭다. 여유만만하다.

14) 注(주): 도박하다. 판돈을 걸다.

巧(교): ① 요행수로 돈을 따다. ② 솜씨를 발휘하다. 하찮은 물건을 걸어 부담감이 적으므로 이외로 도박 솜씨를 발휘할 수도 있다.

15) 鉤(구): 혁대 고리. 쇠로 만들었다.

憚(탄): 꺼리다. 염려하다. 다소 귀중한 물건을 걸어 부담감으로 인해 오히려 잃기 쉽다.

16) 湣(혼 hūn): 마음이 어지러워지다. '惛(어리석을 혼)'으로 된 판본도 있다. 황금이 걸린 도박의 승패는 부담감이 극심하여 평정심을 잃고 흥분해서 거의 대부분 잃게 된다.

17) 其巧一也(기교일야): 운 좋게 이길 기회는 세 가지 경우 모두 똑같다.

18) 矜(긍): ① 두려워하다. ② 아까워하다. 소중히 여기다.

19) 重外(중외): 신외지물(身外之物)을 중시하다. 진정으로 귀중한 자신의 내면보다 혁대 고리와 황금 같은 외적 사물에 가치를 둔다는 뜻이다.

20) 內拙(내졸): 우둔하다. 멍청하다.

呆若木鷄

02 紀渻子爲王養鬪鷄[1]. 十日而問: 鷄可鬪已乎[2]?" 曰: "未也[3], 方虛憍而
　　　기 성 자 위 왕 양 투 계　　십 일 이 문　계 가 투 이 호　　왈　미 야　　방 허 교 이

　　恃氣[4]." 十日又問, 曰: "未也, 猶應嚮景[5]." 十日又問, 曰: "未也, 猶疾
　　시 기　　십 일 우 문　왈　미 야　유 응 향 영　　십 일 우 문　왈　미 야　유 질

　　視而盛氣[6]." 十日又問, 曰: "幾矣[7]. 鷄雖有鳴者, 已無變矣[8],
　　시 이 성 기　　십 일 우 문　왈　기 의　　계 수 유 명 자　이 무 변 의

　　望之似木鷄矣[9], 其德全矣[10], 異鷄無敢應[11], 見者反走矣[12]."
　　망 지 사 목 계 의　　기 덕 전 의　　이 계 무 감 응　　견 자 반 주 의

「外篇외편·達生달생」

■ 어휘 설명

1) 紀渻子(기성자): 인명. 紀가 성이고 渻子가 이름이다. '消子(소자)'라 된 판본도 있다.
　　爲(위 wèi): 위하다. 대신하다.
　　王(왕): 제나라 왕. 기성자가 제나라에서 벼슬살이를 하였다. 『열자(列子)·황제(黃帝)』에는 주(周)
　　나라 선왕(宣王)으로 되어 있다.
2) 已乎(이호): ~하였는가. 사건의 완료를 나타내는 의문형 어기조사이다. 여기서는 싸울 훈련을 다
　　마쳤는가 묻는 어조이다.
3) 未也(미야): 아직 안 되다. 아직 멀었다.
4) 方(방): 한창 ~중이다. '方+동사'는 진행형 구문이 된다.
　　虛憍(허교): 괜히 교만을 떨다. 괜히 거들먹거리다. 『열자·황제』에는 '虛驕'로 되어 있다.
　　恃氣(시기): 으스대다. 기운을 뽐내다.
5) 猶(유): 여전히. 오히려.
　　應(응): 반응하다.
　　嚮景(향영): 소리와 그림자. 다른 닭이 우는 소리와 움직이는 그림자를 말한다. 嚮은 '響(울림 향)'과
　　같고, 景은 '影(그림자 영)'과 같다.
6) 疾視(질시): 째려보다. 눈빛이 재빠르다.
　　盛氣(성기): ① 기운이 넘치다. ② 성질이 사납다.

7) 幾(기): 거의 다 되다. 거의 완성되다.

8) 無變(무변): 반응이 없다. 움직이지 않다.

9) 木鷄(목계): 나무 닭, 곧 나무를 깎아 만든 닭.

10) 德全(덕전): 덕성이 갖춰지다. 싸움닭으로서의 자질이 완비된 것을 말한다.

11) 應(응): 대늘다. 응진히다.

12) 異鷄(이계): 다른 닭.

　　反走(반주): 발길을 돌려 도망치다. 이 구절은 판본에 따라 "異鷄無敢應者, 反走矣"로 되어 있다.

庖丁解牛

03-1

庖丁爲文惠君解牛¹, 手之所觸², 肩之所倚³, 足之所履⁴, 膝之所
포정위문혜군해우　수지소촉　견지소의　족지소리　슬지소

踦⁵, 砉然嚮然⁶, 奏刀騞然⁷, 莫不中音⁸: 合於桑林之舞⁹, 乃中經首之
기　획연향연　주도획연　막부중음　합어상림지무　내중경수지

會¹⁰. 文惠君曰: "譆¹¹, 善哉! 技蓋至此乎¹²?" 庖丁釋刀對曰: "臣之所
회　문혜군왈　희　선재　기개지차호　포정석도대왈　신지소

好者, 道也¹³, 進乎技矣¹⁴. 始臣之解牛之時, 所見無非牛者¹⁵;
호자　도야　진호기의　시신지해우지시　소견무비우자

三年之後, 未嘗見全牛也. 方今之時, 臣以神遇而不以目視¹⁶, 官知
삼년지후　미상견전우야　방금지시　신이신우이불이목시　관지

止而神欲行¹⁷. 依乎天理¹⁸, 批大郤¹⁹, 導大窾²⁰, 因其固然²¹.
지이신욕행　의호천리　비대극　도대관　인기고연

技經肯綮之未嘗²², 而況大軱乎²³! 良庖歲更刀²⁴, 割也²⁵; 族庖月更
기경긍계지미상　이황대고호　양포세경도　할야　족포월경

刀²⁶, 折也²⁷.
도　절야

▌어휘 설명

1) 庖丁(포정): ① 주방장. ② 주방장 정. 庖는 요리사이고, 丁은 이름이다.
   文惠君(문혜군): 위(魏)나라 혜왕(惠王). 정식 시호가 위문혜왕(魏文惠王)이며, 『맹자』에서는 양혜
   왕(梁惠王)이라고 불렀다.

2) 觸(촉): 닿다. 만지다.

3) 倚(의): 기대다. 떠받치다.

4) 履(리): 밟다.

5) 膝(슬): 무릎.
   踦(기 yǐ): 누르다. 지탱하다.

6) 砉然(획연 huà rán): 뼈와 살을 발라내는 소리.

  嚮然(향연): 여러 소리가 서로 메아리치는 모양. 嚮은 '響(울림 향)'과 같다.

7) 奏刀(주도): 칼이 지나가다. 칼이 들어가다.

  騞然(획연 huò rán): 소를 각 뜨는 소리.

8) 中音(중음 zhòng yīn): 음절이 맞다.

9) 桑林(상림): 은(殷)나라 탕왕(湯王) 때의 악곡 명칭.

10) 經首(경수): 요(堯)임금 때의 악곡 명칭.

  會(회): 합주. 음절. 박자와 리듬.

11) 譆(희): 감탄사 '嘻(희)'의 이체자.

12) 蓋(합 hé): 어떻게. '盍(어찌 아니 합)'과 통하며, 여기서는 '曷(어찌 갈)과 같다'.

13) 道(도): 사물의 규율. 사물의 법칙.

14) 進(진): 넘어서다. 초월하다.

15) 無非牛者(무비우자): 온통 소만 보이다. 소의 구조를 몰라 눈앞에 소만 보여서 어디서부터 손을 대야할지 몰랐다는 뜻이다.

16) 神遇(신우): 마음으로 접촉하다. 정신으로 마주치다.

17) 官知(관지): 감각기관의 지각. 보고 듣고 느끼는 감각을 가리킨다.

  止(지): ① 작용을 멈추다. ② 멈추지 않다.

  神欲行(신욕행): 정신은 활동하려고 하다. 곧 마음에 따라 손이 절로 움직이다.

18) 天理(천리): 소의 타고난 신체구조.

19) 批(비): 가르다. 내리쳐 쪼개다.

  郤(극): 근골의 틈. '隙(틈 극)'과 같다.

20) 導(도): 향하다. 찾아 들어가다.

  窾(관 kuǎn): 빈 곳. 뼈마디 사이의 공간을 말한다.

21) 因(인): 따르다. 순응하다.

  固然(고연): 본연. 원래 모습. 곧 소의 타고난 신체 원리.

22) 技經(기경): 사지의 경락이 연결된 부위. 技는 '枝(가지 지)'의 오기이다.

  肯綮(긍경 kěn qìng): 뼈와 살이 단단히 붙어있는 부위. 肯은 뼈 위에 붙은 살이고, 綮은 근육이 뒤엉킨 부위이다. 후대에 와서 급소 또는 가장 중요한 관건을 비유하는 말로 쓰인다.

  未嘗(미상): 건드리거나 다치게 한 적이 없다. 목적격 대명사 '之'가 도치된 구절이다.

23) 軱(고): 큰 뼈.

24) 更(경 gēng): 바꾸다. 교환하다.

25) 割也(할야): 살을 발라내기 때문이다. 也가 이유를 나타내는 어기조사로 쓰였다.

26) 族庖(족포): 대부분의 백정. 일반적인 요리사. 族은 '衆(무리 중)'과 통한다.
  折(절): 뼈를 잘라내다.

03-2

今臣之刀十九年矣, 所解數千牛矣, 而刀刃若新發於硎[1]. 彼節者
금 신 지 도 십 구 년 의   소 해 수 천 우 의   이 도 인 약 신 발 어 형   피 절 자

有閒[2], 而刀刃者無厚, 以無厚入有閒, 恢恢乎其於遊刃, 必有餘地
유 간   이 도 인 자 무 후   이 무 후 입 유 간   회 회 호 기 어 유 린   필 유 여 지

矣[3], 是以十九年而刀刃若新發於硎. 雖然, 每至於族[4], 吾見其難爲[5],
의   시 이 십 구 년 이 도 인 약 신 발 어 형   수 연   매 지 어 족   오 견 기 난 위

怵然爲戒[6], 視爲止[7], 行爲遲[8]; 動刀甚微[9], 謋然已解[10], 如土委地[11].
출 연 위 계   시 위 지   행 위 지   동 도 심 미   획 연 이 해   여 토 위 지

提刀而立[12], 爲之四顧, 爲之躊躇滿志[13], 善刀而藏之[14]."
제 도 이 립   위 지 사 고   위 지 주 저 만 지   선 도 이 장 지

文惠君曰: "善哉! 吾聞庖丁之言, 得養生焉[15]."
문 혜 군 왈   선 재   오 문 포 정 지 언   득 양 생 언

「內篇내편 · 養生主양생주」

■ 어휘 설명

1) 發(발): 갈다. 나오다.
   硎(형 xíng): 숫돌.
2) 彼(피): 저. 저 소.
   節(절): 뼈마디.
   閒(간 jiàn): 틈. 사이. 간격.
3) 恢恢乎(회회호): 넓은 모양. 넉넉한 모양.
   遊刃(유린): 칼날을 놀리다. 칼날을 움직이다.
4) 族(족): 뼈와 근육이 뒤엉긴 부위. '簇(조릿대 족)'과 같다.
5) 難爲(난위): 대처하기 어렵다. 칼날을 집어넣기 어렵다는 뜻이다.
6) 怵然(출연 chù rán): 매우 조심하는 모양.
7) 視爲止(시위지): 시선을 한 곳에 멈추다. 시선을 고정하여 소만 주목한다는 뜻이다.
8) 行爲遲(행위지): 행동을 늦추다. 소를 잡는 손놀림을 천천히 한다는 뜻이다.

제3장   119

9) 甚微(심미): ① 살짝 스치다. ② 매우 세심하다.

10) 諜然(획연): 소의 뼈와 살이 서로 떨어지는 소리.

解(해): 해체되다.

11) 委地(위지): 땅 위에 쌓이다. 땅 위에 흩어지다. 소의 살과 뼈가 차곡차곡 쌓이는 모양을 형용한다.

12) 提(제): 손에 들다.

13) 躊躇(주저): 느긋하게 잠시 머뭇거리다. 기분이 좋아 여유를 부리는 모습을 형용한다.

滿志(만지): 만족하다. 득의양양해하다.

14) 善(선): 잘 닦다. 수선하다. '繕(기울 선)'과 같다.

藏(장): 간수하다. 보관하다.

15) 養生(양생): 양생의 도리.

輪扁斫輪

04 桓公讀書於堂上[1], 輪扁斫輪於堂下[2], 釋椎鑿而上[3], 問桓公曰: "敢
　　환공독서어당상　　윤편작륜어당하　　석추착이상　　문환공왈　감

問, 公之所讀者, 何言邪[4]?" 公曰: "聖人之言也." 曰: "聖人在乎[5]?"
문　공지소독자　하언야　　공왈　성인지언야　왈　성인재호

公曰: 已死矣." 曰: "然則君之所讀者, 古人之糟粕已夫[6]!" 桓公曰:
공왈　이사의　왈　연즉군지소독자　고인지조박이부　　환공왈

"寡人讀書[7], 輪人安得議乎[8]! 有說則可[9], 無說則死!" 輪扁曰:
과인독서　윤인안득의호　　유설즉가　무설즉사　윤편왈

"臣也以臣之事觀之. 斫輪[10], 徐則甘而不固[11], 疾則苦而不入[12], 不徐
신야이신지사관지　작륜　서즉감이불고　　질즉고이불입　　불서

不疾, 得之於手而應於心[13], 口不能言, 有數存焉於其間[14]. 臣不能
불질　득지어수이응어심　구불능언　유수존언어기간　　신불능

以喻臣之子[15], 臣之子亦不能受之於臣, 是以行年七十而老斫輪[16].
이유신지자　　신지자역불능수지어신　시이행년칠십이노작륜

古之人與其不可傳也死矣[17], 然則君之所讀者, 古人之糟粕已夫!"
고지인여기불가전야사의　　연즉군지소독자　고인지조박이부

「外篇외편·天道천도」

■ 어휘 설명

1) 桓公(환공): 제(齊)나라 환공. 춘추시대에 가장 먼저 제후들과 회맹한 패자(霸者)이며, 진(晉) 나라
　문공(文公)과 더불어 춘추오패(春秋五霸)를 대표한다.
2) 輪扁(윤편): 수레바퀴를 만드는 장인(匠人). '扁'은 장인의 이름이다.
3) 釋(석): 손에서 놓다.
　椎鑿(추착): 망치와 끌. 수레바퀴를 제작하는 공구이다.
　上(상): 당상으로 올라가다.
4) 何言(하언): 누구의 말씀. 누구의 말이 담긴 저서.
5) 在(재): 건재하다. 생존하다.

6) 糟粕(조박): 술지게미. 술을 짜고 담은 찌꺼기로, 조악하여 쓸모없음을 비유한다. '糟魄(조박)'으로 된 판본도 있다.

已夫(이부): ~일 뿐이다. 의미를 강조하는 종결형 어기조사이다.

7) 寡人(과인): 과덕지인(寡德之人)의 준말로 군왕이 스스로를 일컫는 겸사(謙辭)이다.

8) 安(안): 어찌. 어떻게.

議(의): 이러쿵저러쿵하다.

9) 說(설): 도리. 합당한 이유.

10) 斫(작): 자르고 깎아내다.

11) 徐(서): ① 느리다. 천천히 작업하다. ② 느슨하다. 긴장을 풀다.

甘(감): ① 헐겁다. ② 일이 쉽다.

固(고): 견고하다. 튼튼하다.

12) 疾(질): ① 빠르다. 동작을 빨리하다. ② 긴장하다.

苦(고): ① 어긋나다. 어색하다. ② 고생스럽다.

入(입): 설치하다. 다른 부품과 맞물리다.

13) 得之於手(득지어수): 손으로 비결을 터득하다.

應於心(응어심): 마음으로 상응하다. 몸과 마음이 하나가 되어 마음먹은 대로 손이 따라 움직인다는 뜻이다.

14) 數(수): 기술. 방법. 규율.

其間(기간): 수레를 만드는 과정.

15) 喻(유): 가르치다. 설명하다. 깨우쳐주다.

16) 行年(행년): 나이.

老(노): 아직도. 여전히.

17) 傳(전): 전수하다. 문자로 남겨 경험을 전수한다는 의미가 내포되어 있다.

死(사): 사라지다.

得意忘言

05 筌者所以在魚¹, 得魚而忘筌²; 蹄者所以在兔³, 得兔而忘蹄; 言者所
　　전 자 소 이 재 어　　득 어 이 망 전　　제 자 소 이 재 토　　득 토 이 망 제　　언 자 소

以在意⁴, 得意而忘言⁵. 吾安得忘言之人而與之言哉⁶?
이 재 의　　득 의 이 망 언　　오 안 득 망 언 지 인 이 여 지 언 재

「雜篇잡편 · 外物외물」

▌ 어휘 설명

1) 筌(전): 통발. 물고기를 잡는 도구이다. '筌(통발 전)'으로 된 판본도 있다.
　　在魚(재어): 고기를 잡는 데에 있다.
2) 忘(망): 잊어버리다. 소홀히 하다. 내팽겨치다.
3) 蹄(제): 올무. 새나 짐승을 잡기 위해 만든 올가미.
4) 言(언): 언어.
　　在意(재의): 의사를 전달하다. 사상을 표현하다.
5) 得意(득의): 의사를 파악하다. 사상을 터득하다.
6) 安(안): 어디에 가서. 어떻게 하면.
　　忘言之人(망언지인): 언어를 초월한 사람.
　　與之言(여지언): 그런 사람과 더불어 대화하다.

▌어법 설명

所以(소이)

① 원인, 연고. 까닭

彼知美而不知矉之所以美(피지빈미이부지빈지소이미) 그녀는 이마를 찡그림이 아름답다는 것을 알았지만 찡그림이 왜 아름다운지 이유를 알지 못했다.

② ~하는 방편, 도구, 수단

師者, 所以傳道·受業·解惑也(사자, 소이전도·수업·해혹야) 스승은 도를 전달하고, 학업을 전수하고, 의혹을 풀어주는 방편이다.

③ 인과관계: 그러므로

君不此問, 而問舜冠, 所以不對(군불차문, 이문순관, 소이부대) 임금께서 이것을 묻지 않고 순임금의 예관만 물었으므로 그래서 아뢰지 않았습니다.

우리말 해석

1. 소요유(逍遙遊)

01 북쪽 끝 대해에 물고기에 있는데 그 이름이 곤(鯤)이다. 곤의 크기는 몇천 리인지 모른다. 변하여 새가 되는데 그 이름이 붕(鵬)이다. 대붕의 크기는 몇천 리인지 모른다. 노하여 날아오르면 그 날개가 마치 하늘에 드리운 구름과 같다. 이 새는 바다가 움직이면 장차 남쪽 끝 대해로 옮겨간다. 남쪽 끝 대해는 천연의 큰 못이며, 제해라는 책은 괴이한 일을 기록한다. 제해에 이렇게 적고 있다. "대붕이 남쪽 바다로 옮겨갈 때 날개로 바닷물을 삼천 리나 치며, 회오리바람을 따라 선회하며 구만 리 상공까지 올라가 여섯 달을 날아다닌 다음에야 쉰다." 아지랑이와 공중에 떠도는 먼지는 생물이 서로 입김을 내쉬는 현상이다. 하늘이 푸르디푸른 것은 원래 그런 색일까? 너무 멀어서 끝까지 도달할 수 없어서일까? 거기에서 아래를 봐도 역시 이와 같을 뿐일 것이다.

02 또한 물이 많이 쌓이지 않으면 수심이 깊지 않아 큰 배를 띄울 수 없다. 마루의 움푹 파인 곳 위에 한 잔의 물을 엎지르면 작은 풀이 배가 되어 뜨며, 거기에 잔을 놓으면 마루에 달라붙는다. 물이 얕고 배가 크기 때문이다. 바람이 많이 모이지 않으면 대붕의 큰 날개를 띄울 수 없다. 그러므로 구만 리를 나는 것은 큰 바람이 그 아래에 있은 다음에야 비로소 이제 바람을 타기 때문이다. 푸른 하늘을 등에 지고 거침없이 날아오른 다음에야 비로소 이제 남쪽 끝 대해로 향한다. 매미와 어린 산비둘기가 대붕을 비웃으며 말한다. "나는 마음 내키는 대로 땅에서 날아올라 재빠르게 나무 위에 닿았다가 얼마 있지 않고 제자리로 떨어지면 그만인데 무엇 하려고 구만 리 상공을 올라 남쪽으로 가려고 하는가?" 십 리 근교를 가는 사람은 세 끼 양식만 갖고 갔다가 돌아와도 오히려 배부르며, 백 리를 가는 사람은 전날 밤부터 곡식을 빻으며, 천 리를 가는 사람은 자는 석 달 전부터 양식을 모은다. 이 두 날짐승이 이런 도리를 어떻게 알겠는가! 작은 지혜는 큰 지혜를 이해하지 못하며, 단명은 장수를 이해하지 못한다. 그렇다는 것을 어떻게 아는가? 하루살이 버섯은 그믐과 초하루를 알 리 없고, 쓰르라미는 봄과 가을을 알 리 없으니 이것이 바로 단명이다. 초나라 남쪽에 명령이라는 거목이 있는데, 오백년을 봄으로 삼고 오백년을 가을로 삼는다. 상고시대에 대춘이라는 신령스런 고목이 있었는데, 팔천년을 봄으로 삼고 팔천년을 가을로 삼았다. 이것이 바로 장수이다. 그러나 팽조는 지금까지 장수한 인물로 매우 유명하다. 많은 사람이 그에 필적하려고 소원하니 또한 슬프지 아니한가?

03 상나라 탕왕이 극에게 이렇게 물었다. 풀 한 포기 나지 않는 불모지 북쪽에 깊은 대해가 있으니 천연의 큰 못이다. 거기에 물고기가 사는데 그 넓이가 수천 리에 달하고 그 길이를 얼마나 되는지

알지 못하며 그 이름을 곤이라고 한다. 새가 있는데 그 이름이 붕이다. 등은 태산과 같고 날개는 하늘에 드리운 구름과 같이 생겼다. 회오리바람을 타고 꼬불꼬불 선회하며 구만 리 상공에 올라 구름떼를 뚫고 푸른 하늘을 짊어진 다음에야 남쪽으로 향해 장차 남쪽 끝 대해로 날아간다. 작은 연못가의 메추라기가 비웃으며 말한다. "저 새가 장차 어디로 날아가는가? 나는 푸드덕 날아올라 보았자 불과 몇 길 높이에 이르러 내려와 쑥대밭 사이를 날아다니는데, 이 또한 지극히 즐거운 비행이다. 그런데 저 새는 장차 어디로 날아가는가?" 이것이 바로 작은 것과 큰 것의 차이이다.

04 그러므로 재능과 지혜가 벼슬 한 자리를 충분히 감당하고 행실은 한 마을의 칭송을 받고 인품이 한 나라 군주의 마음에 부합하여 온 나라의 신임을 받는다면 이런 사람들이 자신을 바라보는 태도 역시 메추라기와 같을 것이다. 그러나 송영자는 은근히 이들을 비웃는다. 온 세상이 모두 그를 칭송해도 더욱 분발하지 않았으며, 온 세상이 그를 비난해도 더욱 슬퍼하지 않는다. 자아와 외물의 구분이 정립되어 영욕의 경계를 분명히 구별할 줄 아는 태도 바로 이것이다. 그가 세상의 평가에 급급하지 않기 때문이다. 비록 그럴지라도 성취가 아직도 모자란다. 열자는 바람을 타고 다녔는데, 초탈한 자태로 지극히 능수능란하게 몰았으며 보름이 지나서야 되돌아왔다. 그는 복을 불러들이는 일에 급급해하지 않았다. 이렇게 그가 비록 걷는 수고는 면했지만 여전히 의지하는 것이 있다. 천지의 본연에 따르며 자연 기운의 갖가지 변화에 순응하여 무궁한 우주에 노닌다면, 그런 사람이 또한 무엇을 의지할 필요가 있겠는가! 그러므로 말하노라. 수양이 지고한 경지에 이른 사람은 자신을 잊으며, 수양이 신의 경지에 이른 사람은 뭔가 이루려고 하지 않으며, 수양이 성인의 경지에 이른 사람은 명예를 잊어버린다.

혼돈의 죽음(渾沌之死)

05 남해를 다스리는 임금이 숙이었고, 북해를 다스리는 임금이 홀이었고, 중앙을 다스리는 임금이 혼돈 이었다. 숙과 홀은 늘 혼돈이 다스리는 땅에서 함께 만났으며, 혼돈이 그들을 매우 잘 대접하였다. 숙과 홀이 혼돈의 호의에 보답하기로 의논하였다. "사람에게 모두 일곱 개의 구멍이 있으며, 이를 통하여 보고 들으며 먹고 숨을 쉰다. 그런데 유독 혼돈만 없으니 뚫어주자." 하루에 구멍 한 개를 뚫었고, 7일이 되자 혼돈이 죽었다.

천지의 정신(天地精神)

06 고요하고 형체가 없으며, 늘 변하여 일정하지 않으며, 죽음과 삶을 초월해 천지와 나란히 공존하며, 조물주와 서로 왕래한다. 아득히 어디로 가며 홀연히 어디에서 오는가? 만물을 남김없이 포용하여 어디에도 속하지 않는다. 옛날 도술이 여기에 담겨있어 장자가 이런 학풍을 듣고서 즐거워하였다.

허무맹랑한 이야기와 황당무계한 주장과 밑도 끝도 없는 언사로써 늘 마음 내키는 대로 내뱉어도 고지식하지 않으며, 남다르게 이색적인 견해를 드러내지 않는다. 천하를 혼탁에 오염되어 점잖은 대화가 불가능하다고 여겨서 아무렇게나 내뱉은 말로 자유롭게 부연설명하고, 남들이 중시하는 성현의 말을 끌어와 진실을 믿도록 하며, 다른 사람과 사물의 말을 빌려와 설명의 범위를 넓힌다. 홀로 천지의 정신과 왕래하나 만물을 경시하지 않으며, 시비에 얽매이지 않고 세속과 화목하게 지낸다. 그가 지은 책은 비록 진기하고 웅장하나 표현이 완곡해서 상처를 주지 않는다. 그의 말은 비록 들쑥날쑥하나 익살스럽고 기발해서 가관이다. 그의 책은 내용이 충실하여 다함이 없다. 위로 는 조물주와 노닐며, 아래로는 생사를 도외시하고, 처음도 나중도 없는 자와 친구한다.

2. 제물론(齊物論)

만물의 가치는 같다(物之所同)

01-1 설결이 왕예에게 물었다. "만물에는 공통으로 인정하는 도리가 존재한다는 것을 아는가?" 대답하였다. "내가 어떻게 아느냐?" "그대는 그대가 무엇을 모르는지 알고 있는가?" 대답하였다 "내가 어떻게 아느냐?" "그렇다면 만물의 법칙은 알 도리가 없는가?" 대답하였다. "내가 어떻게 아느냐? 비록 그렇지만 한 번 설명해 보겠다. 내가 말한 안다는 것이 모르는 것이 아님을 어떻게 아느냐? 내가 말한 모른다는 것이 아는 것이 아님을 어떻게 알겠는가? 다시 내가 그대에게 묻건대, 사람들이 축축한 곳에 누워 자면 허리가 아파 반신불수가 되지만 미꾸라지라면 이렇게 되겠는가? 나무 위에 거주하면 불안해서 전전긍긍하지만 원숭이는 이러하겠는가? 세 가지 동물 중에 누가 진정한 거처 를 안다 말인가? 사람이 꼴을 먹고 자란 가축의 고기를 먹으며, 고라니와 사슴은 맛난 풀을 먹으며, 지네는 개미 알을 맛있게 먹으며, 솔개와 까마귀는 쥐를 선호하는데, 네 가지 동물 중에서 누가 진정한 미각을 아는가? 편저는 원숭이를 암컷 짝으로 삼으며, 고라니와 사슴이 교미를 하며, 미꾸라지와 물고기가 서로 어울려 희롱한다.

모장과 여희(毛嬙麗姬)

01-2 월왕 구천의 애첩 모장과 여희를 사람들은 미인이라고 여기나 물고기가 보면 물속으로 깊이 들어가며, 새가 보면 높이 날아가며, 고라니와 사슴이 보면 후다닥 도망친다. 넷 중에서 누가 천하의 진정한 미색을 아는가? 내가 보건대, 인과 의의 단서와 옳고 그름의 통로는 뒤죽박죽 얽혀있으니 내가 어떻게 구별할 줄 알겠는가?" 설결이 말했다. "그대가 이해관계를 모른다고 최고 경지의 도인도 이해관계를 모르겠는가?" 왕예가 말했다. "최고 경지의 도인은 너무 신묘하다! 산림의 큰 늪지에 불이 났어도 열기를 느끼지 않으며, 황하와 한수가 얼어붙어도 한기를 느끼지 않으며, 천둥번개가

산을 쪼개고 폭풍이 바다를 뒤흔들어도 놀라지 않는다. 이와 같은 이가 구름을 타고 해와 달을 몰고서 사해 밖에서 노니나니, 생사조차 그를 변화시키지 못하는데, 하물며 이해관계의 단서같이 작은 일이겠는가!

나비를 꿈꾸다(胡蝶之夢)

02 한때 장주가 꿈속에서 나비가 되었는데, 참으로 훨훨 날아다니는 한 마리 나비였다. 마음껏 신나게 날아다니느라 자신이 장주임을 잊었다. 문득 꿈에서 깨어나니 엄연히 자신은 장주였으며, 장주 자신이 꿈속에서 나비가 되었는지 나비가 꿈속에서 장주가 되었는지 알 수 없었다. 장주와 나비는 분명히 구별된다. 이를 형상의 변환 곧 물화라고 한다.

3. 풍자(諷刺)

수레바퀴 자국 안의 붕어(車轍之鮒)

01 장자가 집안이 가난하여 감하후에게 곡식을 빌리러 갔다. 감하후가 말했다. "좋소, 내가 봉읍에서 세금을 모두 거둔 다음에 3백 냥을 그대에게 빌려주면 되겠소?" 장자가 몹시 성난 표정을 지으며 말했다. "내가 어제 여기로 올 때, 길 위에서 나를 부르는 소리가 들려 고개를 돌려보았더니 수레바퀴 자국 안에 붕어가 한 마리 있었습니다. 내가 물었지요. '붕어야, 너 여기에서 무엇 하니?' 붕어가 대답하더군요, '나로 말하자면 동해의 세찬 파도에 휩쓸려 뭍으로 밀려온 해신 신하입니다. 혹시 물 한 됫박을 퍼 와서 나를 살려줄 수 있습니까?' 내가 말했소. '좋아, 내가 남쪽으로 오나라와 월나라의 왕에게 가서 설득해 운하를 뚫어 서강의 물을 끌어다가 너를 살리도록 하면 되겠지?' 붕어가 몹시 성난 표정을 지으며 말하더군요. '지금 나는 늘 함께하던 물이 없어 오가도 못하는 처지로 물 한 됫박만 얻는다면 살 수 있소. 그대는 오히려 이런 말을 하느니 내일 아침에 건어물 가게에서 날 찾는 것이 낫겠소!'."

치질을 핥아주고 수레를 얻다(舐痔得車)

02 송나라에 조상이라는 자가 있었다. 송나라 왕을 위해 진나라에 사신으로 나갔다. 그가 갈 적에 송나라 왕으로부터 수레를 여러 대 하사받았다. 진나라 왕이 기분이 좋아 수레를 백 대나 더 하사하였다. 송나라로 돌아와서 장자를 만나 말했다. "외진 마을의 비좁은 골목에 살면서 가난하기가 손수 짚신을 짜 신으며 비쩍 야윈 목에 누렇게 뜬 얼굴의 초라한 행색은 내가 잘 못하지요. 하루아침에 만승지국의 임금을 깨우쳐줘서 뒤따르는 수레가 백 대나 되는 모습은 내가 남보다 뛰어나지요." 장자가 말했다. "진나라 왕에게 병이 있어 어의를 소환했다는군요. 독창을 터트리고 부스럼을 없애

면 수레 한 대를 얻고, 치질을 핥아주면 수레 다섯 대를 얻으며, 치료하는 부분이 아래로 내려갈수록 얻는 수레가 많다고 합니다. 그대는 혹시 임금의 치질을 고쳐주었소? 어찌 수레를 이렇게 많이 얻었는지요? 빨리 내게서 떠나시오!"

4. 교우(交友)

솔개가 원추를 겁주다(鴟嚇鵷雛)

01 혜자가 위나라 재상이 되었을 때 장자가 그를 만나러 갔다. 혹자가 혜자에게 말했다. "장자가 오면 그대를 대신해 재상이 되려고 할 것입니다." 이에 혜자가 두려워하여 도성 안을 사흘 밤낮이나 샅샅이 수색하도록 명했다. 장자가 가서 그를 만나 말했다. "남쪽 지방에 새가 있는데 그 이름이 완추라네. 자네도 알고 있지? 원추라는 이 새는 남쪽 바다에서 출발해서 북쪽 바다로 날아가는데 오동나무가 아니면 앉지 않으며, 대나무 열매가 아니면 먹지 않으며, 예천의 단 샘물이 아니면 마시지 않는다네. 마침 솔개가 썩은 쥐를 잡았을 때 원추새가 그곳을 지나가자 머리를 들어 쳐다보며 말했지. '겁먹어라!' 이제 자네는 자네의 위나라를 가지고 나에게 겁을 주려는 것인가?"

호량 위의 논쟁(濠梁之辯)

02 장자와 혜자가 호수(濠水) 다리 위에서 만나 노닐었다. 장자가 말했다. "피라미가 유유자적하게 헤엄치니 이는 물고기의 즐거움이로다." 혜자가 말했다. "자네가 물고기가 아닌데 물고기의 즐거움을 어떻게 안다 말인가?" 장자가 말했다. "자네는 내가 아닌데 내가 물고기의 즐거움을 모르리라고 어떻게 아는가?" 혜자가 말했다. "나는 자네가 아니므로 참으로 자네를 알지 못하지. 자네가 원래 물고기가 아니므로 자네가 물고기의 즐거움을 모르는 것은 확실하다네." 장자가 말했다. "근본을 따져보세. 자네가 나더러 물고기가 즐거운지 어떻게 아느냐고 물은 것은 내가 알고 있다는 이미 알고서 물은 것일세. 나는 호수 다리 위에서 노니면서 이미 알았다네!"

5. 생사(生死)

조릉의 울타리(雕陵之樊)

01 장주가 조릉(雕陵)의 울타리 주변을 노닐다가 날개폭이 일곱 자이고 눈이 손가락 한 마디만한 괴이하게 생긴 까치 한 마리가 남쪽에서 날아드는 것을 보았다. 까치가 장주의 이마를 스치고 지나가 밤나무 숲에 앉았다. 장주가 말했다. "이는 무슨 새이지? 큰 날개를 가지고도 제대로 날지 못하고 큰 눈을 가지고도 제대로 보지도 못하다니." 옷자락을 걷어 올리고 조심스레 다가가 새총을 들어 겨냥하였다. 이때 매미 한 마리가 보였다. 마침 시원한 그늘을 찾아놓고 자기 처지를 까맣게 잊었다.

숨어있던 사마귀가 재빨리 앞다리로 낚아채어 매미를 잡고선 자기 처지를 까맣게 잊어버렸다. 괴이한 까치가 쫓아와서 이득을 챙겼고, 이득을 챙기느라 자기 생명조차 까맣게 잊어버렸다. 장주가 놀라서 떨며 말했다. "아하! 만물은 원래 서로 연루되어 화복이해(禍福利害)를 서로 초래 하는구나." 새총을 내던지고 발길을 되돌려 달아났고, 사냥터지기가 쫓아오며 욕을 해댔다.

그림자를 무서워하고 발자국을 싫어하다(畏影惡跡)

02 어떤 사람이 자기 그림자가 무섭고 자기 발자국이 싫어서 떨쳐버리려고 도망을 갔다. 발걸음을 자주 뗄수록 족적이 더욱 많아졌고, 빨리 달릴수록 그림자가 몸에서 떠나지 않았다. 스스로 자기가 느려서 그렇다고 여기고 질주를 쉬지 않아 기진맥진해 죽었다. 그늘을 찾아 머물렀더라면 그림자가 사라지고, 조용히 서있었다면 족적도 멈추었을 것인데, 이걸 몰랐다니 또한 심히 어리석었도다!

그릇을 두드리며 노래하다(鼓盆而歌)

03 장자의 아내가 죽어 혜자가 조문을 가보니 장자는 두 다리를 뻗고 앉아 질그릇을 두들기며 노래하고 있었다. 혜자가 말했다. "아내와 함께 살다가 자식을 키워놓고 늙어서 세상을 떠났거늘, 울지 않는 것이야 그렇다고 쳐도 거기에다 질그릇을 두드리며 노래를 부르다니 너무 심하지 않은가!" 장자가 말했다. "그렇지 않다네. 아내가 막 죽었을 때 나라고 어찌 슬프지 않았겠나? 그러나 근원을 살펴보니 본래 그녀는 생명이 없었으며, 생명이 없었을 뿐더러 본래 형체도 없었으며, 형체가 없었을 뿐더러 본래 원기도 없었다네. 태초의 혼돈 상태로 뒤섞여 있다가 변해서 원기가 생성되고, 원기가 변해서 형체가 생겨나고, 형체가 변화하여 생명이 있게 되었다네. 이제 다시 변화하여 죽었으니, 이는 춘하추동 사계절이 순환하는 이치와 동행하는 것이라네. 그녀가 천지라는 큰 방에 편히 잠들었는데 내가 도리어 옆에서 시끄럽게 곡을 해댄다면 내가 생각하기에 생명의 이치에 맞지 않는지라, 그래서 곡을 그쳤다네."

장자의 장례(莊子之葬)

04 장자의 죽음이 임박하자 제자들이 성대한 장례를 치르려고 준비하였다. 장자가 말했다. "나는 하늘과 땅을 나의 관으로 삼고, 해와 달을 부장품 옥벽으로 여기고, 별들을 진주로 여기고, 천지만물을 나를 장송하는 물품으로 여기노라. 나의 장례용품이 어찌 완비되지 않았다고 하랴? 여기에 무엇을 더 보태겠느냐?" 제자들이 말했다. "저희는 까마귀와 솔개가 선생님을 먹을까 염려됩니다." 장자가 말했다. "내다버리면 하늘 위로 까마귀와 솔개의 먹이가 되고, 매장하면 땅 밑으로 개미의 먹이가 된다. 새의 먹잇감을 빼앗아 개미에게 준다니 편애가 너무 심하도다!"

6. 공명(功名)

진흙탕 속에서 꼬리를 끌다(曳尾塗中)

01 장자가 복수 물가에서 낚시를 하는데, 초나라 왕이 대부 두 명을 보내 먼저 뜻을 전했다. "초나라 안의 정무를 맡기고자 합니다!" 장자가 낚싯대를 손에 잡고 고개를 돌리지 않은 채 말했다. "내가 듣기로 초나라에 신령한 거북이가 있는데, 죽은 지 이미 삼천 년이 되었으나 왕이 잘 건사하여 묘당 위에 소장하고 있다고 하더군요. 이 거북이는 죽어서 유골로 남아 존귀하게 받들어지길 바라겠습니까, 차라리 살아서 진흙탕 속에서 꼬리를 끌며 다니길 바라겠습니까?" 두 대부가 말하였다: "차라리 살아서 진흙탕 속에서 꼬리를 끌며 다니길 바라겠지요." 장자가 말했다. "돌아들 가시오, 나는 장차 진흙탕 속에서 꼬리를 끌며 살겠소!"

군왕에게 뒤따르는 재앙(爲君之患)

02 월나라 사람들이 삼 대에 걸쳐 임금을 시해하여 왕자 수(搜)가 겁을 먹고 단혈(丹穴)이라는 동굴로 도망갔다. 월나라에 임금이 없어 왕자 수를 찾았으나 찾지 못하고 그를 단혈까지 쫓아갔다. 왕자 수가 나오려하지 않자 월나라 사람들이 쑥을 태워 연기를 피워서 나오도록 해 군왕이 타는 수레에 태웠다. 왕자 수가 손잡이 줄을 잡고 수레에 오르면서 하늘을 향해 외쳤다. "임금이라, 임금이라! 어찌 날 가만 놔두지 못하는가!" 왕자 수는 임금 되는 것이 싫어서가 아니라 임금이 되어 닥칠 환란을 싫어했다. 왕자 수 같은 이는 나라를 위해 목숨을 내놓길 원치 않는 경우라고 말할 수 있다. 이것이 바로 월인들이 그를 찾아 임금 자리에 앉히려는 까닭이다.

7. 절성기지(絶聖棄知)

오나라 왕이 원숭이를 사살하다(吳王射狙)

01 오나라 왕이 강 위에 배를 띄웠다가 원숭이무리가 사는 산에 올랐다. 원숭이무리가 오나라 왕을 보고선 모두 겁을 먹고 깊은 숲속으로 달아났다. 원숭이 한 마리가 느긋하게 걸으면서 여기저기 매달리며 왕 앞에서 재주를 자랑했다. 왕이 활을 쏘았으나 날랜 몸짓으로 화살을 잡아챘다. 왕이 조수들에게 명하여 쫓아가 쏘도록 하였고 원숭이는 즉사했다. 왕이 그의 벗 안불의를 돌아보며 말했다. "이 원숭이는 자기 재주를 뽐내며 자기의 민첩함만 믿고 나에게 거들먹거리다가 이렇게 화살에 맞아 죽게 되었다네. 경계로 삼자! 아, 자네는 잘난 척하는 표정으로 남에게 거만을 떨지 말게나." 안불의가 돌아가 동오를 스승으로 모시고 자신의 거만한 표정을 없앴으며, 향락을 포기하고 고관대작을 사절하니 삼 년이 지나서 온 나라 사람 모두 그를 칭송했다.

큰 도적의 수호자(爲大盜守)

02-1 세속의 이른바 지식인이란 큰 도적을 위해 재물을 모아주는 자가 아닌가? 이른바 성인이란 큰 도적을 위해 재물을 수호하는 자가 아닌가? 그렇다는 것을 어떻게 아냐고? 옛날에 제나라는 인접한 성읍끼리 서로 마주 보아 닭과 개 우는 소리가 서로 들렸고, 어망을 친 곳과 농기구로 경작한 땅이 사방 이천 리가 되었다. 온 나라 안에 종묘와 사직을 건립하였으며, 읍, 옥, 주, 여, 향곡 등의 각급 행정구역을 치리하는 방법이 언제 성인을 본받지 않은 적이 있었는가? 그러나 전성자가 하루아침에 제나라 임금을 죽이고 제나라를 훔쳤다. 그가 훔친 것이 어찌 단지 나라뿐이겠는가? 성인과 지자의 치리 법도까지 아울러 훔쳤다. 그러므로 전성자는 도적이라는 명성이 자자했어도 몸은 마치 요순시대인 듯 평온을 누렸다. 소국은 감히 그를 비난하지 못했고 대국조차 감히 그를 토벌하지 못해 12대에 걸쳐 제나라를 소유해 다스렸다. 그렇다면 이는 제나라를 훔쳤을 뿐만 아니라 성인과 지식인의 치리 법도까지 아울러 훔친 셈이니 이로써 그들 도적의 몸을 수호한 것이 아닌가?

02-2 다시 거듭해서 논하자면, 세속의 이른바 최고 지식인은 큰 도적을 위해 재물을 모아주는 자가 아닌가? 이른바 성인이란 큰 도적을 위해 재물을 수호하는 자가 아닌가? 그렇다는 것을 어떻게 아냐고? 옛날에 용봉은 걸왕에게 참형을 당했고, 비간은 주왕에게 심장을 가르는 형을 당했고, 장홍은 뱃속 창자를 끄집어내는 형을 당했고, 오자서는 시신이 강에 던져져 썩어 문드러졌다. 그러므로 네 사람처럼 현능한 인물도 몸은 살육의 참화를 면치 못했다. 이에 따라 도척의 제자가 도척에게 물었다. "도둑질에도 도리가 있습니까?" 도척이 말하였다. "도리가 없는 일이 어디에 있겠느냐? 방안에 귀중품이 있는지 한 눈에 알아내는 것이 성인의 경지이다. 먼저 들어가는 것은 용기이고, 나중 나오는 것은 의로움이다. 훔칠 수 있을지 아는 것이 지혜이고, 공평하게 나누는 것이 인이다. 이 다섯 가지를 갖추지 않고서 큰 도둑이 된 자는 천하에 있지 않다." 이로써 보건대, 선량한 사람도 성인의 도를 터득하지 않고서는 출세할 수 없으며, 도척도 성인의 도를 터득하지 않고서는 행세할 수 없다. 천하에 선량한 사람은 적고 나쁜 사람이 많으니, 그렇다면 성인이 인이 천하를 이롭게 하는 것은 적고 천하에 해를 끼치는 것은 많다. 그러므로 말하노라. "입술이 밖으로 뒤집어지면 이가 시리며, 노나라 술맛이 싱거운데 조나라 수도 한단이 포위공격 당했으며, 성인이 나와서 큰 도적이 일어났다. 성인을 배격하고 도적을 풀어줘야 천하가 비로소 태평해진다.

02-3 하천이 메마르면 계곡이 텅 비며, 언덕이 평평해지면 연못이 채워진다. 성인이 죽으면 큰 도적이 일어나지 않으며 천하는 태평무사해진다. 성인이 죽지 않으면 큰 도둑은 사라지지 않는다. 비록 성인을 중용하여 천하를 다스릴지라도 이는 도척을 크게 이롭게 한다. 두곡을 만들어 양을 재게 하면 두곡을 가지고 도적질하고, 저울을 만들어 무게를 달게 하면 저울을 가지고 도적질하고, 부절

과 인장을 만들어 서로 믿게 하면 부절과 인장을 가지고 도적질하고, 인의도덕을 만들어 잘못을 교정해주면 인의를 가지고 도적질한다. 그렇다는 것을 어떻게 아냐고? 요대의 쇠고리를 훔친 자는 사형에 처해지고 나라를 훔치는 자는 제후가 된다. 제후 가문이 되었다고 인의를 표방한다면 이는 인의와 성지를 도적질한 것이 아닌가? 그러므로 큰 도적을 추종하여 스스로 제후의 자리에 올라 인의와 아울러 두곡과 저울과 부절과 인장을 훔쳐 이익을 도모하는 자에게는 비록 고관대작과 후한 봉록을 상으로 제시해도 그를 만류하지 못하며, 도끼로 목을 친다는 위협도 그를 막지 못한다. 이렇게 도적을 크게 이롭게 해도 이를 막지 못하는 것은 바로 성인의 잘못이다. 그러므로 말하노라. "물고기는 연못을 떠날 수 없고, 나라의 이기는 남에게 보여주지 않는다." 저들 성인은 천하를 치리하는 이기이므로 천하 만민에게 이를 훤히 내보일 수 없다. 그러므로 성인과 단절하고 지혜를 포기해야 큰 도적이 곧 사라지며, 옥을 내버리고 진주를 부숴버려야 작은 도적이 생기지 않는다. 부절을 불태우고 인장을 깨뜨려야 백성이 순박하여 남을 속이지 않으며, 두곡을 부수고 저울을 꺾어버려야 백성끼리 다투지 않는다. 성인이 만든 천하의 예법제도를 모조리 없애야 백성이 비로소 천하를 치리할 논의에 끼일 수 있다.

8. 무용지용(無用之用)

지리소(支離疏)

01 지리소라는 인물은 턱이 배꼽에 파묻히고, 어깨가 정수리보다 높았고, 상투꽂이가 하늘로 치솟고, 오장육부의 경혈이 등 위로 쏠렸으며, 두 넓적다리가 거의 허리를 가렸다. 삯바느질과 빨래일로 충분히 입에 풀칠을 했으며, 남의 집 곡식 키질을 해주고 거뜬하게 열 식구를 먹여 살렸다. 나라에서 병사를 징발해도 지리소는 옷소매를 걷어 올려 팔뚝을 내놓고 병사 사이를 활보했다. 나라에서 대대적인 부역이 있어도 지리소는 몸이 불구라서 부역의 영을 받지 않았다. 나라에서 구휼곡식을 줄 때 곡식 삼 종(鍾)과 땔감 열 단을 수령하였다. 외형이 기형인 사람조차도 오히려 거뜬히 자기 일신을 보전하고 타고난 수명을 다했거늘, 또한 하물며 인의예법이란 도덕을 내던진 사람이겠는가!

초나라 광인 접여(楚狂接輿)

02 공자가 초나라에 갔을 때 초나라의 광인 접여가 공자의 처소 문 앞을 지나면서 말했다. "봉황이여, 봉황이여, 어쩌자고 도덕이 쇠한 나라에 왔는가! 미래 세상은 기대할 바 없고 지나간 세상은 되돌릴 수 없다네. 천하에 도리가 통용되면 성인이 능력을 발휘하고, 천하에 도리가 사라지면 성인은 목숨만 보전한다네. 지금 이 시대는 살육의 형벌만 겨우 모면한다네. 행복은 새 깃털보다 가벼우나 누리는 방법을 모르고, 재앙은 대지보다 무거우나 피하는 방법을 모른다네. 그만두게나, 그만두게

나. 남들 앞에 그대의 덕행을 선양하는 것을! 위험하다네, 위험하다네, 땅에다 선을 긋고 그 안에서 달리게 하는 것은! 도처가 가시밭이라네, 도처가 가시밭이라네, 내가 가는 길 방해하지 말게! 내가 가는 길 굽이굽이 굽은 길이니 내 다리를 다치지 않게 하라." 산 안의 나무는 스스로 베어지며, 촛불 심지는 자신을 불태운다. 계수나무는 먹을 수 있어 베어버리며, 옻나무는 쓸모가 있어 잘라진다. 사람 모두 쓸모 있는 것의 유용함은 잘 알지만 쓸모없는 것의 유용함은 아무도 모른다.

재목과 재목이 아닌 것(材與不材)

03-1 장자가 말하였다. "이 나무는 재목으로 쓸 수 없어서 천 년이나 수명을 마칠 수 있다." 장자가 산속을 가다가 거대한 나무를 발견했는데 가지와 잎이 무성하였다. 벌목꾼이 그 옆에 멈추고선 자르지 않았다. 그 까닭을 물어보니, 말했다. "쓸모가 없기 때문입니다." 장자가 말했다. "이 나무는 재목감이 못 되어서 타고난 수명을 마칠 수 있다." 장자가 산에서 나와 친구의 집에 머물렀다. 친구가 기분이 좋아 종복 아이에게 거위를 잡아 삶으라고 명했다. 종복 아이가 가르침을 청했다. "한 마리는 꽥꽥 울고, 한 마리는 울지 못하는데 어느 놈을 잡을까요?" 주인이 말했다. "울지 못하는 놈을 잡거라."

03-2 다음날, 제자가 장자에게 물었다. "어제 산림 속의 나무는 쓸모가 없어 타고난 수명을 마칠 수 있었고 오늘 주인의 거위는 쓸모가 없다고 죽었는데, 선생님께선 무엇을 선택하시겠습니까?" 장자가 웃으며 말했다. "나는 장차 쓸모 있는 것과 쓸모없는 것 중간을 선택하겠다. 쓸모있는 것과 쓸모없는 것 중간은 도리와 유사하나 사실은 아니다. 그러므로 복잡하게 얽히게 된다. 자연에 순응하여 자유롭게 떠돈다면 그렇지 않다. 칭찬도 없고 비난도 없으며, 때로는 용처럼 몸을 드러내고 때로는 뱀처럼 몸을 숨기며, 수시로 변화하여 한 가지만 고집하지 않는다. 때에 따라 나아가고 때에 따라 물러나며, 만물과의 조화를 준칙을 삼아 만물의 원래 모습 안에서 자유롭게 노닌다. 만물의 본성대로 만물을 주재하며 다른 사물의 지배를 당하지 않으니 어디에 얽매일 리 있겠는가? 이는 바로 신농씨와 황제가 따르던 법칙이다. 만물의 정리(情理)와 인륜이란 관습의 대물림은 그렇지 않다. 만나면 헤어지기 마련이고, 이루었으면 무너지기 마련이고, 강직하면 꺾이기 마련이고, 높아지면 비판과 헐뜯음을 당하기 마련이고, 큰 성취를 이루려면 손해를 보기 마련이고, 덕망과 능력을 갖추면 모함을 당하기 마련이고, 못나면 기만을 당하기 마련인데 어떻게 얽매이지 않을 재주가 있겠는가? 슬프도다! 너희들은 명심하라, 자연이란 도덕만을 바라볼 것을!

9. 유기진도(由技進道)

곱사등이 노인의 매미잡기(痀僂者承蜩)

01-1 공자가 초나라로 가면서 숲속을 빠져나오다가 곱사등이 노인이 매미를 잡는 광경을 목격했는데 마치 그저 줍는 듯이 보였다. 공자가 말했다. "그대의 기술이 교묘하구려! 비법이 있습니까?" 곱사등이 노인이 말했다. "나에게 비법이 있소. 오륙 개월을 연습해서 장대 끝에 구슬 두 개를 올려놓고 떨어뜨리지 않아야 매미를 거의 놓치지 않으며, 구슬 세 개를 올려놓고 떨어뜨리지 않으면 매미를 놓치는 경우가 열에 한 번 정도이며, 구슬 다섯 개를 올려놓고 떨어뜨리지 않으면 마치 그저 줍듯이 보입니다. 나는 몸을 똑바로 세우면 마치 땅에 붙은 그루터기와 같고, 장대를 잡은 내 팔뚝은 마치 고목의 가지와 같습니다. 비록 천지가 크고 만물이 많을지라도 오로지 매미날개만 주시할 뿐입니다. 나는 몸을 돌리지도 않고 옆을 보지도 않으며, 어떠한 사물도 내가 매미날개만 주시하는 것을 변경시키지 못하는데 어떻게 잡지 못하겠습니까!" 공자가 제자들을 돌아보며 말했다. "마음씀씀이가 분산되지 않고 오로지 정신을 응집한다는 것이 바로 이 분 곱사등이 노인을 두고 하는 말이구나!"

나루터 뱃사공의 배 몰이 솜씨(津人操舟)

01-2 안연이 공자에게 물었다. "제가 전에 상심이라는 큰 못을 지나갈 적에 나루터 뱃사공의 배 몰이 솜씨가 워낙 신통하기에 제가 그에게 물어봤습니다. '배 몰이를 배울 수 있겠소?' 대답했습니다. "가능합니다. 헤엄을 잘 치는 사람은 몇 번 연습하면 능숙해집니다. 예를 들어 잠수할 줄 아는 사람은 설사 배를 본 적이 없어도 금방 배를 몰 수 있습니다.' 제가 그에게 비결에 대해 물었더니 나에게 일러주지 않던데 왜 그러는 것인지 감히 묻습니다." 공자가 말했다. "헤엄에 능한 사람이 몇 번 연습하면 능숙해지는 것은 물에 대한 두려움을 잊었기 때문이다. 잠수할 줄 아는 사람은 설사 배를 본 적이 없어도 금방 배를 몰 수 있는 것은 그가 큰 못을 봐도 언덕처럼 여기고, 배가 전복해도 수레가 후진하는 것과 마찬가지로 여기기 때문이다. 배가 뒤집히든, 수레가 후진하든 온갖 변화가 눈앞에 일어나도 전혀 마음에 두지 않으니 어디에 간들 여유만만하지 않겠느냐! 기와 조각을 도박에 건 자는 맘껏 솜씨를 발휘하고, 허리띠 쇠고리를 도박에 건 자는 혹시 잃을까 염려하고, 황금을 도박에 건 자는 안절부절 불안에 떤다. 요행수로 남의 돈 딴다는 본질은 같지만 전전긍긍하는 것은 외적 사물의 가치를 중시하기 때문이다. 외적 사물의 가치를 중시하면 내면이 바보스러워진다.

멍청하기가 목각 닭 같다(呆若木鷄)

02 기성자가 제나라 왕을 대신하여 싸움닭을 길렀다. 열흘이 지나 왕이 물었다. "닭을 싸움에 내보내도 되겠는가?" 대답했다. "아직 멀었으니, 한창 괜스레 거들먹거리며 기운을 뽐냅니다." 열흘이 지나 왕이 다시 묻자 대답했다. "아직 멀었으니, 여전히 다른 닭이 우는 소리와 움직이는 그림자에 즉각 반응해 화를 냅니다." 열흘이 지나 왕이 다시 묻자 대답했다. "아직 멀었으니, 여전히 째려보며 성질이 사납습니다." 열흘이 지나 왕이 다시 묻자 대답했다. "거의 다 되었습니다. 다른 닭이 울어도 이제 꿈적도 않아 멀리서 보면 마치 목각한 닭 같습니다. 싸움닭으로서의 자질이 완전히 갖추어져 다른 닭들이 감히 덤비지 못하고 보는 닭마다 발길을 돌려 달아납니다."

포정이 소를 잡다(庖丁解牛)

03-1 포정이 위나라 혜왕을 위해 소를 잡았다. 손이 닿는 곳마다, 어깨를 기대는 곳마다, 발을 밟는 곳마다, 무릎으로 누르는 곳마다 쓱싹쓱싹 뼈와 살을 가르는 소리가 서로 메아리쳐 울렸으며, 칼이 지나치며 각을 뜰 때 마다 음절에 맞지 않은 소리가 없었다. 리듬과 박자가 탕 임금의 무곡『상림』에도 맞았으며, 요 임금의 악곡『경수』에도 맞았다. 위나라 혜왕이 말했다. "아, 훌륭하구나! 기술이 어쩌면 이런 경지에 이르렀는가?" 포정이 칼을 내려놓고 아뢰었다. "신이 좋아하는 것은 도이며 이미 기교를 초월했습니다. 신이 처음 소를 잡을 때는 눈이 보이는 것 모두 소가 아닌 것이 없었습니다. 삼 년이 지난 다음에는 온전한 소를 본 적이 없습니다. 바야흐로 지금의 신은 마음으로 소와 만나지 눈으로 보지 않습니다. 감각기관은 활동을 멈추지만 마음에 따라 손이 절로 움직입니다. 소의 타고난 생김새에 따라 근골의 틈새를 가르고 뼈마디 사이의 빈곳을 찾아 들어가 원래 구조에 따라 칼을 휘두릅니다. 그래서 사지의 경락이 이어지고 뼈와 살이 서로 단단히 붙은 급소는 건드려 다치게 한 적이 없으니, 하물며 큰 뼈이겠습니까! 좋은 백정은 해마다 칼을 바꾸는데 칼로 살만 발라내기 때문이며, 보통 백정은 달마다 칼을 바꾸는데 칼로 뼈를 내려쳐 잘라내기 때문입니다.

03-2 이제 신의 칼은 사용한 지 십구 년이나 되었습니다. 잡은 소가 수천 마리가 되나 칼날은 마치 숫돌에서 방금 새로 간 듯합니다. 소의 뼈마디는 틈새가 있게 마련이나 칼날은 거의 두께가 없을 정도로 얇으며, 거의 두께가 없는 칼날로 뼈마디 사이의 틈 안으로 들어가 여유롭게 칼날을 놀리고도 어김없이 남아도는 공간이 생깁니다. 이러므로 십구 년이나 사용하고도 칼날이 마치 숫돌에서 방금 새로 간 듯합니다. 비록 이럴지라도 매번 근골이 뒤엉켜 붙은 부위에 닿을 때마다 저는 칼날을 집어넣기 어렵다는 것을 알고 매우 조심하지 않을 수 없습니다. 시선을 고정하여 소만 바라보며, 움직임은 느려지며, 칼이 살짝 스치기만 해도 뼈와 살이 쓰르륵 해체되어 흙더미처럼 흩어져 땅 위에 차곡차곡 쌓입니다. 이때, 저는 칼을 들고 사방을 들러보며 잠시 머뭇거리다가 이내 득의

만만한 표정으로 칼을 잘 닦아 간수합니다." 위나라 혜왕이 말했다. "훌륭하구나! 내가 포정의 말을 듣고서 양생의 도리를 터득했다."

윤편이 수레바퀴를 깎다(輪扁斫輪)

04 제나라 환공이 당상에서 책을 읽고 있었다. 윤편이 당하에서 수레바퀴를 깎고 있다가 망치와 끌을 내려놓고 당상으로 올라와서 환공에게 물었다. "감히 묻건대, 임금께서 읽는 것은 어떤 말씀입니까?" 환공이 말했다. "성인의 말씀이다." 윤편이 말했다. "성인이 살아있습니까?" 환공이 말했다. "이미 돌아가셨다." 윤편이 말했다. "그렇다면 임금께서 읽는 것은 옛사람의 찌꺼기에 불과합니다!" 환공이 말했다. "과인이 독서하는데 수레바퀴나 만드는 자가 어찌 이러쿵저러쿵하는가? 일리가 있으면 괜찮지만 일리가 없으면 죽이겠다." 윤편이 말했다. "신은 신이 하는 일로 살펴보겠습니다. 바퀴를 깎을 때, 끌질을 천천히 하면 너무 헐거워서 견고하지 못하고, 끌질을 빨리 하면 어긋나서 잘 들어가지 않으니, 느리지도 않고 빠르지도 않게 해야 마음먹은 대로 손이 나갑니다. 입으로 설명할 수 없지만 수레를 만드는 과정에는 오묘한 비결이 있습니다. 저라고 제 자식에게 일러줄 수 없으며, 제 자식 역시 저에게 전수받을 수 없으므로 이 때문에 나이가 칠십이 되도록 늙은 몸에 아직도 수레바퀴를 깎고 있습니다. 옛날 사람은 그가 전하지 못한 기술과 함께 죽었습니다. 그렇다면 임금께서 읽는 것은 옛사람의 찌꺼기에 불과합니다!"

뜻을 얻으면 말은 잊는다(得意忘言)

05 통발은 물고기를 잡는 데에 쓰이며, 물고기를 잡으면 통발의 존재를 잊어버린다. 올무는 토끼를 잡는 데에 쓰이며, 토끼를 잡으면 올무의 존재를 잊어버린다. 말은 의사를 표현하는 데에 쓰이며, 의사를 파악하면 말은 잊어버린다. 나는 어디에 가서 말을 초월한 사람을 만나 이야기를 나눈다 말인가!"

제4장

1. 勸學(권학)

青出於藍

01 君子曰: 學不可以已[1]. 青, 取之於藍而青於藍[2]; 冰, 水爲之而寒於
　　군자왈　학불가이이　　청　취지어람이청어람　　빙　수위지이한어

水. 木直中繩[3], 輮以爲輪[4], 其曲中規[5], 雖有槁暴[6], 不復挺者[7], 輮使
수　목직중승　유이위륜　기곡중규　수유고폭　불부정자　유사

之然也[8]. 故木受繩則直, 金就礪則利[9], 君子博學而日參省乎己, 則
지연야　고목수승즉직　금취려즉리　군자박학이일삼성호기　즉

知明而行無過矣[10]. 故不登高山不知天之高也, 不臨深谿不知地之
지명이행무과의　　고부등고산부지천지고야　불임심계부지지지

厚也[11], 不聞先王之遺言[12], 不知學問之大也. 干·越·夷·貉之子[13],
후야　불문선왕지유언　　부지학문지대야　간　월　이　맥지자

生而同聲[14], 長而異俗[15], 教使之然也.
생이동성　　장이이속　　교사지연야

1) 已(이): 그치다. 중지하다.

2) 取之於藍(취지어람): 쪽에서 가져오다. '藍'은 풀의 일종으로 남색 염료의 원료가 되며, '於'는 처소
   격 조사이다.
   青於藍(청어람): 쪽보다 푸르다. '於'는 비교격 조사이다.

3) 中繩(중승 zhòng shéng): 먹줄을 대다. 먹줄에 합치하다.

4) 輮(유): 구부리다. 약한 불에 구워서 휘게 만들다. '煣(휘어 바로잡을 유)'와 통한다.

5) 曲(곡): 휘는 정도.
   規(규): 컴퍼스. 원을 그리는 도구.

6) 有(유): 또한. 다시. '又(또 우)'와 통한다.
   槁暴(고폭 gǎo pù): 불에 굽고 햇볕에 쬐어 말리다.

7) 復挺(부정): 다시 곧게 펴다.

8) 使之然(사지연): 그것을 그렇게 만들다.

9) 就礪(취려): 숫돌에 갈다.
   利(리): 예리해지다.

10) 知(지): 지식. 견식.
    行(행): 행실.
    過(과): 과실. 허물.

11) 臨(임): 굽어보다. 내려보다

12) 先王(선왕): 윗대의 성군(聖君).

13) 干(한 hán): 지금의 강소(江蘇) 양주(揚州) 동북쪽에 소재한 고대 국가. 춘추시대에 오(吳)에게
    멸망당해 오읍(吳邑)이 되었으며, 여기서는 오나라를 가리킨다.
    越(월): 지금의 절강(浙江) 일대에 소재한 고대 국가.
    夷(이): 중국의 동쪽에 거주한 이민족.
    貉(맥): 중국의 동북쪽에 거주한 이민족.

14) 聲(성): 우는 소리.

15) 敎(교): 교화. 교육.

02　吾嘗終日而思矣, 不如須臾之所學也[1]; 吾嘗跂而望矣[2], 不如登高
　　　오 상 종 일 이 사 의　 불 여 수 유 지 소 학 야　 오 상 기 이 망 의　 불 여 등 고

　　　之博見也[3]. 登高而招[4], 臂非加長也[5], 而見者遠[6]; 順風而呼, 聲非加
　　　지 박 견 야　 등 고 이 초　 비 비 가 장 야　 이 견 자 원　 순 풍 이 호 성 비 가

　　　疾也[7], 而聞者彰[8]. 假輿馬者[9], 非利足也[10], 而致千里; 假舟檝者[11],
　　　질 야　 이 문 자 창　 가 여 마 자　 비 이 족 야　 이 치 천 리 가 주 즙 자

　　　非能水也[12], 而絕江河[13]. 君子生非異也[14], 善假於物也[15].
　　　비 능 수 야　 이 절 강 하　 군 자 생 비 이 야　 선 가 어 물 야

▌어휘 설명

1) 須臾(수유): 잠시. 잠깐. 매우 짧은 시간.

2) 跂(기 qí): 발돋움하다.

3) 博見(박견): 광범위하게 둘러보다.

4) 招(초): 손짓하다.

5) 臂(비): 팔.

　　加長(가장): 더 길어지다. 더욱 늘어나다.

6) 見者遠(견자원): 멀리서도 볼 수 있다. 멀리 떨어진 사람이 나의 손짓을 본다는 뜻이다.

7) 疾(질): 소리가 커지다. 소리가 우렁차다.

8) 彰(창): 뚜렷하다. 분명하다.

9) 假(가): 의지하다. 이용하다.

　　輿(여): 수레.

10) 利足(이족): 걸음이 빠르다.

11) 舟檝(주즙): 배와 노. 선박의 통칭이다.

12) 能水(능수): 수영에 능하다.

13) 絕(절): 건너다. 가르다. 횡단하다.

14) 異(이): 남다르다. 특출하다.

15) 物(물): 바깥 사물. 사물의 객관적인 조건을 말한다.

03 積土成山, 風雨興焉[1]; 積水成淵, 蛟龍生焉[2]; 積善成德, 而神明自
　　적토성산　풍우흥언　적수성연　교룡생언　적선성덕　이 신 명 자

得[3], 聖心備焉. 故不積蹞步[4], 無以至千里; 不積小流, 無以成江海.
득　성심비언　고부적규보　무이지천리　부적소류　무이성강해

騏驥一躍[5], 不能十步; 駑馬十駕[6], 功在不舍[7]. 鍥而舍之[8], 朽木不
기기일약　불능십보　노마십가　공재불사　계이사지　후목부

折; 鍥而不舍, 金石可鏤[9]. 螾無爪牙之利·筋骨之強[10], 上食埃土[11],
절　계이불사　금석가루　인무조아지리　근골지강　상 식 애 토

下飲黃泉[12], 用心一也[13]. 蟹六跪而二螯[14], 非蛇蟺之穴[15], 無可寄託
하음황천　용심일야　해육궤이이오　비 사 선 지 혈　무가기탁

者, 用心躁也[16]. 是故無冥冥之志者[17], 無昭昭之明[18]; 無惛惛之事[19],
자　용심조야　시고무명명지지자　무소소지명　무혼혼지사

者無赫赫之功[20].
자 무 혁 혁 지 공

「勸學권학」

어휘 설명

1) 興焉(흥언): 거기에서 일어나다. 焉은 '於之' 혹은 '乎之'의 준말이다.

2) 蛟龍(교룡): 전설 속 상상의 동물로 뿔 없는 용이다.

3) 神明(신명): 심지(心智). 맑고 슬기로운 정신.

4) 蹞步(규보): 반걸음. 반보(半步). 蹞는 '跬(반걸음 규)'와 같다.

5) 騏驥(기기): 준마. 천리마.

6) 駑馬(노마): 둔한 말.

　駕(가): 멍에를 매다. 말이 수레를 끌 때 아침에 멍에를 매었다가 저녁에 풀어주었다. 여기서는
　말이 하루 종일토록 달리는 거리를 비유한다. '十駕'는 열흘의 노정(路程)이다.

7) 舍(사): 멈추다. 중지하다. 포기하다. '捨(버릴 사)'와 같다.

8) 鍥(계 qiè): 새기다. 조각하다.

9) 鏤(루): 아로새기다. 깊이 새기다.

10) 螾(인): 지렁이.

利(리): 예리함. 날카로움.

11) 埃土(애토): 먼지.

12) 黃泉(황천): 지하수.

13) 一(일): 한결같다. 전일(專一)하다. 오로지 하나에 집중하다.

14) 蟹(해): 게.

跪(궤): 게의 발. '六跪'는 『대대예기(大戴禮記)·권학(勸學)』에는 '八跪'로 되어 있다.

螯(오): 집게발.

15) 蚰蟺(사선 shé shàn): 뱀과 드렁허리. 蟺은 '鱓(드렁허리 선)'과 같으며, 뱀처럼 가늘고 길게 생긴 민물고기이다.

16) 躁(조): 조급하다.

17) 冥冥之志(명명지지): 마음속 깊이 간직하고 연구에만 몰두하는 정신. '冥'은 어둡다는 뜻이다.

18) 昭昭之明(소소지명): 일체를 통찰하는 총명함. 昭昭는 밝고 환한 모양이다.

19) 惛惛之事(혼혼지사): 남이 몰라줘도 묵묵히 일에만 몰두하는 실천. 惛(hūn)은 어둡다는 뜻이다.

20) 赫赫(혁혁): 빛나는 모양.

2. 儒者(유자)

效法聖王

01-1

秦昭王問孫卿子曰[1], "儒無益於人之國?" 孫卿子曰, "儒者法先王[2],
진소왕문손경자왈　유무익어인지국　손경자왈　유자법선왕

隆禮義[3], 謹乎臣子而致貴其上者也[4]. 人主用之, 則埶在本朝而宜[5];
융예의　근호신자이치귀기상자야　인주용지　즉세재본조이의

不用, 則退編百姓而慤[6]; 必爲順下矣[7]. 雖窮困凍餧[8], 必不以邪道
불용　즉퇴편백성이각　필위순하의　수궁곤동뢰　필불이사도

爲貪[9]. 無置錐之地[10], 而明於持社稷之大義[11]. 嚘呼而莫之能應[12],
위탐　무치추지지　이명어지사직지대의　규호이막지능응

然而通乎財萬物[13], 養百姓之經紀[14]. 埶在人上, 則王公之材也; 在人
연이통호재만물　양백성지경기　세재인상　즉왕공지재야　재인

下, 則社稷之臣, 國君之寶也; 雖隱於窮閻漏屋[15], 人莫不貴之, 道誠
하　즉사직지신　국군지보야　수은어궁염누옥　인막불귀지　도성

存也[16]. …… 儒者在本朝則美政, 在下位則美俗. 儒之爲人下如是
존야　유자재본조즉미정　재하위즉미속　유지위인하여시

矣."
의

■ 어휘 설명

1) 秦昭王(진소왕): 진나라 소양왕(昭襄王) 영직(嬴稷, B.C.325~B.C.241). 재위 중 B.C.246년에 동주(東周)를 멸망시켰으며, 위염(魏冉)·범저(范雎)·백기(白起) 등 명신을 기용해 부국강병을 이룩함으로써 훗날 진의 천하통일을 위한 기초를 다졌다.

   孫卿子(손경자): 순경(荀卿), 곧 순황(荀況). 卿과 子는 존칭이며, 한(漢)나라 선제(宣帝)의 이름이 '荀'이여서 피휘(避諱)하려고 순경을 손경자라고 적었다. 孫과 荀은 음이 같다.

2) 法(법): 본받다. 모범으로 삼다.

3) 隆(융): 숭상하다.

4) 謹乎臣子(근호신자): 신하의 본분을 삼가 지키다. 신하로서 직분을 다하다.

   致貴其上(치귀기상): ① 자기 군왕을 지극히 공경하다. ② 자기 군왕을 존귀하게 만들다.

5) 執(세 shì): 권세. 벼슬. '勢(기세 세)'와 같다.

   本朝(본조): 조정. 조정은 나라를 세우는 근본이므로 본조라고 일컫는다.

   宜(의): 소임을 다하다. 직분을 잘 담당하다.

6) 退編百姓(퇴편백성): 물러나 백성으로 편제되다.

   慤(각): 근신하다. 정성을 다하다. 성실히 평민의 삶을 산다는 뜻이다.

7) 順下(순하): 순복하는 신민(臣民). 순종하는 백성.

8) 凍餒(동뢰 dòng něi): 헐벗고 굶주리다. 추위에 떨고 굶주리다. 餒는 '餒(주릴 뇌)'와 같다.

9) 邪道(사도): 정당하지 못한 수단.

   貪(탐): 재물과 이익을 욕심내다.

10) 置錐之地(치추지지): 송곳 하나 세울 땅. 거처할 집을 비유한다.

11) 持(지): 유지하다. 수호하다.

12) 嚎呼(규호): 큰 소리로 부르짖다.

   應(응): 호응하다. 응답하다.

13) 通(통): 통달하다. 능통하다.

   財(재): 관리하다. 통제하다. '裁(마름질할 재)'와 같다.

14) 養(양): 양육하다. 봉양하다.

   經紀(경기): 강령. 기강.

15) 隱(은): 은거하다.

   窮閭(궁염): 가난한 마을. 궁벽한 골목.

   漏屋(누옥): 누추한 가옥. 비가 새는 건물.

16) 道(도): 치국의 도.

其爲人上

01-2

王曰, "然則其爲人上何如?" 孫卿曰, "其爲人上也, 廣大矣! 志意定
왕왈   연즉기위인상하여   손경왈   기위인상야   광대의   지의정

乎內[1], 禮節修乎朝[2], 法則度量正乎官[3], 忠信愛利形乎下[4]. 行一不
호내   예절수호조   법칙도량정호관   충신애리형호하   행일불

義, 殺一無罪, 而得天下, 不爲也. 此若義信乎人矣[5], 通於四海[6], 則天
의   살일무죄   이득천하   불위야   차약의신호인의   통어사해   즉천

下應之如讙[7]. 是何也? 則貴名白而天下治也[8]. 故近者歌謳而樂之[9],
하응지여환   시하야   즉귀명백이천하치야   고근자가구이낙지

遠者竭蹷而趨之[10], 四海之內若一家, 通達之屬莫不從服[11]. 夫是之
원자갈궐이추지   사해지내약일가   통달지속막부종복   부시지

謂人師. 詩曰[12], '自西自東[13], 自南自北, 無思不服[14].' 此之謂也.
위인사   시왈   자서자동   자남자북   무사불복   차지위야

夫其爲人下也如彼, 其爲人上也如此, 何謂其無益於人之國也?"
부기위인하야여피   기위인상야여차   하위기무익어인지국야

昭王曰, "善!"
소왕왈   선

「儒效유효」

■ 어휘 설명

1) 廣大(광대): 영향이 광범위하고 막대하다.
2) 修乎朝(수호조): 조정을 개혁하다. 조정을 바로 세우다.
3) 法則(법칙): 법률준칙.
   度量(도량): 규장제도,
   正乎官(정호관): 관리를 바로잡다. 관부(官府)를 정돈하다.
4) 忠信愛利(충신애리): 충성, 신의, 인애, 이타심.

形(형): 드러나다. 나타나다.

下(하): 백성. 민간.

5) 義(의): 군왕의 도의.

信乎人(신호인): 백성에게서 신임을 얻다.

6) 通(통): 전파되다. 널리 전해지다.

7) 讙(환 huān): 환호하다.

8) 則(즉): 왜냐하면.

貴名(귀명): 존귀한 명성.

白(백): 눈부시다. 혁혁하다.

治(치): ① 치리되다. 다스려지다. ② 즐거워하다. '怡(기쁠 이)'와 통한다.

9) 歌謳(가구): 구가하다. 칭송하다.

10) 竭蹶(갈궐 jié jué): 힘이 다해 넘어지다. 전력을 다하는 모습을 형용한다.

11) 通達之屬(통달지속): 교통이 닿는 곳. 교통이 편리한 곳.

12) 詩(시): 『시경(詩經)』의 「대아(大雅)·문왕유성(文王有聲)」.

13) 自(자): ~로부터. ~까지.

14) 思(사): 어조사.

█ 어법 설명

乎(호)

① 처소격 조사(동사+乎): ~에, ~에서, ~에게, ~까지.

生乎楚, 長乎楚(생호초, 장호초) 초나라에서 태어나 초나라에서 자랐다.

鷄鳴狗吠相聞, 而達乎四境(계명구폐상문, 이달호사경) 개와 닭 울음이 서로 들려 사방의 국경까지 도달한다.

② 비교격 조사(형용사+乎): ~보다

尊親之至, 莫大乎以天下養(존친지지, 막대호이천하양) 어버이에 대한 최고의 효도는 천하로써 봉양하는 것보다 큰 것이 없다.

③ 의문형 어기조사

與朋友交而不信乎(여붕우교이불신호): 친구와 사귀면서 신의를 다하지 않았는가?

④ 반문형 어기조사

如吾之衰者, 其能久存乎(여오지쇠자, 기능구존호) 나같이 노쇠한 자가 그 얼마나 오래 살리오!

⑤ 소환의 어조

   參乎! 吾道一以貫之(삼호, 오도일이관지) 증삼아, 나의 도는 시종일관 하나이다.

⑥ 감탄의 어조

   惜乎! 吾見其進也, 未見其止也(석호! 오견기진야, 미견기지야) 나는 그가 진보하는 것만 보았지 정체된 것을 보지 못했다.

大儒善調一

02 造父者[1], 天下之善禦者也[2], 無輿馬則無所見其能[3]. 羿者[4], 天下之
조보자　천하지선어자야　무여마즉무소현기능　예자　천하지

善射者也, 無弓矢則無所見其巧[5]. 大儒者, 善調一天下者也[6], 無百
선사자야　무궁시즉무소현기교　대유자　선조일천하자야　무백

里之地, 則無所見其功[7]. 輿固馬選矣[8], 而不能以至遠, 一日而千里,
리지지　즉무소현기공　여고마선의　이불능이지원　일일이천리

則非造父也. 弓調矢直矣[9], 而不能射遠中微[10], 則非羿也. 用百里
즉비조보야　궁조시직의　이불능사원중미　즉비예야　용백리

之地, 而不能以調一天下, 制強暴[11], 則非大儒也.
지지　이불능이조일천하　제강포　즉비대유야

「儒效유효」

■ 어휘 설명

1) 造父(조보): 주(周)나라 목왕(穆王)의 마부. 수레를 잘 몰았다고 전해진다.

2) 禦(어): 마차를 몰다. 수레를 몰다. '御(어거할 어)'와 통한다.

3) 輿馬(여마): 수레와 말.

   見(현 xiàn): 나타내다. 발휘하다.

   能(능력): 능력. 재능.

4) 羿(예): 하대(夏代) 동이족 유궁씨(有窮氏) 부락의 제후로 궁술의 명수. 이예(夷羿) 또는 후예(后羿)
   로도 불린다.

5) 巧(교): 기교. 기예.

6) 調一(조일): 통일하다. 통합하다. 하나가 되도록 조정하다.

7) 功(공): 공로. 업적. 효능.

8) 固(고): 견고하다.

   選(선): 정선하다. 엄선하다. 가려 뽑다.

9) 調(조): 조율하다. 조정하다.

   直(직): 곧다.

10) 中微(중미): 미세한 표적을 명중시키다.
11) 制(제): 재압하다.

    強暴(강포): 강압적이고 포악한 나라.

3. 性惡(성악)

性善僞也

01 人之性惡, 其善者僞也[1]. 今人之性[2], 生而有好利焉[3], 順是[4], 故爭
　　　인지성악　기선자위야　금인지성　생이유호리언　순시　고쟁

奪生而辭讓亡焉[5]; 生而有疾惡焉[6], 順是, 故殘賊生而忠信亡焉[7]; 生
탈생이사양망언　생이유질오언　순시　고잔적생이충신망언　생

而有耳目之欲[8], 有好聲色焉[9], 順是, 故淫亂生而禮義文理亡焉[10]. 然
이유이목지욕　유호성색언　순시　고음난생이예의문리망언　연

則從人之性[11], 順人之情[12], 必出於爭奪[13], 合於犯分亂理而歸於暴[14].
즉종인지성　순인지정　필출어쟁탈　합어범분난리이귀어포

故必將有師法之化·禮義之道[15], 然後出於辭讓, 合於文理, 而歸於
고필장유사법지화　예의지도　연후출어사양　합어문리　이귀어

治[16]. 用此觀之, 然則人之性惡明矣, 其善者僞也.
치　　용차관지　연즉인지성악명의　기선자위야

「性惡성악」

■ 어휘 설명

1) 僞(위): 그릇되다. 인위적이다. 작위적이다.

2) 今(금): 발어사. '夫(부)'와 같은 작용을 하는 경우가 종종 있다.

3) 好(호 hào): 좋아하다.

4) 順是(순시): 이러한 본성을 따르다.

5) 亡(망): 사라지다. 없어지다.

6) 疾惡(질오 jí wù): 질투와 증오. 疾은 '嫉(시기할 질)'과 통한다.

7) 殘賊(잔적): 학살과 모함. 살인과 음해.

8) 欲(욕): 욕심. 욕망.

9) 聲色(성색): ① 음악과 미색. ② 듣기 좋은 가락과 보기 좋은 경색(景色).

10) 文理(문리): 법도.

11) 從(종): 방종하다. 풀어놓다. '縱(늘어질 종)'과 같다.

12) 情(정): 정욕. 감정.

13) 出(출): 치닫다. 나아가다. 출현하다.

14) 合(합): 부합하다. 합치하다. 합류하다.

　　犯分(범분): 분수를 잊다. 본분을 위배하다.

　　亂理(난리): 예법제도를 어지럽히다. 윤리를 문란하게 하다.

　　暴(포): 포악. 난폭. 폭력.

15) 師法之化(사법지화): ① 스승과 법도의 교화. ② 법도를 숭상하는 교화.

　　道(도): 인도(引導). '導(이끌 도)'와 같다.

16) 治(치): 태평한 세상.

性惡明也

02-1

孟子曰: "人之性善." 曰: 是不然! 凡古今天下之所謂善者, 正理平
맹자왈　인지성선　왈　시불연　범고금천하지소위선자　정리평

治也¹; 所謂惡者, 偏險悖亂也². 是善惡之分也已. 今誠以人之性固
치야　소위악자　편험패란야　시선악지분야이　금성이인지성고

正理平治邪³? 則有惡用聖王⁴, 惡用禮義矣哉! 雖有聖王禮義, 將曷
정리평치야　즉유오용성왕　오용예의의재　수유성왕예의　장갈

加於正理平治也哉⁵! 今不然, 人之性惡. 故古者聖人以人之性惡,
가어정리평치야재　금불연　인지성악　고고자성인이인지성악

以爲偏險而不正, 悖亂而不治, 故爲之立君上之勢以臨之⁶, 明禮義
이위편험이부정　패란이불치　고위지입군상지세이임지　명예의

以化之⁷, 起法正以治之⁸, 重刑罰以禁之, 使天下皆出於治, 合於善
이화지　기법정이치지　중형벌이금지　사천하개출어치　합어선

也. 是聖王之治而禮義之化也. 今當試去君上之勢⁹, 無禮義之化,
야　시성왕지치이예의지화야　금당시거군상지세　무예의지화

去法正之治, 無刑罰之禁, 倚而觀天下民人之相與也¹⁰; 若是, 則夫
거법정지치　무형벌지금　의이관천하민인지상여야　약시　즉부

強者害弱而奪之, 衆者暴寡而譁之¹¹, 天下之悖亂而相亡不待頃矣¹².
강자해약이탈지　중자포과이화지　천하지패란이상망부대경의

用此觀之, 然則人之性惡明矣, 其善者僞也.
용차관지　연즉인지성악명의　기선자위야

「性惡성악」

1) 正理(정리): 단정하고 순리적이다.

   平治(평치): 평화롭고 안정되다. 천하가 태평하다.

2) 偏險(편험): 외곬수이고 음험하다.

   悖亂(패란): 패역하여 반란을 일으키다. 반항적이여 혼란을 야기하다.

3) 今(금): 발어사.

4) 有(유): 또한. '又(또 우)'와 통한다.

   惡(오 wū): 왜. 무슨. 어떻게.

   用(용): 필요하다. 소용이 있다.

5) 曷(갈): 무엇.

6) 爲之(위지 wèi zhī): 그들을 위하다. 그들을 대신하다.

   君上之勢(군상지세): 군왕의 권세.

   臨(임): 군림하다. 통치하다.

7) 化(화): 교화하다.

8) 起(기): 건립하다.

   法正(법정): 법치. 법제. 正은 '政(정사 정)'과 같다.

9) 當試(당시): ① 시험해보다. 當은 '嘗(맛볼 상)'과 같다. ② 만일 ~한다면. '倘使(당사)'와 서로 통한다.

   去(거): 제거하다. 거둬내다.

10) 倚(의): 비켜나다. 기대어 서다. 옆으로 물러나다.

11) 暴(포): 횡포를 부리다.

   譁(화): 압제하다. '跨(타넘을 과)'로 되어야 옳으며, 윗자리를 차지하고 부린다는 뜻이다.

12) 不待頃(불대경): 얼마 걸리지 않다. 頃은 매우 짧은 시간이다.

隱栝之生

02-2

故善言古者必有節於今[1], 善言天者必有徵於人[2]. 凡論者, 貴其有辨
고 선 언 고 자 필 유 절 어 금　　선 언 천 자 필 유 징 어 인　　범 논 자　귀 기 유 변

合[3], 有符驗[4]. 故坐而言之, 起而可設[5], 張而不可施行[6]. 今孟子曰:
합　　유 부 험　　고 좌 이 언 지　　기 이 가 설　　장 이 불 가 시 행　　금 맹 자 왈

"人之性善." 無辨合符驗, 坐而言之, 起而不可設, 張而不施行, 豈不
인 지 성 선　　무 변 합 부 험　　좌 이 언 지　　기 이 불 가 설　　장 이 부 시 행　　기 불

過甚矣哉[7]! 故性善則去聖王[8], 息禮義矣[9]; 性惡則與聖王[10], 貴禮義
과 심 의 재　　고 성 선 즉 거 성 왕　　식 예 의 의　　성 악 즉 여 성 왕　　귀 예 의

矣. 故隱栝之生[11], 爲枸木也[12]; 繩墨之起[13], 爲不直也. 立君上, 明禮
의　　고 은 괄 지 생　　위 구 목 야　　승 묵 지 기　　위 부 직 야　　입 군 상　명 예

義, 爲性惡也. 用此觀之, 然則人之性惡明矣, 其善者僞矣. 直木不
의　　위 성 악 야　　용 차 관 지　　연 즉 인 지 성 악 명 의　　기 선 자 위 의　　직 목 부

待隱栝而直者, 其性直也; 枸木必將待隱栝矯烝然後直者[14], 以其性
대 은 괄 이 직 자　　기 성 직 야　　구 목 필 장 대 은 괄 교 증 연 후 직 자　　이 기 성

不直也; 今人之性惡. 必將待聖王之治, 禮義之化, 然後皆出於治,
부 직 야　　금 인 지 성 악　　필 장 대 성 왕 지 치　　예 의 지 화　　연 후 개 출 어 치

合於善也. 用此觀之, 然則人之性惡明矣, 其善者僞也.
합 어 선 야　　용 차 관 지　　연 즉 인 지 성 악 명 의　　기 선 자 위 야

「性惡성악」

▌어휘 설명

1) 節(절): 검증하다. 대조하여 확인하다.

2) 徵(징): 징험하다. 검증하다.

3) 辨(변): 별권(別券). 곧 고대의 계약문서. 문서를 양분해 쌍방이 각각 가진 한 쪽을 '별권'이라 불렀으며, 검증할 때 쌍방의 별권을 합해 문서의 진위 여부를 확인했다.

4) 符(부): 부절(符節). 곧 고대의 관문 출입증. 대나무 조각 위에 글을 쓴 다음에 둘로 나눠 쌍방이 하나씩 가지고 검증할 때 두 조각을 합해 부합하면 통행을 허가했다.

5) 設(설): 배치하다. 적용하다.

6) 張(장): 확장하다. 확대하다. 범위를 넓히다.

7) 過甚(과심): 오류가 심하다. 매우 잘못되다.

8) 去(거): 내쫓다. 배제하다.

9) 息(식): 폐지하다. 취소하다.

10) 與(여): 찬동하다.

11) 隱栝(은괄): 목재 교정기. 목재의 비틀어진 모양을 교정하는 기구.

12) 爲(wèi): ~ 때문이다.

　　枸木(구목): 굽은 나무. 구부러진 목재.

13) 繩墨(승묵): 먹줄과 먹통.

　　起(기): 출현.

14) 矯烝(교증): 교정하고 훈증(薫蒸)하다.

4. 君子(군자)

君子日進

01 楚王後車千乘¹, 非知也². 君子啜菽飲水³, 非愚也. 是節然也⁴.
　　 초왕후거천승　비지야　군자철숙음수　비우야　시절연야

若夫志意修⁵, 德行厚, 知慮明⁶, 生於今而志乎古, 則是其在我者也⁷.
약부지의수　덕행후　지려명　생어금이지호고　즉시기재아자야

故君子敬其在己者⁸, 而不慕其在天者⁹. 小人錯其在己者¹⁰, 而慕其
고군자경기재기자　　이불모기재천자　　소인조기재기자　　이모기

在天者. 君子敬其在己者而不慕其在天者, 是以日進也.
재천자　군자경기재기자이불모기재천자　시이일진야

小人錯其在己 者而慕其在天者, 是以日退也. 故君子之所以日進¹¹,
소인조기재기　자이모기재천자　시이일퇴야　고군자지소이일진

與小人之所以日退, 一也¹². 君子小人之所以相懸者在此耳¹³!
여소인지소이일퇴　일야　　군자소인지소이상현자재차이

「天倫천륜」

▌어휘 설명

1) 後車(후거): 뒤따르는 수레.

2) 非知也(비지야): 지혜로 인한 것이 아니다. 총명하기 때문이 아니다.

3) 啜菽飲水(철숙음수): 콩죽을 먹고 물을 마시다. 가난한 살림살이를 말하며, 후대에 와선 부모님께 효도를 다한다는 뜻의 성어로 사용된다.

4) 節(절): 절제. 시세와 운명의 제약을 가리킨다.

5) 志意(지의): 사상. 생각.
   修(수): 올바르다.

6) 知慮(지려): 지모(智謀). 계획.
   明(명): 영민하다. 주도면밀하다.

7) 在我(재아): 나에게 달려있다. 나에 의해서 결정된다.

8) 敬(경): 중시하다. 신중히 다루다.

9) 慕(모): 바라다. 추구하다.

   在天者(재천자): 하늘에 달린 것. 부귀를 가리킨다. 『論語(논어)·顔淵(안연)』에 "死生有命, 富貴在天."이라고 하였다.

10) 錯(조): 방치하다. 지나치다. '措(둘 조)'와 통한다.

11) 進(진): 진보하다.

12) 退(퇴): 퇴보하다.

13) 懸(현): 차이가 크다. 거리가 멀다.

尚賢使能

02 論法聖王¹, 則知所貴矣²; 以義制事³, 則知所利矣⁴; 論知所貴,
　　논법성왕　　즉지소귀의　　이의제사　　즉지소리의　　논지소귀

則知所養矣⁵; 事知所利, 則動知所出矣⁶. 二者是非之本, 得失之原
즉지소양의　　사지소리　즉동지소출의　　이자시비지본　득실지원

也⁷. 故成王之於周公也⁸, 無所往而不聽⁹, 知所貴也. 桓公之於管仲
야　고성왕지어주공야　　무소왕이불청　　지소귀야　환공지어관중

也¹⁰, 國事無所往而不用, 知所利也. 吳有伍子胥而不能用¹¹, 國至於
야　　국사무소왕이불용　　지소리야　오유오자서이불능용　　국지어

亡, 倍道失賢也¹². 故尊聖者王, 貴賢者霸, 敬賢者存, 慢賢者亡¹³, 古
망　배도실현야　　고존성자왕　귀현자패　경현자존　만현자망　　고

今一也. 故尚賢・使能・等貴賤・分親疏・序長幼¹⁴, 此先王之道也.
금일야　고상현　사능　등귀천　분친소　서장유　　차선왕지도야

故尚賢使能, 則主尊下安; 貴賤有等, 則令行而不流¹⁵; 親疏有分¹⁶,
고상현사능　즉주존하안　귀천유등　즉영행이불류　　친소유분

則施行而不悖¹⁷; 長幼有序, 則事業捷成而有所休¹⁸.
즉시행이불패　　장유유서　즉사업첩성이유소휴

「君子군자」

▌어휘 설명

1) 法(법): 본받다.

2) 所貴(소귀): 존귀하게 여길 사람.

3) 制(제): 처리하다.

4) 所利(소리): 이로운 방법. 유리한 방책.

5) 養(양): 수양하다.

6) 動(동): 행동.

　出(출): 출발하다. 시작하다.

7) 得失(득실): 성공과 실패.

8) 故(고): 발어사. '夫(부)'와 같다.

成王(성왕): 주(周)나라 무왕(武王)의 아들 희송(姬誦). 무왕이 죽을 당시 나이가 어려 숙부 주공(周公) 단(旦)이 섭정을 하였고, 훗날 성왕이 성년이 되자 주공 단이 권력을 되돌려줬다.

周公(주공): 주나라 문왕(文王)의 아들이자 무왕의 동생 주공 단. 채읍(采邑)이 주(周, 지금의 섬서 기산 동북쪽)에 있어 주공이라 부른다. 무왕을 도와 상(商)을 멸한 공로로 노(魯)를 봉지로 받았으나 가지 않고 성왕을 도와 주나라의 전성시대를 이룩했다.

9) 往而不聽(왕이불청): 무슨 일을 하여도 듣지 않다. 하는 일마다 받아들이지 않다.

10) 桓公(환공): 제(齊)나라의 재상 관이오(管夷吾, B.C.719?~B.C.645). 한때 후계를 다툰 공자 규(紏)를 보좌한 관중을 재상으로 등용하여 부국강병에 힘써 춘추시대 첫 번째 패권군주가 되었다.

管仲(관중): 제(齊)나라의 재상(B.C.719?~B.C645) 관이오(管夷吾). 仲은 자(字)이다. 원래 환공의 형 공자 규를 섬겼으나 후계다툼에서 패해 살해된 후 포숙아(鮑叔牙)의 추천으로 환공의 재상이 되어 그의 패업을 보좌했다. 환공은 관중을 중부(仲父)라고 불렀다.

11) 伍子胥(오자서): 춘추시대 오(吳)나라의 대부. 원래 초(楚)나라 출신이나 평왕(平王)의 박해를 피해 오나라로 망명해 오왕 합려(闔閭)가 초나라를 격파하고 패업을 이루도록 도왔다. 훗날 합려의 아들 부차(夫差)는 누차에 걸친 오자서의 간언에 노해 자살하도록 핍박했고, 결국 오나라는 월(越)나라에게 멸망당했다.

12) 倍(배): 등지다. 위배하다.

13) 慢(만): 냉대하다. 푸대접하다. 소홀히 하다.

14) 使能(사능): 유능한 인재를 부리다.

等(등): 등급을 매기다. 신분의 등급을 분명히 해서 혼란을 방지한다는 뜻이다.

序(서): 차례를 지키다. 질서정연하다.

15) 流(류): 체류(滯留)하다. 정체되다. '留(머무를 유)'와 통한다.

16) 分(분 fèn): 직분.

17) 施行(시행): 은혜를 베풀다. 시혜를 하사하다.

悖(패): 잘못되다. 착오가 생기다.

18) 捷成(첩성): 신속하게 완성하다.

道法之摠要

03 川淵深而魚鱉歸之[1], 山林茂而禽獸歸之, 刑政平而百姓歸之[2], 禮
　　천연심이어별귀지　산림무이금수귀지　형정평이백성귀지　　예

義備而君子歸之. 故禮及身而行修[3], 義及國而政明, 能以禮挾而貴名
의비이군자귀지　고예급신이행수　　의급국이정명　능이예협이귀명

白[4], 天下願[5], 令行禁止[6], 王者之事畢矣. 『詩』曰[7]: "惠此中國[8],
백　천하원　영행금지　왕자지사필의　시왈　　혜차중국

以綏四方[9]." 此之謂也. 川淵者, 魚龍之居也; 山林者, 鳥獸之居也;
이수사방　차지위야　천연자　어룡지거야　산림자　조수지거야

國家者, 士民之居也. 川淵枯則魚龍去之, 山林險則鳥獸去之, 國家
국가자　사민지거야　천연고즉어룡거지　산림험즉조수거지　국가

失政則士民去之. 無土則人不安居, 無人則土不守, 無道法則人不至,
실정즉사민거지　무토즉인불안거　무인즉토불수　무도법즉인부지

無君子則道不擧[10]. 故土之與人也, 道之與法也者, 國家之本作也[11].
무군자즉도불거　고토지여인야　도지여법야자　국가지본작야

君子也者, 道法之摠要也[12], 不可少頃曠也[13]. 得之則治, 失之則亂;
군자야자　도법지총요야　불가소경광야　득지즉치　실지즉란

得之則安, 失之則危; 得之則存, 失之則亡, 故有良法而亂者有之矣,
득지즉안　실지즉위　득지즉존　실지즉망　고유양법이란자유지의

有君子而亂者, 自古及今, 未嘗聞也[14].
유군자이란자　자고급금　미상문야

傳曰[15]: "治生乎君子, 亂生於小人." 此之謂也.
전왈　치생호군자　난생어소인　차지위야

「致士치사」

▌어휘 설명

1) 鼈(별): 자라.
   歸(귀): 몰려들다.

2) 平(평): 공평하다.

3) 及(급): 미치다. 관철되다.
   而(이): ~한다면 곧. 조건절의 결과 부사 '則(즉)'과 같다.

4) 挾(협): 보편화하다. 모든 방면에 두루 미치다. '浹(두루 미칠 협)'과 같다.
   貴名(귀명): 고귀한 명성.
   白(백): 현저하다. 훤히 드러나다.

5) 願(원): 앙모하다. 닮길 원하다.

6) 令行(영행): 명령을 반포하면 곧바로 실행할 수 있다.
   禁止(금지): 금령을 반포하면 곧바로 제지할 수 있다.

7) 詩(시): 『시경(詩經)』의 「대아(大雅)·민로(民勞)」.

8) 惠(혜): 은혜를 베풀다.
   中國(중국): 나라 안. 도성 안.

9) 綏(안): 위무(慰撫)하다. 어루만지다. 안심시키다.

10) 擧(거): 거행하다. 실행하다.

11) 本作(본작): 본원. 근본적인 출발점. 作은 시작하다는 뜻이다.

12) 摠要(총요): 총관(摠管). 총책임자. 총괄 관리자.

13) 少頃(소경): 잠시. 편각(片刻).
    曠(광): 비워두다. 빈 채로 방치하다. 빈자리가 생기다.

14) 未嘗(미상): 아직 ~한 적이 없다.

15) 傳(전): 고서(古書).

5. 隆禮重法(융례중법)

禮之所起

01

禮起於何也? 曰: 人, 生而有欲, 欲而不得, 則不能無求¹. 求, 而無
예기어하야   왈 인 생이유욕 욕이부득 즉불능무구   구 이무

度量分界², 則不能不爭; 爭則亂, 亂則窮³. 先王惡其亂也⁴, 故制禮
도량분계   즉불능부쟁 쟁즉란 난즉궁 선왕오기란야   고제예

義以分之⁵, 以養人之欲⁶, 給人之求⁷. 使欲必不窮於物⁸, 物必不屈
의이분지   이양인지욕   급인지구   사욕필불궁어물   물필불굴

於欲⁹. 兩者相持而長¹⁰, 是禮之所起也.
어욕   양자상지이장   시예지소기야

「禮論예론」

■ 어휘 설명

1) 求(구): 추구. 요구.
2) 度量(도량): 표준. 기준.
   分界(분계): 한계. 한도. 경계선.
3) 窮(궁): 곤경에 빠지다. 곤궁해지다.
4) 惡(오 wū): 싫어하다.
5) 制(제): 제정하다.
   分(분 fèn): 명분을 확정하다. 구성원의 등급, 지위, 직분 등을 획정하였다는 뜻이다.
6) 養(양): 보살피다. 조양(調養)하다.
7) 給(급): 만족시키다. 충족시키다.
8) 不窮於物(불궁어물): 물질로 인해 저하되다. 물질로 인해 곤경에 빠지지 않다.
9) 屈(굴 jué): 고갈되다. 소진하다.
10) 持(지): 견제하다. 제약(制約)하다.
    長(장 zhǎng): 늘어나다. 성장하다.

國命在禮

02 刑範正[1], 金錫美[2]; 工冶巧[3], 火齊得[4], 剖刑而莫邪已[5]. 然而不剝脫[6],
　　 형범정　금석미　공야교　화제득　부형이막야이　연이불박탈

不砥厲[7], 則不可以斷繩. 剝脫之, 砥厲之, 則劙盤盂 · 刿牛馬[8],
부지려　즉불가이단승　박탈지　지려지　즉이반우　문우마

忽然耳[9]. 彼國者, 亦強國之剖刑已. 然而不敎誨[10], 不調一[11], 則入不
홀연이　피국자　역강국지부형이　연이불교회　부조일　즉입불

可以守, 出不可以戰. 敎誨之, 調一之, 則兵勁城固[12], 敵國不敢嬰也[13].
가이수　출불가이전　교회지　조일지　즉병경성고　적국불감영야

彼國者, 亦有砥厲, 禮義節奏是也. 故人之命在天, 國之命在禮. 人君
피국자　역유지려　예의절주시야　고인지명재천　국지명재례　인군

彼隆禮尊賢而王[14], 重法愛民而霸[15], 好利多詐而危[16], 權謀傾覆幽
피융례존현이왕　　중법애민이패　　호리다사이위　　권모경복유

險而亡[17].
험이망

■ 어휘 설명

1) 刑範(형범): 거푸집. 기물을 주조하는 틀. 刑은 '型(가푸집 형)'과 통한다.
2) 金錫(금석): 동(銅)과 주석(朱錫).
   美(미): 재질이 좋다. 혼합 비율이 알맞다.
3) 工冶(공야): 야장(冶匠). 대장장이.
   巧(교): 공교(工巧)하다. 솜씨가 뛰어나다.
4) 火齊(화제 huǒ jì): 불 조절. 齊는 '劑(조제할 제)'의 고자(古字)이다.
   得(득): 알맞다. 적절하다. 적당하다. 고대에 청동기를 제련할 때 불 조절과 재료의 배합을 중시했다.
5) 剖(부): 쪼개다. 쪼개어 열다.
   莫邪(막야 mò yé): 춘추시대의 명검 장인의 이름이자 또한 그가 주조한 명검.
   已(이): 완성하다. 만들어지다.

6) 剝脫(박탈): 딱딱한 표면을 벗겨내다.

7) 砥厲(지려): 숫돌에 갈다. 厲는 '礪(거친 숫돌 여)'와 통하며, 여기서는 동사로 '갈다'의 뜻으로 쓰였다.

8) 劙(이 lí): 자르다. 가르다.

   盤盂(반우): 청동으로 된 대야와 사발. 고대에 검의 예리함을 시험하는 도구로 자주 사용했다.

   刎(문): 베다. 절단하다.

9) 忽然(홀연): 간단하고 쉽다. 매우 수월하다.

10) 教誨(교회): 가르치다. 교육하다.

11) 調一(조일): 일치단결하도록 조정하다.

12) 勁(경): 굳세다. 강력해지다.

    固(고): 견고하다.

13) 嬰(영): 침범하다. 건드리다. '攖(다가설 영)'과 통한다.

14) 而(이): ~한다면 곧. 조건절의 결과 부사 '則(즉)'과 같다.

    王(왕): 천하에 왕도정치를 펴다.

15) 霸(패): 패도정치를 하다. 제후들의 패자(霸者)가 되다.

16) 好(호 hào): 좋아하다. 선호하다.

17) 傾覆(경복): 남을 해쳐 구렁텅이로 몰아넣다.

    幽險(유험): 음험하다.

우리말 해석

1. 권학(勸學)

청출어람(青出於藍)

01 군자는 말한다. 배움은 중도에 그만둘 수 없다. 청색은 쪽빛에서 나왔지만 쪽빛보다 더 푸르고, 얼음은 물로 만들었지만 물보다 더 차다. 나무가 먹줄을 댈 만큼 곧아도 구워서 휘면 수레바퀴를 만들 수 있으며, 컴퍼스가 그린 원과 합치할 정도로 휘면 설사 다시 햇볕에 쬐어 말릴지라도 다시 펴지지 않는 것은 굽고 휘게 한 행위가 나무를 그렇게 변화시켰기 때문이다. 그러므로 나무는 먹줄을 대면 곧아지고, 쇠는 숫돌에 갈면 예리해지고, 군자는 널리 배우고 날마다 자주 자신을 성찰하면 견식이 고명해지고 과실이 사라진다. 그러므로 산에 오르지 않고는 하늘이 얼마나 높은지 모르며, 깊은 계곡을 굽어보지 않고서는 대지가 얼마나 두터운지 모르며, 윗대 성군이 남긴 말씀을 듣지 않으면 학문이 얼마나 광대한지 알지 못한다. 오월과 이맥의 자녀들이 태어나면서 우는 소리가 같으나 자라면서 풍속이 달라지니 교화가 그렇게 만든 것이다.

02 내가 일찍이 종일토록 사색을 했지만 잠깐의 배움만 못했다. 내가 일찍이 발돋움해 멀리 내다보았지만 높은 곳에 올라가 널리 보는 것만 못했다. 높은 곳에 올라가 손짓하면 팔이 더욱 길어진 것은 아니건만 멀리서도 보인다. 바람을 타고 소리 지르면 소리를 더욱 커진 것이 아니건만 뚜렷하게 들린다. 거마를 이용하면 발걸음이 재빠르지 않아도 천 리를 가며, 선박을 이용하면 헤엄에 능하지 않아도 강을 건너간다. 군자는 태어날 때부터 남다르지 않지만 바깥 사물을 잘 이용한다.

03 흙이 쌓여 산을 이루며 비바람이 거기에서 일어나고, 물이 모여 깊은 못을 이루며 교룡이 거기에서 자라나고, 선행이 쌓여 덕행이 빼어난 인물이 되며 정신이 자연히 슬기로워지고 성인의 마음을 갖추게 된다. 그러므로 반걸음이 쌓이지 않으면 천리에 이를 수 없으며, 작은 물줄기가 쌓이지 않으면 강과 바다를 이룰 수 없다. 천리마라도 한 번 도약해서 십 보 높이를 뛸 수 없으며, 둔한 말이라도 열흘을 걸으면 천 리 길을 걸을 수 있으니 성공 비결은 멈추지 않는 데에 있다. 조각을 하다가 중도에 멈추면 썩은 나무도 절단하지 못하며, 조각을 하며 중도에 멈추지 않으면 금석도 아로새길 수 있다. 지렁이는 날카로운 발톱과 이빨이 없고 강한 근육과 뼈가 없어도 위로는 먼지를 먹고 아래로는 지하수를 먹으니 마음이 한결같아서이다. 게는 여석 개의 발과 두 개의 집게발이 달렸으나 뱀이나 드렁허리의 소굴이 아니면 거처할 곳이 없는 것은 마음이 조급해서이다. 그러므로 묵묵히 연구에만 몰두하는 정신이 없으면 밝은 통찰력을 지닐 수 없으며, 묵묵히 일에만 몰두하는 실천

이 없으면 혁혁한 공적을 이룩할 수 없다.

2. 유자(儒者)

성군을 본받다(效法聖王)

01-1 진나라 소왕이 순자에게 말했다. "유학자는 세간의 나라에 무익하오?" 순자가 말했다. "유학자는
고대의 성왕을 본받고 예의를 숭상하며 삼가 신하의 본분을 지키고 자기 군주를 지극히 공경하는
사람입니다. 군왕이 그를 등용하면 조정에서 권세를 얻어 신하의 소임을 다하며, 써주지 않으면
물러나 백성의 대열에 편제되어 성실히 생활하며 반드시 순종하는 백성이 됩니다. 비록 살림살이
가 곤궁하여 헐벗고 굶주려도 부당한 수단으로 재물을 탐하지 않으며, 몸을 편안히 둘 집 한 채
없어도 사직을 유지해야할 대의를 밝히 알며, 큰 소리로 외치나 아무도 호응하지 않아도 그러나
만물을 관리하고 백성을 양육하는 강령을 통달합니다. 자리가 다른 사람 위에 있다면 군왕이 될
재목이며, 다른 사람 밑에 있다면 사직을 떠받치는 신하이자 나라임금의 보물이 됩니다. 설사 궁벽
한 마을의 누추한 집에 은거할지라도 그를 존경하지 않는 사람이 없으니 치국의 비결을 지니고
있기 때문입니다. …… 유학자는 조정에 있으면 조정을 아름답게 만들고, 백성이 되어서는 풍속을
아름답게 만듭니다. 유학자가 남의 신하가 될 때는 바로 이렇습니다."

유학자가 남의 군왕이 되면(其爲人上)

01-2 왕이 말했다. "그렇다면 유학자 그들이 남의 군왕이 되면 어떻게 될 것 같소?" 순자가 말했다.
"그들이 군왕 자리에 있으면 효과가 더욱 넓고 큽니다. 내면의 의지가 정립되어 흔들리지 않으며,
예의범절로써 조정을 바로 세우며, 법률준칙과 규장제도로 관부를 정돈하며, 충실·신의·인애·
이타심과 같은 덕목을 천하에 드러낼 것입니다. 조금이라도 불의를 행하고 한 명이라도 무고한
사람을 죽여 천하를 얻는 짓은 하지 않습니다. 이러한 군주의 도의가 사람들의 신임을 얻어 사방에
전파진다면 천하가 환호하며 호응할 것입니다. 이는 무슨 까닭이겠니까? 왜냐하면 존귀한 명성
이 혁혁하며 천하가 잘 치리되기 때문입니다. 그러므로 근처에 사는 자는 노래로 칭송하며 그를
좋아하고, 멀리 사는 자는 넘어지더라도 전력을 다해 달려옵니다. 사해 안이 마치 한 가족처럼
되며, 교통이 닿는 곳마다 복종하지 않은 사람이 없습니다. 이를 일러 백성의 스승이라고 합니다.
『시경』에 이르기를, '서쪽으로부터 동쪽까지, 남쪽으로부터 북쪽까지, 따르지 않는 이가 없네.'라고
했습니다. 대저 유학자 그들이 남의 신하로 있을 때는 저와 같았고, 남의 군왕이 되어서는 이와
같은데, 어떻게 세간의 나라에 무익하다고 말합니까?" 소왕이 말했다. "좋은 말씀이요!"

대유는 조정과 통합의 명인(大儒善調一)

02 조보는 천하의 명마부이나 수레와 말이 없으면 그의 재능을 발휘할 수 없다. 예는 천하의 명궁수이나 활과 화살이 없으면 그의 기교를 발휘할 수 없다. 대유는 천하를 조율하고 통합하는 데에 능수능란하지만 백 리의 땅이 없으면 그의 효능을 발휘할 수 없다. 수레가 견고하고 말은 가려 뽑았지만 멀리 하루에 천 리를 가지 못한다면 조보가 아니다. 활을 팽팽하게 조율하고 화살이 매우 곧지만 멀리까지 쏘고 미세한 표적을 명중하지 못한다면 예가 아니다. 백 리의 땅을 이용해 천하가 하나로 통합되도록 조정을 못한다면 대유가 아니다.

3. 성악(性惡)

성선설은 인위적이다(性善偽也)

01 인간의 본성은 악하며, 선하다는 주장은 인위적이다. 인간의 본성은 나면서부터 이득을 좋아하며, 이러한 본성을 따르므로 쟁탈이 일어나고 사양지심이 사라진다. 나면서부터 시기와 증오의 마음을 지니며, 이러한 본성을 따르므로 살해와 모함이 생겨나고 성실과 신의가 사라진다. 나면서부터 이목의 탐욕이 있어 음악과 미색을 좋아하며, 이러한 본성을 따르므로 음란한 일이 생겨나고 예의와 법도가 사라진다. 그렇다면 인간의 본성을 방종하여 인간의 정욕을 좇게 되면 반드시 쟁탈로 나아가며, 본분을 망각하고 예의법도를 어지럽히는 행위와 합류하여 폭력으로 귀착한다. 그러므로 반드시 법도 숭상의 교화와 예의로의 인도가 있은 다음에야 사양지심으로 나아가 예의와 법도를 준수하여 끝내 천하가 태평해진다. 이로써 보건대, 그렇다면 인간의 본성이 악한 것은 명확하며, 선하다는 주장은 인위적이다.

성악이 분명하다(性惡明矣)

02-1 맹자가 말했다. "인간의 본성은 선하다." 나는 말한다. 이는 그렇지 않다. 고금을 막론하고 천하의 이른바 선하다는 것은 반듯하고 합리적이며 평화롭고 질서를 지키는 것을 가리키고, 이른바 악하다는 것은 편벽되고 음험하며 패역하여 반란을 일으키는 것을 가리킨다. 이것이 바로 선함과 악함의 구별이다. 과연 인간의 본성은 원래 반듯하고 합리적이며 평화롭고 질서를 지킨다고 여기는가? 그렇다면 성군이 왜 필요하며 예의가 왜 필요한가? 비록 성군과 예의가 있을지라도 반듯하고 합리적이며 평화롭고 질서정연함에 무엇을 더 보태겠는가? 사실 그렇지 않으며, 인간의 본성은 악하다. 따라서 고대의 성인은 인간의 본성이 악하다고 여겼으며, 인간은 편벽되어 음험하고 반듯하지 않으며, 패역하여 반란을 일으키고 질서를 지키지 않는다고 여겨서 그들을 위해 군왕의 권세를 확립하여 그들을 통치하고, 예의를 밝혀 그들을 교화하고, 법치를 건립하여 그들을 관리하고, 형벌

을 무겁게 하여 그들을 제약함으로써 천하 만민 모두 질서를 지키는 것에서 출발하여 선한 행위에 부합하도록 하였다. 이것이 바로 성군의 치리이자 예의의 교화이다. 만약 군왕의 권세를 거둬들여 예의로 교화하지 않으며, 법치라는 관리를 폐지하여 형벌로 제약하지 않으며, 한쪽으로 비켜나서 천하의 민중이 서로 왕래하는 것을 방관한다고 가정해보자. 이와 같다면 강자가 약자를 해치고 그들의 것을 강탈할 것이며, 다수가 소수에게 횡포를 부리고 제압하려 들 것이며, 천하가 패역하여 반란을 일으켜서 각국이 서로 패망하기까지 오랜 시간이 걸리지 않을 것이다. 이렇게 볼 때, 그렇다면 인간의 본성이 악함은 명백하며 선하다는 주장은 인위적이다.

은괄의 출현(隱栝之生)

02-2 그러므로 고대에 대한 담론에 능한 사람은 반드시 이를 현대에 검증해보며, 하늘에 대한 담론에 능한 사람은 반드시 이를 인간에게서 검증해본다. 무릇 논설이란 증거의 부합과 증거의 징험을 중시한다. 그러므로 앉아서 논한 것을 일어서서 적용할 수 없으며, 이를 확장하여 실행에 옮길 수도 있다. 맹자는 인간의 본성은 착하다고 말했다. 부합하는 증거와 징험할 수 있는 증거가 없으며, 앉아서 말한 것을 일어서서 적용할 수 없으며 이를 확장해서 실행할 수도 없으니 어찌 오류가 심하지 않은가! 그러므로 본성이 선하다면 성군을 내치고 예의를 폐지하게 되며, 본성이 악하다면 성군을 찬동하고 예의를 중시하게 된다. 그러므로 목재 교정기구의 탄생은 구부러진 나무 때문이고, 먹줄과 먹통의 출현은 곧지 않은 목재가 있기 때문이다. 군왕을 세우고 예의를 밝히는 것은 본성이 악하기 때문이다. 이로써 보건대, 그렇다면 인간의 본성이 악함은 명백하며 선하다는 주장은 인위적이다. 곧은 목재는 교정하는 기구를 기다리지 않아도 곧은 것은 그 본성이 곧아서이다. 굽은 나무는 반드시 목재 교정기구로 바로잡고 훈증한 연후에야 곧아지는 것은 그 본성이 곧지 않아서이다. 인간의 본성은 악하다. 반드시 성인의 치리와 예의의 교화를 기다린 연후에야 질서를 준수하고 나아가 선함의 표준에 부합한다. 이로써 보건대, 그렇다면 인간의 본성이 악함은 명백하며 선하다는 주장은 인위적이다.

4. 군자(君子)

군자는 날마다 진보한다(君子日進)

01 초나라 왕이 외출할 때 뒤따르는 수레가 천 대가 되는 것은 그가 총명하기 때문이 아니며, 군자가 콩죽을 먹고 물을 마시는 것은 그가 어리석기 때문이 아니며, 이는 시세와 운명의 제약 때문에 그러하다. 만약 사상이 올바르고 덕행이 돈후하고 지모가 영민하고 지금에 태어나서 옛 것을 본받을 줄 안다면 이것들은 모두 자기에게 달린 일이다. 그러므로 군자는 자기에게 달린 일을 중시하고

하늘에 달린 일을 바라지 않으며, 소인은 자기에게 달린 일을 방기하고 하늘에 달린 일을 바란다. 군자는 자기에게 달린 일을 중시하고 하늘에 달린 일을 바라지 않으므로 이로 인해 날마다 진보하며, 소인은 자기에게 달린 일을 방기하고 하늘에 달린 일을 바라므로 이로 인해 날마다 퇴보한다. 그러므로 군자가 날마다 진보하는 까닭과 소인이 날마다 퇴보하는 까닭은 매한가지이다. 군자와 서인의 차이가 매우 큰 까닭이 바로 여기에 있다.

현사를 숭상하고 유능한 인재를 등용하다(尙賢使能)

02 논의할 때 성군을 본받으면 누구를 존중할지 알며, 도의에 맞게 일을 처리하면 무엇이 유용한 방책인지 안다. 논의할 때 누구를 존중할지 알면 무엇을 수양해야할지 알며, 일처리에 무엇이 유용한 방책인가 알면 어디서부터 행동을 개시할지 안다. 양자는 시시비비를 가리는 근본이자 성공과 실패의 근원이다. 성왕이 주공에 대하여 무엇을 하여도 듣지 않은 적이 없었으니 존중할 바를 알아서이다. 환공이 관중에 대하여 국가대사라면 무엇이든 듣지 않은 적이 없었으니 유용한 방책을 알아서이다. 오나라에 오자서가 있었으나 그의 간언을 듣지 않아 나라가 멸망에 이르렀으니 도리를 어기고 현인을 잃어서이다. 성인을 높이는 군주는 천하의 왕이 되고, 현사(賢士)를 존중하는 군주는 제후를 제패하고, 현사를 공경하는 군주는 생존하고, 현사를 냉대한 군주는 멸망하였으니 고금을 막론하고 일치한다. 현사를 숭상하고, 유능한 인재를 등용하고, 신분의 귀천을 명확히 하고, 친소를 구분하고, 장유의 질서가 엄격한 이것이 바로 고대 성군의 도리이다. 현사를 숭상하고, 유능한 인재를 등용하면 군주가 높아지고 신민이 안녕을 구가하며, 신분의 귀천을 명확하면 명령이 실행되고 체류하지 않으며, 친소에 따라 직분을 구분하면 시혜가 하달되어 착오가 생기지 않으며, 장유의 질서가 엄격하면 사업을 신속히 완성하여 쉴 수 있다.

도리와 법제의 총관(道法之總要)

03 강과 호수가 깊으면 물고기와 자라가 그곳으로 모여들고, 산림이 무성하면 날짐승과 들짐승이 그곳으로 모여들고, 형벌과 법령이 공정하면 백성이 그곳으로 모여들고, 예제와 도의가 완비되면 군자가 그곳으로 모여든다. 그러므로 예제가 자신에게 관철되면 품행이 향상되고, 도의가 국가에 관철되면 정치가 투명해진다. 예제를 모든 방면에 두루 관철시키면 고귀한 명성이 현저하여 천하 사람이 앙모하여 법령을 반포하면 곧바로 시행되고 금지령을 내리면 곧바로 제지할 수 있어 천하의 왕이 되는 대업이 마침내 이루어진다. 『시경』에 이르기를, "우리 도성을 사랑하사 온 나라 편안케 하소서."라고 하였다. 강과 호수는 물고기와 용이 사는 곳이고, 산림은 날짐승과 들짐승이 사는 곳이고, 국가는 선비와 백성이 사는 곳이다. 강과 호수가 메마르면 물고기와 용이 그곳을 떠나고, 산림이 험준하면 날짐승과 들짐승이 그곳을 떠나고, 국가가 실정을 하면 선비와 백성이 그곳을 떠난다.

토지가 없으면 백성이 편안히 거처할 곳이 없으며, 백성이 없으면 토지를 지키지 못하며, 확고한 원칙과 법제가 없으면 백성이 모여들지 않으며, 군자가 없으면 확고한 원칙이 시행되지 않는다. 그러므로 토지와 백성, 확고한 원칙과 법제는 국가의 근본적인 출발점이다. 군자는 확고한 원칙과 법제의 총괄 관리자로 잠시라도 자리를 비워둘 수 없다. 그를 얻으면 나라가 다스려지고 그를 잃으면 나라가 혼란에 빠진다. 그를 얻으면 나라가 안정을 찾고 그를 잃으면 나라가 위태로워진다. 그를 얻으면 나라를 보전할 수 있고 그를 잃으면 나라가 망한다. 그러므로 양호한 법제를 가지고서도 혼란에 빠진 나라가 있을 수 있으나 군자를 기지고서 혼란에 빠진 나라는 예부터 지금까지 들어본 적이 없다. 고서에 이르기를, "치리는 군자로부터 나오고, 국난은 소인으로부터 나온다."라고 했는데 바로 이를 두고 하는 말이다.

5. 융례중법(隆禮重法)

예의 기원(禮之所起)

01 예는 어디에서 기원하는가? 대답한다. 인간은 나면서부터 욕심이 있고 뭔가 욕망하나 얻지 못하면 추구할 수밖에 없다. 추구만 하고 표준이나 한계선이 없으면 서로 쟁탈하지 않을 수 없다. 쟁탈하면 변란이 일어나고, 변란이 일어나면 천하가 곤경에 빠진다. 고대의 성군은 이러한 변란을 싫어했으므로 예의를 제정해서 각자의 본분을 확정함으로써 사람들의 욕심을 보살피고 사람들의 요구를 충족시켜 주어 욕심이 물질로 인해 저하되지 않도록 하였고, 물질이 욕심으로 인해 고갈되지 않도록 했다. 양자가 서로 견제하며 성장하는 것, 바로 이것이 예의 기원이다.

국가 명운이 예의에 달려있다(國命在禮)

02 거푸집이 반듯하고 구리와 주석의 재질과 양이 알맞으며, 대장장이의 솜씨가 교묘하고 불 조절이 적당할 때 거푸집을 열면 명검 막사가 주조된다. 그러나 거친 표면을 매끈하게 긁어내지 않고 숫돌에 연마하지 않으면 새끼줄도 끊을 수 없다. 거친 표면을 매끈하게 긁어내고 숫돌에 연마하면 청동대야와 청동사발을 잘라내며 소와 말을 베는 것은 식은 죽 먹기이다. 그런 국가는 또한 강대국이 방금 거푸집에서 꺼낸 명검이다. 그러나 백성을 가르치지 않고 일치단결 시키지 않는다면 나라 안을 지킬 수 없으며 나라 밖에서 전쟁을 수행할 수 없다. 가르치고 일치단결시킨다면 군대가 강성해지고 성이 견고해져 적국이 감히 침범하지 못한다. 그런 국가는 또한 숫돌이 있으니 예의법도가 바로 이것이다. 그러므로 사람의 명운은 하늘에 달려있고 국가의 명운은 예의에 달려있다. 군왕이 예의를 숭상하고 현인을 떠받들면 천하의 왕이 되고, 법을 중시하고 백성을 사랑하면 제후를 호령하는 패권군주가 되며, 권모술수와 침략과 기만에 힘쓰면 망국에 이른다.

제5장

1. 反尙古(반상고)

鄭人買履

01 鄭人有欲買履者¹, 先自度其足², 而置之其坐³. 至之市, 而忘操
　　정인유욕매리자　선자탁기족　이치지기좌　지지시　이망조

　　之⁴. 已得履⁵, 乃曰: "吾忘持度⁶." 反歸取之⁷. 及反, 市罷⁸, 遂不得
　　지　이득리　내왈　오망지도　반귀취지　급반　시파　수부득

　　履⁹. 人曰¹⁰: "何不試之以足¹¹?" 曰: "寧信度¹², 無自信也¹³."
　　리　인왈　하불시지이족　왈　영신도　무자신야

「外儲說左上외저설좌상·說三설3」

■ 어휘 설명

1) 鄭(정): 춘추시대의 소국. 전국시대에 한(韓)나라에 의해 멸망했다.

　 履(리): 신. 신발.

2) 度(탁 duó): 치수를 재다.

3) 置(치): 놓아두다.

　 坐(좌): 좌석. 앉았던 자리. '座(자리 좌)'와 통한다.

4) 操(조): 가져가다.

5) 得(득): 고르다. 선택하다.

6) 度(도 dù): 치수. 집에서 재어놓은 치수를 가리킨다.

7) 反歸(반귀): 되돌아가다. 反은 '返(돌아올 반)'과 같다.

8) 罷(파): 파하다. 파시(罷市)하다. 철시(撤市)하다.

9) 遂(수 suì): 결국. 끝내.

　 得(득): 사다. 구입하다.

10) 人(인): 사람들. 어떤 사람.

11) 試(시): 신어보다. 착용하다.

12) 寧(영 níng): 차라리. 차라리 ~할지언정.

13) 自信(자신): 자신의 발을 신뢰하다.

■ 어휘 설명

寧(영)

① 차라리

　 寧爲玉碎, 不爲瓦全(영위옥쇄, 불이와전) 차라리 옥쇄할지언정 구차하게 생명을 보전하지 않는다.

② 어찌, 어떻게

　 寧知此爲歸骨所(영지차위귀골소) 이곳이 뼈를 묻을 곳일 줄 어찌 알았으리?

③ 안녕하다, 평안하다

　 雖雞狗不得寧焉(수계구부득녕언) 닭과 개조차도 평안할 수 없다.

守株待兎

02 上古之世, 人民少而禽獸衆, 人民不勝禽獸蟲蛇[1], 有聖人作, 搆木爲
상고지세 인민소이금수중 인민불승금수충사 유성인작 구목위

巢[2], 以避群害[3], 而民悅之, 使王天下[4], 號曰有巢氏[5]. 民食果蓏蚌蛤[6],
소 이피군해 이민열지 사왕천하 호왈유소씨 민식과라방합

腥臊惡臭而傷害腹胃[7], 民多疾病, 有聖人作, 鑽燧取火以化腥臊[8], 而
성조악취이상해복위 민다질병 유성인작 찬수취화이화성조 이

民說之[9], 使王天下, 號之曰燧人氏[10]. 中古之世, 天下大水[11], 而鯀·
민열지 사왕천하 호지왈수인씨 중고지세 천하대수 이곤

禹決瀆[12]. 近古之世, 桀·紂暴亂[13], 而湯·武征伐[14]. 今有搆木鑽燧
우결독 근고지세 걸 주포란 이탕 무정벌 금유구목찬수

於夏后氏之世者[15], 必爲鯀·禹笑矣[16]. 有決瀆於殷·周之世者,
어하후씨지세자 필위곤 우소의 유결독어은 주지세자

必爲湯·武笑矣. 然則今有美堯·舜·湯·武·禹之道於當今之世
필위탕 무소의 연즉금유미요 순 탕 무 우지도어당금지세

者[17], 必爲新聖笑矣. 是以聖人不期脩古[18], 不法常可[19], 論世之事[20],
자 필위신성소의 시이성인불기수고 불법상가 논세지사

因爲之備[21]. 宋人有耕田者, 田中有株[22], 兎走, 觸株折頸而死[23],
인위지비 송인유경전자 전중유주 토주 촉주절경이사

因釋其耒而守株[24], 冀復得兎[25], 兎不可復得, 而身爲宋國笑[26].
인석기뢰이수주 기부득토 토불가부득 이신위송국소

今欲以先王之政, 治當世之民, 皆守株之類也.
금욕이선왕지정 치당세지민 개수주지류야

「五蠹오두」

▌어휘 설명

1) 勝(승): 견디다. 참아내다.

2) 搆木爲巢(구목이소): 나무를 엮어 움집을 만들다. 나무 위에 움막을 짓는 것을 말한다.

3) 群害(군해): 여러 가지 재해. 각종 짐승으로부터의 침해.

4) 使(사): 추대하다.

5) 有巢氏(유소씨): 중국의 상고시대 신화 속 인물 혹은 씨족. 황하문명의 주거형태가 혈거(穴居)에서 움집 거주로 발전한 단계를 상징한다.

6) 果蓏(과라): 야생 초목의 열매.
　蚌蛤(방합): 조개. 해산물을 상징한다.

7) 腥臊(성조): 비린내와 누린내.
　腹胃(복위): 복부의 위장.

8) 鑽燧(찬수 zuān suì): 나무를 문지르고 부싯돌에 비비다.
　化(화): 없애다. 제거하다. 희석하다.

9) 說(열 yuè): 좋아하다. 우러러보다.

10) 燧人氏(수화씨): 중국의 상고시대 신화 속 불을 발견한 인물 혹은 모계씨족. 구석기시대에 수렵을 하면서 짐승을 향해 내려치는 돌멩이와 산의 바위가 부딪힐 때 일어나는 불꽃을 보고 부싯돌로 불을 취하는 방식을 발명하였다고 전한다.

11) 大水(대수): 홍수가 나다.

12) 鯀(곤): 중국 고대 하(夏)나라 우(禹)임금의 아버지.
　禹(우): 하후씨(夏后氏)의 수령이자 하나라를 개국한 군왕. 황하 치수에 공을 세워 순(舜)임금으로부터 제위(帝位)를 선양(禪讓)받았다고 전한다.
　決瀆(결독): 강둑을 터다. 하천의 둑을 터서 큰 강으로 흐르도록 유도한다는 뜻이다.

13) 桀(걸): 하(夏)왕조의 마지막 임금. 정사를 외면하고 여색을 밝힌 폭군으로 평가받는다.
　紂(주): 은상(殷商)왕조의 마지막 군왕. 주색에 빠져 방탕과 사치를 마다하지 않았고, 간쟁(諫諍)하는 충신을 잔혹한 형벌로 죽이는 폭정을 일삼았다고 전한다.

14) 湯(탕): 하나라 걸왕을 쫓아내고 상(商)왕조를 개국한 군왕.
　武(무): 은상의 주왕을 쫓아내고 주(周)왕조를 개국한 군왕.

15) 夏后氏之世(하후씨지세): 우(禹)임금의 치세.

16) 笑(소): 비웃음을 당하다. '爲A笑'구절은 'A에게 웃음거리가 되다'라고 해석한다.

17) 美(미): 찬미하다. 미화하다. 칭송하다.

18) 期脩古(기수고): 옛 방식을 그대로 배우길 바라다.

19) 法常可(법상가): 불변의 제도로 떠받들고 본받다.

20) 論世之事(논세지사): 당대의 사정을 따지다. 현시대의 여건을 연구검토하다.

21) 因(인): 인하여. 의거하여.

　　備(비): 대비하다. 조치하다. 여기서는 상응하는 대책을 마련한다는 뜻이다.

22) 株(주): 그루터기.

23) 觸(촉): 부딪히다.

　　折頸(절경): 목이 꺾어지다. 목이 부러지다.

24) 釋(석): 손에서 놓다. 내팽개치다.

　　耒(뢰 lěi) : 쟁기. 가래. 땅을 일구는 농기구이다.

25) 冀(기): 바라다. 기대하다.

　　復(부): 다시.

邦國五蠹

03 是故亂國之俗¹, 其學者則稱先王之道², 以籍仁義³, 盛容服而飾辯
　　　시 고 난 국 지 속　　기 학 자 즉 칭 선 왕 지 도　　이 자 인 의　　성 용 복 이 식 변

說⁴, 以疑當世之法而貳人主之心⁵. 其言古者⁶, 爲設詐稱⁷, 借於外
설　　이 의 당 세 지 법 이 이 인 주 지 심　　기 언 고 자　　위 설 사 칭　　차 어 외

力, 以成其私而遺社稷之利⁸. 其帶劍者⁹, 聚徒屬¹⁰, 立節操¹¹, 以顯
력　　이 성 기 사 이 유 사 직 지 리　　기 대 검 자　　취 도 속　　입 절 조　　이 현

其名而犯五官之禁¹². 其患御者¹³, 積於私門¹⁴, 盡貨賂而用重人之
기 명 이 범 오 관 지 금　　기 환 어 자　　적 어 사 문　　진 화 뢰 이 용 중 인 지

謁¹⁵, 退汗馬之勞¹⁶. 其商工之民, 修治苦窳之器¹⁷, 聚弗靡之財¹⁸, 蓄
알　　퇴 한 마 지 로　　기 상 공 지 민　　수 치 고 유 지 기　　취 불 미 지 재　　축

積待時而侔農夫之利¹⁹. 此五者, 邦之蠹也²⁰. 人主不除此五蠹之民,
적 대 시 이 모 농 부 지 리　　차 오 자　　방 지 두 야　　인 주 부 제 차 오 두 지 민

不養耿介之士²¹, 則海內雖有破亡之國, 削滅之朝²², 亦勿怪矣.
불 양 경 개 지 사　　즉 해 내 수 유 파 망 지 국　　삭 멸 지 조　　역 물 괴 의

「五蠹오두」

▌어휘 설명

1) 俗(소): 습속. 풍기. 나라를 좀먹는 다섯 가지 악습을 가리킨다.

2) 學者(학자): 유학자(儒學者).

　稱(칭): 일컫다. 입에 달고 살다.

3) 籍(자 jiè): 빌리다. 앞세우다. 선양하다. '藉(빌릴 자)'와 같다.

4) 盛(성): 매우 중시하다. 성대히 꾸리다.

　飾(식): 꾸미다. 교묘히 치장하다.

5) 疑(의): 회의하다. 이의를 제기하다.

　貳(이): 둘이 되게 하다. 마음을 흔들어 다른 생각이 들게 한다는 뜻이다.

6) 言古者(언고자): 고대 제도를 언급하는 자. 종횡가(縱橫家)를 가리킨다.

7) 爲設詐稱(위설사칭): 가설을 세워 거짓되게 일컫다. 사실을 날조해 사기를 치다.

8) 成其私(성기사): 사익을 채우다. 사적인 목표를 달성하다.

遺(유): 방기하다. 내팽개치다.

9) 帶劍者(대검자): 검을 지니고 다니는 자. 유협(遊俠) 또는 자객(刺客)을 가리킨다.

10) 聚(취): 취합하다. 끌어 모으다.

徒屬(도속): 무리. 도당. 문도.

11) 立(입): 내세우다. 표방하다.

節操(절조): 지조. 의리. 절개 있는 몸가짐.

12) 顯其名(현기명): 명성을 떨치다.

五官之禁(오관지금): 다섯 관청의 금령. 곧 국가의 법령을 가리킨다. 『禮記(예기)·曲禮下(곡례하)』
에 "천자의 오관을 사도(司徒, 토지와 호구 담당), 사마(司馬, 군정 담당), 사공(司空, 건설 담당),
사사(司士, 봉록 담당), 사구(司寇, 치안 담당)이라 한다."라고 기록하였다.

13) 患御(환어): 병역을 염려하다. 병역을 기피하다.

14) 私門(사문): 고관대작의 사택(私宅).

15) 盡貨賂(진화뢰): 온갖 뇌물을 바치다.

重人(중인): 권세가. 세도가.

謁(알): 청탁.

16) 汗馬之勞(한마지로): 말을 타고 싸우는 수고. 전장에서 직접 싸우는 노고를 뜻한다.

17) 修治(수치): 제조하다. 만들어내다.

苦窳之器(고유지물): 품질이 조잡하고 고장이 잘나는 기물.

18) 弗靡之財(불미지재): 사치스런 재물.

19) 侔(모): 꾀하다. 취하다.

利(리): 이익. 여기서는 폭리(暴利)를 가리킨다.

20) 蠹(두 dù): 좀. 책이나 의복을 갉아먹는 벌레이며, 해악을 끼치는 사람을 가리킨다.

21) 耿介之士(경개지사): 강직하고 아부하지 않는 선비.

22) 削滅(삭멸 xuē miè): ① 소멸하다. 削은 '消(사라질 소)'와 같다. ② 영토가 깎이고 국운이 소멸하다.

朝(조): 조정.

2. 法(법)

王良御馬

01 夫良馬固車, 使臧獲御之則爲人笑[1], 王良御之而日取千里[2], 車馬
부 량 마 고 차 사 장 획 어 지 즉 위 인 소 왕 량 어 지 이 일 취 천 리 거 마

非異也, 或至乎千里, 或爲人笑, 則巧拙相去遠矣[3]. 今以國位爲車[4],
비 이 야 혹 지 호 천 리 혹 위 인 소 즉 교 졸 상 거 원 의 금 이 국 위 위 거

以勢爲馬, 以號令爲轡[5], 以刑罰爲鞭筴[6], 使堯·舜御之則天下治,
이 세 위 마 이 호 령 위 비 이 형 벌 위 편 협 사 요 순 어 지 즉 천 하 치

桀·紂御之則天下亂, 則賢不肖相去遠矣. 夫欲追速致遠[7], 不知任
걸 주 어 지 즉 천 하 란 즉 현 불 초 상 거 원 의 부 욕 추 속 치 원 부 지 임

王良[8]; 欲進利除害, 不知任賢能; 此則不知類之患也[9]. 夫堯·舜亦
왕 량 욕 진 리 제 해 부 지 임 현 능 차 즉 부 지 류 지 환 야 부 요 순 역

治民之王良也.
치 민 지 왕 량 야

「難勢난세」

▌어휘 설명

1) 臧獲(장획): 노비. 종복. 고대에 노비를 낮추어 부르던 말이다.

　御(어): 몰다.

2) 王良(왕량): 춘추시대 진(晉)나라 조양자(趙襄子)의 마부. 마차를 잘 몰아 유명했다.

3) 巧拙(교졸): 마차를 모는 기교의 고하.

　相去(상거): 차이. 상호간의 거리.

4) 國位(국위): 국군(國君)이라는 자리. 여기서는 나라를 가리킨다.

5) 轡(비): 고삐.

6) 鞭筴(편책): 채찍.

7) 追速致遠(추속치원): 신속히 질주하여 먼 길을 가다.

8) 任(임): 맡기다. 일임하다.
9) 類(류): 유비(類比). 한 사물의 특성을 보고 유사한 다른 사물의 특성을 유추하는 일.
   患(환): 단점. 결함.

何必待王良乎

02 且夫百日不食以待粱肉[1], 餓者不活; 今待堯·舜之賢乃治當世之民,
차 부 백 일 불 식 이 대 양 육　아 자 불 활　금 대 요　순 지 현 내 치 당 세 지 민

是猶待粱肉而救餓之說也[2]. 夫曰: "良馬固車, 臧獲御之則爲人笑,
시 유 대 양 육 이 구 아 지 설 야　부 왈　양 마 고 거　장 획 어 지 즉 위 인 소

王良御之則日取乎千里", 吾不以爲然[3]. 夫待越人之善海遊者以救中
왕 량 어 지 즉 일 취 호 천 리　오 불 이 위 연　부 대 월 인 지 선 해 유 자 이 구 중

國之溺人[4], 越人善游矣, 而溺者不濟矣[5]. 夫待古之王良以馭今之馬[6],
국 지 익 인　월 인 선 유 의　이 익 자 부 제 의　부 대 고 지 왕 량 이 어 금 지 마

亦猶越人救溺之說也, 不可亦明矣. 夫良馬固車, 五十里而一置,
역 유 월 인 구 익 지 설 야　불 가 역 명 의　부 양 마 고 차　오 십 리 이 일 치

使中手御之[7], 追速致遠, 可以及也[8], 而千里可日致也, 何必待古之
사 중 수 어 지　추 속 치 원　가 이 급 야　이 천 리 가 일 치 야　하 필 대 고 지

王良乎! 且御, 非使王良也[9], 則必使臧獲敗之[10]; 治, 非使堯·舜也,
왕 량 호　차 어　비 사 왕 량 야　즉 필 사 장 획 패 지　치　비 사 요　순 야

則必使桀·紂亂之[11]. 此味非飴蜜也[12], 必苦菜·亭歷也[13]. 此則積
즉 필 사 걸　주 난 지　차 미 비 이 밀 야　필 고 채　정 력 야　차 즉 적

辯累辭[14], 離理失術[15], 兩末之議也[16].
변 누 사　이 리 실 술　양 말 지 의 야

「難勢난세」

▌ 어휘 설명

1) 粱肉(양육): 기장밥과 고기반찬. 훌륭한 음식을 비유하며, 잘 차린 음식 한 상을 가리킨다.
2) 猶(유): ~와 같다.
　救餓(구아): 기아를 구제하다. 굶어죽는 것을 살려내다.
3) 以爲然(이위연): 그렇다고 여기다.
4) 中國(중국): 중원(中原)지역.

溺人(익인): 말에 빠진 사람.

5) 濟(제): 건지다. 구출하다.

6) 馭(어): 말을 몰다. 말을 부리다.

7) 中手(중수): 중간 수준의 마부.

8) 及(급): 성공하다. 목표를 달성하다.

9) 使(사): 시키다. 맡기다.

10) 敗(패): 망치다.

11) 亂(난): 혼란에 빠뜨리다.

12) 飴蜜(이밀): 엿과 꿀. 곧 단맛을 말한다.

13) 苦菜(고채): 국화과의 약재식물. 잎의 맛이 매우 쓰다. '苦萊(고래)'로 된 판본도 많다.
    亭歷(정력): 일년생 약용식물. 씨앗의 맛이 매우 쓰다. '葶藶(정력)'으로도 표기한다.

14) 積辯累辭(적변누사): 군말. 미사여구와 군더더기가 많은 변설.

15) 離理失術(이리실술): 상리에서 벗어난 이론.

16) 兩末之議(양말지의): 극단적인 주장.

買櫝還珠

03 楚王謂田鳩曰[1]: "墨子者, 顯學也[2]. 其身體則可[3], 其言多而不辯
초 왕 위 전 구 왈   묵 자 자   현 학 야   기 신 체 즉 가   기 언 다 이 불 변

何也[4]?" 曰: "昔秦伯嫁其女於晉公子[5], 令晉爲之飾裝[6], 從衣文之滕
하 야   왈   석 진 백 가 기 녀 어 진 공 자   영 진 위 지 식 장   종 의 문 지 잉

七十人[7], 至晉, 晉人愛其妾而賤公女[8], 此可謂善嫁妾而未可謂善嫁
칠 십 인   지 진   진 인 애 기 첩 이 천 공 녀   차 가 위 선 가 첩 이 미 가 위 선 가

女也. 楚人有賣其珠於鄭者[9], 爲木蘭之櫃[10], 薰以桂椒[11], 綴以珠玉[12],
녀 야   초 인 유 매 기 주 어 정 자   위 목 란 지 궤   훈 이 계 초   철 이 주 옥

飾以玫瑰[13], 輯以翡翠[14], 鄭人買其櫝而還其珠[15], 此可謂善賣櫝矣,
식 이 매 괴   집 이 비 취   정 인 매 기 독 이 환 기 주   차 가 위 선 매 독 의

未可謂善鬻珠也[16]. 今世之談也, 皆道辯說文辭之言[17], 人主覽其文
미 가 위 선 육 주 야   금 세 지 담 야   개 도 변 설 문 사 지 언   인 주 람 기 문

而忘有用[18]. 墨子之說, 傳先王之道, 論聖人之言以宣告人[19], 若辯其
이 망 유 용   묵 자 지 설   전 선 왕 지 도   논 성 인 지 언 이 선 고 인   약 변 기

辭, 則恐人懷其文忘其直[20], 以文害用也. 此與楚人鬻珠, 秦伯嫁女同
사   즉 공 인 회 기 문 망 기 치   이 문 해 용 야   차 여 초 인 육 주   진 백 가 녀 동

類, 故其言多不辯."
류   고 기 언 다 불 변

「外儲說左上외저설좌상 · 說一설1」

■ 어휘 설명

1) 田鳩(전구): 전국시대 제나라 사람으로 묵자의 제자. 전구자(田俅子), 전양자(田襄子), 전계(田系)
   등 여러 이름으로 불린다.
2) 顯學(현학): 저명한 학자. 명성이 자자한 학자.
3) 身體(신체): 몸소 체험하다. 몸으로 실천하다.
4) 不辯(불변): 어눌하다. 말주변이 없다. 변재(辯才)가 부족하다.

5) 秦伯(진백): 진나라 임금. 춘추시대 각국 제후는 공(公), 후(侯), 백(伯) 등 작위로 불렸다.

6) 爲之飾裝(위지식장): 그녀를 위해 거처를 장식하다.

7) 從(종): 딸려 보내다.

   衣文(의문): 옷이 화려하다. 화려한 옷을 입다.

   媵女(잉녀): 시집 갈 때 함께 데리고 가는 하녀와 몸종.

8) 賤(천): 천대하다. 천시하다.

9) 珠(주): 진주.

   鄭(정): 춘추전국시대의 제후국. 중국의 법제와 법가사상의 주요 발상지역이다.

10) 爲(위): 만들다. 제작하다.

   木蘭(목란): 목련과에 속한 낙엽 교목으로, 무늬가 매우 세세하고 향이 좋은 향나무.

   櫃(궤): 함. 상자.

11) 薰(훈): 훈증하다. 향내를 쐬다.

   桂椒(계초): 계피와 산초.

12) 綴(철): 점철(點綴)하다. 장식(裝飾)하다.

13) 玫瑰(매괴): 아름다운 옥돌.

14) 輯(집): 모으다. 연결하다. '緝(이을 집)'과 같다.

   翡翠(비취): 보석 가치가 높은 취옥(翠玉). '羽翠(우취, 물총새의 깃털)'로 된 판본도 있다.

15) 還(환 huàn): 돌려주다. 반환하다.

16) 鬻(육 yù): 팔다.

17) 道(도): 말하다.

   辯說文辭(변설문사): 능숙한 웅변(雄辯)과 미려한 수사(修辭).

18) 覽(람): 살피다. 바라보다.

   文(문): 문채. 표면적인 말솜씨.

   用(용): 실용성. 유용성.

19) 論(논): 천명하다.

   宣告(선고): 널리 일러주다.

20) 懷(회): 유의하다. 기억하다.

   直(치): 가치. 내재적 가치. '値(값 치)'와 통한다.

吳起吮膿

04 吳起爲魏將而攻中山[1], 軍人有病疽者[2], 吳起跪而自吮其膿[3], 傷者
오 기 위 위 장 이 공 중 산　　군 인 유 병 저 자　　오 기 궤 이 자 연 기 농　　상 자

之母立泣[4], 人問曰: "將軍於若子如是, 尚何爲而泣?"　對曰: "吳起
지 모 입 읍　　인 문 왈　　장 군 어 약 자 여 시　　상 하 위 이 읍　　대 왈　　오 기

吮其父之創而父死, 今是子又將死也, 今吾是以泣."
연 기 부 지 창 이 부 사　　금 시 자 우 장 사 야　　금 오 시 이 읍

「外儲說左上외저설좌상·說三설3」

▎어휘 설명

1) 吳起(오기): 전국시대 초기의 병법가(B.C.440~B.C.381). 위(衛)나라 출신으로 노(魯), 위(魏), 초
(楚) 세 나라를 섬기면서 내정과 군사 두 방면 모두 탁월한 성취를 이루었다.

   爲魏將(위위장): 위나라 장수가 되다.

   中山(중산): 춘추전국시대에 조(趙)와 연(燕) 사이에 있던 나라. 백적(白狄)의 일족으로 도성이었던
영수(靈壽, 지금의 하북 영수현 소재) 안에 산이 있어 국명을 중산이라고 했다.

2) 病疽(병저): 등창을 앓다. 악성종기가 나다. 등에 큰 부스럼이 나다.

3) 跪(궤): 꿇어앉다.

   吮其膿(연기농): 상처에 난 고름을 입으로 빨다.

4) 傷者(상자): 부상병.

   立(입): 즉시. 곧장. 금방.

   若(약): 당신. 이인칭 대명사이다.

5) 尙(상): 오히려.

6) 創(창): 상처. 부상당한 부위.

7) 是以(시이): 이로써. 이 때문에.

▌ 어휘 설명

爲(위)

① 되다(wéi)

出爲幽州刺史(출위유주자사) 밖으로 나가 유주자사가 되었다.

② 하다(wéi)

諸臣不知所爲(제신부지소위) 신하들이 어찌할 바를 몰랐다.

③ 짓다, 만들다(wéi)

應聲便爲詩(응성변위시) 대답하자마자 시를 지었다.

④ 위하여, 대신하여(wèi)

臣請爲王言樂(신청위왕언악) 신은 왕을 위하여 음악을 이야기하겠습니다.

⑤ 때문에(wèi)

仕非爲貧也, 而有時乎爲貧(사비위빈야, 이유시호위빈) 벼슬을 가난 때문에 하지 않지만 때로는 가난때문에 한다.

⑥ 하게 되다. 하는 바 되다(wéi)

爲鄉里所患(위향리소환) 향리의 걱정거리가 되었다.

宋人酤酒

05 宋人有酤酒者¹, 升槪甚平², 遇客甚謹³, 爲酒甚美⁴, 縣幟甚高⁵, 著然
송인유고주자　승개심평　우객심근　위주심미　현치심고　저연

不售⁶, 酒酸⁷, 怪其故⁸, 問其所知閭長者楊倩⁹, 倩曰: "汝狗猛耶."
불수　주산　괴기고　문기소지여장자양천　천왈　여구맹야

曰: "狗猛則酒何故而不售¹⁰?" 曰: "人畏焉. 或令孺子懷錢挈壺甕而
왈　구맹칙주하고이불수　　왈　인외언　혹영유자회전설호옹이

往酤¹¹, 而狗迓而齕之¹², 此酒所以酸而不售也¹³." 夫國亦有狗, 有道
왕고　이구아이흘지　차주소이산이불수야　부국역유구　유도

之士懷其術而欲以明萬乘之主¹⁴, 大臣爲猛狗迎而齕之, 此人主之所
지사회기술이욕이명만승지주　대신위맹구영이흘지　차인주지소

以蔽脅¹⁵, 而有道之士所以不用也¹⁶.
이폐협　이유도지사소이불용야

「外儲說右上외저설우상·說三설3」

■ 어휘 설명

1) 酤酒(고주): 술을 팔다. 酤는 술을 팔고 사는 뜻이 모두 포함되어 있다.

2) 升槪(승개): 술의 양을 재다. 升은 술의 양을 재는 용기이고, 槪는 저울대로 무게를 달 때 저울추를 걸어 평형을 잡아주는 나무막대기이다.
   平(평): 공평하다. 정직하다.

3) 遇客(우객): 손님을 대하다. 고객을 맞이하다.
   謹(근): 친절하다. 공경스럽다.

4) 爲酒(위주): 술을 담그다. 양조(釀造)하다.
   美(미): 맛이 뛰어나다.

5) 縣(현): 매달다. '懸(매달 현)'과 같다.
   幟(치): 기치. 깃발. 현수막.

6) 著然(저연): 아예. 참으로. 눈에 띄게.
   不售(불수): 팔리지 않다.

7) 酸(산): 시다. 시큼하다. 시어버리다.

8) 故(고): 연고. 까닭. 원인.

9) 閭長者(여장자): 마을의 연장자. 閭는 마을 입구에 세운 문으로, 마을을 가리킨다.

10) 不售(불수): 팔리지 않다.

11) 或(혹): 혹자. 어떤 사람.

   孺子(유자): 어린아이.

   挈壺罋(설호옹): 술 항아리를 손에 들다.

   往酤(왕고): 술 사러 가다. 술 받으러 가다.

12) 迓(아): 마중하다. 나가 맞이하다.

   齕(흘): 물다. 물어뜯다.

13) 所以(소이): ~한 까닭.

14) 懷其術(회기술): 치국의 방책을 가슴에 품다.

   明(명): 깨우쳐 주다.

   萬乘之主(만승의주): 병거(兵車)가 만 대가 되는 나라의 군주. 원래 천자(天子)를 가리키는 말이나 전국시대에 와서는 큰 제후국의 군왕까지 두루 가리킨다.

15) 蔽脅(폐협): 가려져 조종당하다. 군왕이 인의 장막에 갇혀 간신에게 조종당하는 상황을 말한다.

16) 用(용): 중용되다.

最患社鼠

06 故桓公問管仲, "治國最奚患?" 對曰: "最患社鼠矣[1]." 公曰: "何患社
고 환 공 문 관 중   치 국 최 해 환   대 왈   최 환 사 서 의   공 왈   하 환 사

鼠哉?" 對曰: "君亦見夫爲社者乎[2]? 樹木而塗之[3], 鼠穿其間[4], 掘穴託
서 재   대 왈   군 역 견 부 위 사 자 호   수 목 이 도 지   서 천 기 간   굴 혈 탁

其中[5], 燻之則恐焚木[6], 灌之則恐塗阤[7], 此社鼠之所以不得也[8]. 今人
기 중   훈 지 즉 공 분 목   관 지 즉 공 도 타   차 사 서 지 소 이 부 득 야   금 인

君之左右, 出則爲勢重而收利於民[9], 入則比周而蔽惡於君[10], 內閒主
군 지 좌 우   출 즉 위 세 중 이 수 리 어 민   입 즉 비 주 이 폐 악 어 군   내 간 주

之情以告外[11], 外內爲重[12], 諸臣百吏以爲富[13], 吏不誅則亂法, 誅之
지 정 이 고 외   외 내 위 중   제 신 백 리 이 위 부   이 부 주 즉 난 법   주 지

則君不安, 據而有之[14], 此亦國之社鼠也." 故人臣執柄而擅禁[15], 明爲
즉 군 불 안   거 이 유 지   차 역 국 지 사 서 야   고 인 신 집 병 이 천 금   명 위

己者必利[16], 而不爲己者必害, 此亦猛狗也. 夫大臣爲猛狗而齕有道
기 자 필 리   이 불 위 기 자 필 해   차 역 맹 구 야   부 대 신 위 맹 구 이 흘 유 도

之士矣, 左右又爲社鼠而閒主之情, 人主不覺, 如此, 主焉得無壅[17],
지 사 의   좌 우 우 위 사 서 이 간 주 지 정   인 주 불 각   여 차   주 언 득 무 옹

國焉得無亡乎?
국 언 득 무 망 호

「外儲說右上외저설우상 · 說三설3」

■ 어휘 설명

1) 社鼠(사서): 토지묘(土地廟)에 사는 쥐. 社는 지신(地神)을 모시는 제당(祭堂)이다.

2) 爲社(위사): 제당을 짓다. 고대에는 25가구에 사(社) 하나를 세워 지신에게 제사를 지내도록 했다.

3) 樹(수): 나무를 세워 골조를 만들다.

   塗(도): 진흙을 바르다.

4) 穿(천): 뚫고 다니다.

5) 掘穴(굴혈): 쥐구멍을 파다.

　託(탁): 기거하다.

6) 燻(훈): 연기를 피우다.

7) 灌(관): 물을 대다. 물어 퍼부어 넣다.

　塗阤(도타): 진흙이 떨어져나가 무너지다.

8) 不得(부득): 잡지 못하다.

9) 爲勢重(위세중): ① 권세가 높기 때문에. ② 높은 권세를 추구하다. 爲는 어느 경우든 'wèi'로 읽는다.

10) 比周(비주): 결당하여 사리사욕을 도모하다.

　蔽惡(폐악): 죄악을 숨기다. 악행을 은폐하다.

11) 閒(간 jiàn): 엿보다. 정탐하다. '間(틈 간)'과 같다.

　主之情(주지정): 군왕의 동정(動靜). 군왕에 대한 정보.

　外(외): 도성 밖의 방백(方伯)과 장신(將臣).

12) 爲重(위중): 서로 결탁해 세력을 키우다.

13) 以爲富(이위부): 뇌물을 받아 치부(致富)하다.

14) 據而有之(거이유지): 요직을 점거하다. 권세를 독차지하다.

15) 執柄(집병): 권병을 잡다. 대권을 장악하다.

　擅禁(천금): ① 전횡을 일삼거나 금지령을 반포하다. ② 전횡을 일삼아 금지령을 반포하다.

16) 明(명): 천명하다. 명백히 해두다.

17) 焉(언): 어떻게. 의문대명사이다.

　壅(옹): 막히다. 옹색하다. 인의 장막에 둘러싸이는 것을 말한다.

守法之臣

07 楚王急召子¹. 楚國之法, 車不得至於茆門². 天雨, 廷中有潦³, 太子
　　 초왕급소자　　초국지법　거부득지어묘문　천우 정중유료　 태자

遂驅車至於茆門⁴. 廷理曰⁵: "車不得至茆門, 非法也." 太子曰: "王
수구거지어묘문　 정리왈　 거부득지묘문 비법야　태자왈　왕

召急, 不得須無潦⁶." 遂驅之, 廷理舉殳而擊其馬⁷, 敗其駕⁸. 太子入
소급 부득수무료 수구지 정리거수이격기마　 패기가　 태자입

爲王泣曰⁹: "廷中多潦, 驅車至茆門, 廷理曰非法也, 舉殳擊臣馬,
위왕읍왈　 정중다료　구거지지묘문 정리왈비법야　거수격신마

敗臣駕¹⁰, 王必誅之¹¹." 王曰: "前有老主而不踰¹², 後有儲主而不屬¹³,
패신가 왕필주지 왕왈　전유노주이불유　후유저주이불촉

矜矣¹⁴. 是眞吾守法之臣也." 乃益爵二級, 而開後門出太子.
궁의　 시진오수법지신야　내익작이급　이개후문출태자

"勿復過¹⁵."
물복과

「外儲說右上외저설우상·說三설3」

▌어휘 설명

1) 楚王(초왕): 초나라 장왕(莊王). 춘추오패(春秋五霸)의 일원이다.

2) 茆門(묘문): 모문(茅門). 고대 궁궐의 다섯 대문 가운데 하나로 제후의 궁궐로 들어가는 두번째 문이다. 본문 바로 위에 기재한 문이다. 장왕이 세운 모문의 법규에는 "모든 신하, 대부, 여러 공자가 입조할 때 말발굽이 궐문 처마를 닿으면 형리가 마차끌채를 자르고 마부를 죽인다(群臣大夫諸公子入朝, 馬蹄踐霤者, 廷理斬其輈, 戮其御)."라고 하였다.

3) 廷中(정중): 궁정 뜰 안.
　 潦(료): 큰 비로 길바닥에 괸 물.

4) 驅車(구거): 수레를 몰다.

5) 廷理(정리): 초나라의 관직명. ① 형법을 집행하는 관리. ② 궐문 관리원.

6) 須(수): 기다리다. 대기하다.

7) 殳(수): 병기의 일종. 끝은 창처럼 생겼으나 자루는 몽둥이처럼 굵고 짧다.

8) 敗(패): 때려 부수다. 망가뜨리다.

9) 爲(위): 향하여. ~에게.

10) 誅(주): 죽이다. 주살하다.

11) 老主(노주): 연로한 군주. 장왕 자신을 가리킨다.
　　踰(유): 분수를 뛰어넘다. 법규를 지나치다.

12) 儲主(저주): 태자.
　　屬(촉 zhǔ): 빌붙다. 아부하다.

13) 矜(긍 jīn): ① 자랑스럽다. 본받을만하다. ② 현명하다.

14) 益爵(익작): 승진시키다. 작위를 올려주다.

15) 復(복): 되풀이하다. 전철을 밟다.
　　過(과): 과오. 잘못.

3. 術(술)

藏於胸中

01 管仲之所謂言室滿室, 言堂滿堂者[1], 非特謂遊戱飮食之言也[2], 必謂
관 중 지 소 위 언 실 만 실　　언 당 만 당 자　　비 특 위 유 희 음 식 지 언 야　　필 위

大物也[3]. 人主之大物, 非法則術也. 法者, 編著之圖籍[4], 設之於官
대 물 야　　인 주 지 대 물　　비 법 즉 술 야　　법 자　　편 저 지 도 적　　설 지 어 관

府[5], 而布之於百姓者也[6]. 術者, 藏之於胸中[7], 以偶衆端而潛御群臣
부　　이 포 지 어 백 성 자 야　　술 자　　장 지 어 흉 중　　이 우 중 단 이 잠 어 군 신

者也[8]. 故法莫如顯[9], 而術不欲見[10]. 是以明主言法, 則境內卑賤莫不
자 야　　고 법 막 여 현　　이 술 불 욕 현　　시 이 명 주 언 법　　즉 경 내 비 천 막 불

聞知也[11], 不獨滿於堂[12]. 用術, 則親愛近習莫之得聞也[13], 不得滿
문 지 야　　부 독 만 어 당　　용 술　　즉 친 애 근 습 막 지 득 문 야　　부 득 만

室[14]. 而管子猶曰[15]: "言於室滿室, 言於堂滿堂", 非法術之言也.
실　　이 관 자 유 왈　　언 어 실 만 실　　언 어 당 만 당　　비 법 술 지 언 야

「難三난삼」

▌ 어휘 설명

1) 言室滿室(언실만실): 안방에서 한 말이 안방 전체 구석구석까지 들리다.

2) 非特(비특): 단지 ~뿐만이 아니다.
   謂A之言也(위A지언야): A를 두고 하는 말이다.

3) 大物(대물): 대사. 큰 일.

4) 編著(편저): 편찬하다. 글로 써서 기록하다.
   圖籍(도적): 문서.

5) 設(설): 두다. 비치하다.

6) 布(포): 선포하다. 공포하다. 포고하다.

7) 藏(장): 숨기다.

8) 偶(우): 비교해서 처리하다. 참고해서 대처하다.

衆端(중단): 갖가지 사단. 신하들의 여러 가지 행동거지를 말한다.

御(어): 제어하다. 통제하다. 지배하다.

9) 莫如(막여): ~만한 것이 없다.

顯(현): 분명하다. 명백하다.

10) 見(현): 드러나다.

11) 境內卑賤(경내비천): 나라 안의 신분이 비천한 자.

12) 不獨(부독): 유독 ~에만 그치지 않다.

13) 親愛近習(친애근습): 총애하는 측근심복.

14) 不得滿室(부득만실): 안방을 가득 채운 측근조차 알 길이 없다.

15) 管子(관자): 관중.

無術之患

02 任人以事¹, 存亡治亂之機也², 無術以任人³, 無所任而不敗. 人君
임인이사　존망치란지기야　무술이임인　무소임이불패　인군

之所任, 非辯智則修潔也⁴. 任人者, 使有勢也. 智士者未必信也⁵, 爲
지소임　비변지즉수결야　임인자　사유세야　지사자미필신야　위

多其智⁶, 因惑其信也⁷. 以智士之計, 處乘勢之資而爲其私急⁸, 則君
다기지　인혹기신야　이지사지계　처승세지자이위기사급　즉군

必欺焉⁹. 爲智者之不可信也, 故任修士者¹⁰, 使斷事也¹¹. 修士者未
필기언　위지자지불가신야　고임수사자　사단사야　수사자미

必智, 爲潔其身¹², 因惑其智. 以愚人之所惛¹³, 處治事之官而爲所
필지　위결기신　인혹기지　이우인지소혼　처치사지관이위소

然¹⁴, 則事必亂矣. 故無術以用人, 任智則君欺, 任修則君事亂, 此無
연　즉사필란의　고무술이용인　임지즉군기　임수즉군사란　차무

術之患也. 明君之道, 賤德義貴¹⁵, 下必坐上¹⁶, 決誠以參¹⁷, 聽無門
술지환야　명군지도　천덕의귀　하필좌상　결성이참　청무문

戶¹⁸, 故智者不得詐欺. 計功而行賞, 程能而授事¹⁹, 察端而觀失²⁰,
호　　고지자부득사기　계공이행상　정능이수사　찰단이관실

有過者罪, 有能者得²¹, 故愚者不任事. 智者不敢欺, 愚者不得斷,
유과자죄　유능자득　고우자불임사　지자불감기　우자부득단

則事無失矣.
즉사무실의

「八說팔설」

▌어휘 설명

1) 任(임): 맡기다. 일임하다. 임용하다.

2) 機(기): 관건.

3) 術(술): 정확한 방법. 정치적 수완.

4) 非A則B(비A즉B): A가 아니면 곧 B이다.

　　辯智(변지): 말재간과 지적 능력.

　　修潔(수결): 도덕성과 청렴 여부.

5) 智士(지사): 총명한 인재.

　　信(신): 믿을만하다. 신뢰할만하다.

6) 爲(위 wèi): ~ 때문에. ~하다고 해서.

7) 惑(혹): 착각하다. 혼돈하다. 혹하게 되다.

8) 乘勢之資(승세지자): 세도를 부릴 수 있는 자리. 권세를 쥐고 있는 요건.

　　私急(사급): 개인적으로 급한 일. 사사로이 선호하는 일.

9) 欺焉(기언): 그에게 속다. 그에게 기만당하다. 焉은 '於之'의 준말이다.

10) 修士(수사): 도덕군자.

11) 斷事(단사): 정사를 처리하다. 정사를 판단하다.

12) 潔其身(결기신): 몸가짐을 깨끗이 하다. 몸가짐이 청렴결백하다.

13) 愚人(우인): 우매한 사람. 우직한 사람. 미련한 사람.

　　所惛(소혼): 흐리멍덩함. 미련한 사람 특유의 흐릿한 정신상태를 가리킨다.

14) 治事之官(치사지관): 국사를 다루는 관직.

　　所然(소연): 자신이 옳다고 판단하는 일. 당연히 해야 한다고 여기는 일.

15) 賤德(천덕): 천한 신분.

　　義貴(의귀): 고귀한 신분의 과오를 논평하다.

16) 坐(좌): 연좌하다. 연대책임을 지다.

17) 決(결): ① 정책 결정. ② 진상 규명.

　　參(참): ① 연구와 검토의 과정을 거치다. ② 많은 사람의 의견을 참고하다.

18) 聽(청): 의견 청취.

　　門戶(문호): 당파. 파벌.

19) 程能(정능): 능력을 헤아리다. 재능을 가늠하다.

　　授事(수사): 직책을 수여하다. 벼슬자리를 맡기다.

20) 端(단): 일의 단초. 사건의 원인.

21) 得(득): 상을 받다.

七術

(1) 參觀

03 觀聽不參則誠不聞[1], 聽有門戶則臣壅塞[2].
　　관 청 불 참 즉 성 불 문　　청 유 문 호 즉 신 옹 색

「內儲說上내저설상 · 經一경1」

張儀欲以秦 · 韓與魏之勢伐齊 · 荊[3], 而惠施欲以齊 · 荊偃兵[4]. 二人
장 의 욕 이 진　한 여 위 지 세 벌 제　형　이 혜 시 욕 이 제　형 언 병　이 인

爭之, 群臣左右皆爲張子言[5], 而以攻齊 · 荊爲利, 而莫爲惠子言, 王
쟁 지　군 신 좌 우 개 위 장 자 언　이 이 공 제　형 위 리　이 막 위 혜 자 언　왕

果聽張子, 而以惠子言爲不可. 攻齊 · 荊事已定, 惠子入見[6], 王言曰:
과 청 장 자　이 이 혜 자 언 위 불 가　공 제　형 사 이 정　혜 자 입 현　왕 언 왈

"先生毋言矣[7]. 攻齊 · 荊之事果利矣, 一國盡以爲然[8]." 惠子因說[9]:
선 생 무 언 의　공 제　형 지 사 과 리 의　일 국 진 이 위 연　혜 자 인 세

"不可不察也. 夫齊 · 荊之事也誠利, 一國盡以爲利, 是何智者之衆
불 가 불 찰 야　부 제　형 지 사 야 성 리　일 국 진 이 위 리　시 하 지 자 지 중

也! 攻齊 · 荊之事誠不利, 一國盡以爲利, 何愚者之衆也! 凡謀者[10],
야　공 제　형 지 사 성 불 리　일 국 진 이 위 리　하 우 자 지 중 야　범 모 자

疑也[11]. 疑也者, 誠疑, 以爲可者半, 以爲不可者半. 今一國盡以爲可,
의 야　의 야 자　성 의　이 위 가 자 반　이 위 불 가 자 반　금 일 국 진 이 위 가

是王亡半也[12]. 劫 主者固亡其半者也[13]."
시 왕 망 반 야　겁　주 자 고 망 기 반 자 야

「內儲說上내저설상 · 說一설1」

■ 어휘 설명

1) 觀聽(관청): 신하의 언행을 관찰하고 청취하다.
　　參(참): 검증하다.
　　聞(문): 실정을 알다.

2) 聽有門戶(청유문호): 한쪽 당파의 말만 듣다.
　　壅塞(옹색): 군왕의 이목을 가리다.

3) 張儀(장의): 전국시대 위(魏)나라 출신의 종횡가(縱橫家, ?~B.C.310). 진(秦)나라가 중심이 되어 제후국 몇 나라와 연합해 다른 제후국들에게 대항하자는 연횡책(連橫策)을 주장하였다. 여러 차례 6국의 합종(合縱)을 깨트리고 진의 혜왕(惠王)에게 중용되었다.
　　荊(형): 초(楚)나라의 별칭. 주(周)나라 성왕(成王) 때, 웅역(熊繹)을 자작(子爵)으로 봉했고, 형산(荊山, 지금의 호북 서부) 일대에 형(荊)나라를 세웠다.

4) 惠施(혜시): 전국시대 송(宋)나라 출신의 위나라 재상 혜자(惠子). 합종으로 진(秦)에 대항하는 책략을 가장 강력하게 실천했으나 장의와의 불화로 위나라에게 쫓겨나 송나라로 돌아와 장자(莊子)와 우정을 쌓았다.
　　偃兵(언병): 화전(和戰)하다. 전쟁을 말리다. 군사행동을 멈추다.

5) 爲(위 wèi): 위하다. 편들다.
　　張子(장자): 장의를 높여 부르는 호칭.

6) 見(현): 알현(謁見)하다.

7) 毋言(무언): 말하지 말라. 毋는 금지사이다.

8) 盡(진): 모조리. 남김없이 모두.

9) 因說(인세): 기회를 엿보아 설득하다.

10) 衆(중): 많다.

11) 謀(모): 모의하다. 의논하다. 책략을 꾸미다.

12) 疑也(의야): 의심하기 때문이다. 확신이 서지 않고 미심쩍은 부분이 있다는 뜻이다. 여기서의 어기조사 也는 이유와 원인을 나타낸다.

13) 亡(망): 잃다. 놓치다. 망실(亡失)하다.

14) 劫主者(겁주자): 남에게 끌려 다니는 군주. 신하가 좌지우지하는 군주.
　　亡其半者(망기반자): 나머지 반의 의견을 놓쳐버린 군주.

(2) 必罰明威

04 愛多者則法不立[1], 威寡者則下侵上[2]. 是以刑罰不必則禁令不行[2].
애 다 자 즉 법 불 립   위 과 자 즉 하 즉 상   시 이 형 벌 불 필 즉 금 령 불 행

「內儲說上내저설상·經二경2」

魏惠王謂卜皮曰[4]: "子聞寡人之聲聞亦何如焉[5]?" 對曰: "臣聞王之慈
위혜왕위복피왈   자문과인지성문역하여언   대왈   신문왕지자

惠也." 王欣然喜曰[6]: "然則功且安至[7]?" 對曰: "王之功至於亡[8]." 王
혜야   왕흔연희왈   연즉공차안지   대왈   왕지공지어망   왕

曰: "慈惠, 行善也, 行之而亡何也?" 卜皮對曰: "夫慈者不忍[9], 而惠者
왈   자혜   행선야   행지이망하야   복피대왈   부자자불인   이혜자

好與也[10]. 不忍則不誅有過[11], 好予則不待有功而賞[12]. 有過不罪[13],
호여야   불인즉부주유과   호여즉부대유공이상   유과불죄

無功受賞, 雖亡不亦可乎[14]!"
무공수상   수망불역가호

「內儲說上내저설상·說二설2」

▌어휘 설명

1) 愛(애): 자애.

   多(다): 과다하다. 지나치다.

2) 威(위): 위엄. 권위.

   寡(과): 부족하다. 모자르다.

   侵(침): 대들다. 침범하다.

3) 必(필): 단호하다. 과단성 있다.

4) 魏惠王(위혜왕): 전국시대 위나라의 제3대 군주. B.C.370년부터 B.C.319까지 재위하면서 위나라의 전성기와 쇠퇴기를 함께 이끌었다. 『맹자』에서는 '양혜왕(梁惠王)'이라고 불렀고, 『장자』에서는

'문혜군(文惠君)'이라고 불렀다.

    卜皮(복피): 전국시대의 인물. 간관(諫官)으로 추정된다.

5) 聲聞(성문): 명성. 명망. 평가.

6) 欣然(흔연): 매우 기뻐하는 모양.

7) 功(공): 치적. 공적. 치국의 효과.

    將(장): 장차.

    安(안): 어디로. 어디까지.

8) 亡(망): 멸망.

9) 不忍(불인): 마음이 어질다. 모질지 못하다. 차마 남을 해치지 못하다.

10) 好與(호여 hào yǔ): 베풀기를 좋아하다. 남에게 주길 좋아하다.

11) 有過(유과): 과오를 저지른 자.

12) 予(여): 주다. 베풀다. '與(줄)'와 같다.

13) 罪(죄): 벌하다. 징벌을 가하다.

14) 可(가): 당연하다. 그럴 수 있다. 가능한 일이다.

(3) 信賞盡能

05 賞譽薄而謾者¹, 下不用也², 賞譽厚而信者³, 下輕死.
　　　상예박이만자　하불용야　상예후이신자　하경사

「內儲說上내저설상·經三경3」

吳起爲魏武侯西河之守⁴, 秦有小亭臨境⁵, 吳起欲攻之. 不去⁶, 則
오기위위무후서하지수　진유소정임경　오기욕공지　불거　즉

甚害田者⁷; 去之, 則不足以徵甲兵⁸. 於是乃倚一車轅於北門之外而
심해전자　거지　즉부족이징갑병　어시내의일거원어북문지외이

令之曰⁹: "有能徙此南門之外者賜之上田上宅¹⁰." 人莫之徙也, 及有
영지왈　유능사차남문지외자사지상전상택　　인막지사야　급유

徙之者, 還, 賜之如令. 俄又置一石赤菽東門之外而令之曰¹¹: "有能
사지자　환　사지여령　아우치일석적숙동문지외이영지왈　　유능

徙此於西門之外者賜之如初." 人爭徙之. 乃下令曰: "明日且攻亭,
사차어서문지외자사지여초　인쟁사지　내하령왈　명일차공정

有能先登者, 仕之國大夫¹², 賜之上田宅." 人爭趨之¹³, 於是攻亭一
유능선등자　사지국대부　사지상전택　인쟁추지　어시공정일

朝而拔之¹⁴.
조이발지

「內儲說上내저설상·說三설3」

▌어휘 설명

1) 賞譽(상예): 포상과 칭찬
　　謾(만): 속이다. 약속을 어기다.
2) 下(하): 신하.
　　不用(불용): 군왕을 위해 나서지 않다.

3) 信(신): 신용을 지키다.

4) 魏武侯(위무후): 춘추시대의 진(晉)이 전국시대 초기에 한(韓), 위(魏), 조(趙) 세 나라로 나뉜 후의 두 번째 위나라 군주(B.C.395~B.C.370년 재위). 재위하는 동안 위나라의 백년 패업(霸業)이 최고조에 달했다.

   西河之守(서하지수): 서하군(西河郡)의 군수. 위나라가 진(秦)의 섬서(陝西) 황하 연안지역을 차지하고 서하군을 설치했다.

5) 亭(정): 초소.

   臨境(임경): 위나라 국경 가까이 붙어있다.

6) 去(거): 제거하다. 철거하다.

7) 田者(전자): 농부.

8) 不足(부족): 가치가 없다.

   徵(징): 징집하다.

   甲兵(갑병): 갑옷과 병기를 든 병사. 군인 또는 군대를 가리킨다.

9) 倚(의): 기대다.

   車轅(거원): 수레 끌채. 수레 양쪽에 길게 앞으로 나와 마소를 매는 끌채이다. 여기서는 수레끌채 앞쪽에 가로대는 멍에목(木)을 가리킨다.

10) 徙(사): 옮기다.

   賜(사): 하사하다.

11) 俄(아): 곧. 얼마 후에.

   一石赤菽(일석적숙): 팥 한 섬. 한 섬은 곡식 열 말이다.

12) 仕(사): 벼슬을 내리다.

13) 趨(추): 달

14) 拔(발): 빼앗다. 함락하다. 점령하다.

(4) 一聽

06 一聽則智愚不分¹, 責下則人臣不參².
　　　일청즉지우불분　　책하즉인신불참

「內儲說上내저설상·經四경4」

齊宣王使人吹竽³, 必三百人. 南郭處士請爲王吹竽⁴, 宣王說之⁵,
　제선왕사인취우　　필삼백인　　남곽처사청위왕취우　　선왕열지

廩食以數百人⁶. 宣王死, 湣王立⁷, 好一一聽之⁸, 處士逃.
　늠식이수백인　　선왕사　혼왕입　　호일일청지　　처사도

「內儲說上내저설상·說四설4」

▌어휘 설명

1) 一聽(일청): ① 일일이 직접 듣고 판단하다. ② 한쪽 말만 듣다.

　不分(불분): ① 혼란하지 않다. 分은 '紛(어지러워질 분)'과 통한다. ② 구분하지 못하다.

2) 責下(책하): 신하들을 감독하고 문책하다.

　參(참): 뒤섞이다.

3) 齊宣王(제선왕): 전국시대 제나라 군주 전벽강(田辟疆). 재위 기간에 많은 인재를 초빙하고 부국강
　병을 추구해 국력을 키우고서 연(燕)나라를 침공하는 등 부왕 위왕(威王)과 함께 전국시대 제나라
　의 전성기를 구가했다. 그의 후비(后妃) 종리춘(鍾離春)은 지독한 추녀이나 총명한 재녀(才女)로
　명성을 떨쳤다.

　吹竽(취우): 우를 불다. 竽는 관악기의 일종으로 지금의 생황(笙篁)과 모양이 비슷하다.

4) 南郭(남곽): 도성 성곽 남쪽

　處士(처사): 관직이 없이 지내는 선비.

　爲(위 wèi): 위하다.

5) 說(열 yuè): 좋아하다. 가상히 여기다.

6) 廩食(늠식): 관부에서 주는 곡식. 봉급을 뜻한다.

7) 湣王(혼왕): 전국시대 제나라 군주. 선왕의 아들로 맹상군(孟嘗君)을 재상으로 삼았으며, 연나라가

제의 수도 임치(臨淄)까지 쳐들어와 거(莒)로 도피했다가 초나라 장군 요치(淖齒)에게 피살됐다.

8) 好(호 hǎo): 좋아하다. 선호하다.

(5) 詭使

07 數見久待而不任,[1] 奸則鹿散[2]. 使人問他則不鬻私[3].
　　　삭 견 구 대 이 불 임　　간 즉 녹 산　　사 인 문 타 즉 불 육 사

「內儲說上내저설상 · 經五경5」

周主亡玉簪[4], 令吏求之[5], 三日不能得也[6]. 周主令人求, 而得之家人
주 주 망 옥 잠　　영 이 구 지　　삼 일 불 능 득 야　　주 주 영 인 구　　이 득 지 가 인

之屋間[7]. 周主曰: "吾之吏之不事事也[8]. 求簪三日不得之, 吾令人求
지 옥 간　　주 주 왈　　오 지 리 지 불 사 사 야　　구 잠 삼 일 부 득 지　　오 영 인 구

之, 不 移日而得之[9]!" 於是吏皆聳懼[10], 以爲君神明也.
지　　불 이 일 이 득 지　　어 시 이 개 용 구　　이 위 군 신 명 야

「內儲說上내저설상 · 說五설5」

■ 어휘 설명

1) 數(삭 shuò) 누차. 자주. 빈번하게.

　久待(구대): ① 오래도록 곁에서 시중들게 하다. 待는 '侍(모실 시)'와 통한다. ② 오래도록 곁에 두고 대우하다.

　任(임): 임용하다. 정식 관직을 주다.

2) 奸(간): 간신.

　鹿散(녹산): 겁을 먹고 사슴처럼 사방으로 뿔뿔이 흩어지다. 사슴은 습성이 우르르 모였다가 우르르 흩어지길 잘 해서 이와 같이 간신배의 행실에 비유했다.

3) 使人(사인): 사람을 파견하다.

　問他(문타): 유사한 다른 일을 탐문하다.

　鬻私(육사 yù): 비밀을 숨기다. 사리사욕을 차리다.

4) 周主(주주): 동주(東周)의 왕.

　亡(망): 분실하다.

玉簪(옥잠): 옥비녀.

5) 求(구): 되찾다.

6) 得(득): 찾다.

7) 家人(가인): 서인(庶人), 곧 일반 민간인.

8) 不事事(불사사): 성실히 일하지 않다.

9) 移日(이일): 하루가 지나다.

10) 聳懼(용구): 벌벌 떨며 두려워하다.

(6) 挾智

08 挾智而問[1], 則不智者至[2]; 深智一物[3], 衆隱皆變[4].
　　협 지 이 문　　즉 부 지 자 지　　심 지 일 물　　중 은 개 변

「內儲說上내저설상·經六경6」

　　韓昭侯握爪[5], 而佯亡一爪[6], 求之甚急[7]. 左右因割其爪而效之[8]. 昭
　　한 소 후 악 조　　이 양 망 일 조　　구 지 심 급　　좌 우 인 할 기 조 이 효 지　　소

　　侯以此察左右之誠不[9].
　　후 이 차 찰 좌 우 지 성 부

「內儲說上내저설상·說六설6」

▌어휘 설명

1) 挾智而問(협지이문): 이미 잘 알고 있는 일을 가지고 모르는 척 묻다. 智는 '知(알 지)'와 같다.

2) 不智者(부지자): 몰랐던 일.
　　至(지): 드러나다. 실토하다.

3) 深智(심지): 깊이 이해하다.
　　物(물): 사건.

4) 衆隱(중은): 여러 가지 숨겨진 사실. 많은 사건의 은폐된 진상.
　　變(변): ① 뒤바뀌다. 뒤집히다. ② 판명되다. 분별하다. '辨(분별할 변)'과 통한다.

5) 韓昭侯(한소후): 전국시대 한나라의 여섯 번째 군주(B.C.362~B.C.333년 재위). 법가의 신불해(申
　　不害)를 재상으로 삼아 중앙집권의 군주전제체제를 확립하여 한의 전성기를 이끌었으며, '술(術)'
　　로써 치국할 것을 주장했다.
　　握爪(악조): ① 손톱을 움켜쥐다. ② 손톱을 부러뜨리다. 고대 제왕이나 고관대작은 남녀를 불문하고
　　노동과 가사를 않는 신분임을 과시하려고 손톱을 길게 기르거나 손톱 위에 장식용 손톱을 붙였다.

6) 佯亡(양망): 고의로 잃어버린 척하다.

7) 甚急(심급): 매우 애타다.

8) 割其爪(할기조): 자기 손톱을 자르다.

效(효): 바치다.

9) 誠不(성부): 성실한지 여부. 정직한지 여부. 不는 '否(아닐 부)'와 통한다.

(7) 倒言反事

09 倒言反事以嘗所疑[1], 則奸情得[2].
　　도 언 반 사 이 상 소 의 　 즉 간 정 득

「內儲說上내저설상 · 經七경7」

子之相燕[3], 坐而佯言[4]: "走出門者何[5], 白馬也?" 左右皆言不見. 有一
자 지 상 연 　좌 이 양 언 　 주 출 문 자 하 　 백 마 야 　 좌 우 개 언 불 견 　 유 일

人走追之[6], 報曰[7]: "有." 子之以此知左右之不誠信[8].
인 주 추 지 　 보 왈 　 유 　 자 지 이 차 지 좌 우 지 불 성 신

「內儲說上내저설상 · 說七설7」

▌어휘 설명

1) 倒言(도언): 사실과 상반되는 말, 곧 거짓말.
   反事(반사): 사실과 상반되는 사례, 곧 허위 사실.
   嘗(상): 떠보다. 타진하다. 시험해보다.
   所疑(소의): 미심쩍은 일. 의심이 가는 대상.

2) 奸情(간정): 허위 정황. 간사한 짓의 진상.
   得(득): 안다. 발견한다.

3) 子之(자지): 전국시대 연왕(燕王) 쾌(噲)의 재상. 연왕 쾌가 연로하여 요임금이 허유(許由)에게 선
   양(禪讓)한 고사를 흉내 내어 재상 자지에게 왕위를 양위했다. 즉위 3년 만에 쾌의 태자 평(平)이
   반란을 일으켰으나 성공하지 못했고, 연의 혼란을 틈타 제나라 선왕이 연나라로 파병하여 연왕
   쾌를 살해했다. 자지는 도망가다가 제나라 병사들에게 잡혀 육장(肉醬)이 되었다.
   相(상 xiàng): 재상이 되다.

4) 佯言(양언): 거짓말하다. 거짓으로 말하다.

5) 走出門(출문): 문 앞을 달려 지나가다.

6) 走追(주차): 뛰쳐나가 쫓아가다.

7) 報(보): 보고하다.

8) 誠信(성신):정직하다. 성실하고 믿음직하다.

六微有反

010　事起而有所利[1], 其尸主之[2]; 有所害[3], 必反察之. 是以明主之論也[4],
　　　사기이유소리　기시주지　유소해　필반찰지　시이명주지논야

　　　國害則省其利者[5], 臣害則察其反者[6].
　　　국해즉성기리자　신해즉찰기반자

「內儲說下내저설하 · 經四경4」

文公之時[7], 宰臣上炙而髮繞之[8], 文公召宰人而譙之曰[9]: "女欲寡人
문공지시　재신상자이발요지　문공소재인이초지왈　여욕과인

之哽邪[10]? 奚爲以髮繞炙[11]." 宰人頓首再拜請曰[12]: "臣有死罪三.
지경야　해위이발요자　재인돈수재배청왈　신유사죄삼

援礪砥刀[13], 利猶干將也[14], 切肉[15], 肉斷而髮不斷[16], 臣之罪一也;
원려지도　이유간장야　절육　육단이발부단　신지죄일야

援木而貫臠而不見髮[17], 臣之罪二也; 奉熾爐[18], 炭火盡赤紅[19], 而炙
원목이관련이불견발　신지죄이야　봉치로　탄화진적홍　이자

熟而髮不燒[20], 臣之罪三也. 堂下得無微有疾臣者乎[21]?" 公曰: "善."
숙이발불소　신지죄삼야　당하득무미유질신자호　공왈　선

乃召其堂下而譙之, 果然, 乃誅之.
내소기당하이초지　과연　내주지

「內儲說下내저설하 · 說四설4」

▌어휘 설명

1) 利(리): 이익을 보다.

2) 其尸(기시): 이익을 발생시킨 주인. 尸는 '主(주인 주)'와 통한다. 고대에는 집안 어른이 죽은 뒤 제사를 지낼 때 차마 시신을 볼 수 없어 집안의 종손을 대신 앉혀 놓고 절을 하고 '尸'라고 불렀는 데, 제사의 주인이라는 뜻이다.

   主(주): 누리다. 향유하다.

3) 反察(반찰): 반대편에서 누구 이익을 보는지 조사하다.

4) 論(논): 문제를 살펴보다. 사건의 전후사정을 논하다.

5) 省其利者(성기리자): 그 와중에 누가 이익을 보는지 살피다.

6) 察其反者(찰기반자): 그 와중에 누가 반사이익을 얻는지 살피다.

7) 文公(문공): 춘추시대 진(晉)의 군주 문공. 진나라의 전성기를 이룩하는 동시에 진나라가 약 1세기 에 걸쳐 중원의 패권국으로 군림하는 기초를 다진 공적으로 역대로 제환공(齊桓公)과 더불어 춘추 오패(春秋五霸)를 대표하는 군주로 일컬어진다.

8) 宰臣(재신): 숙수(熟手). 취사장(炊事長). 군왕 수라간의 우두머리.

   上炙(상자): 불고기를 상에 올리다.

   繞(요): 둘둘 감다.

9) 譙(초 qiào): 꾸짖다. 견책하다. 책문(責問)하다.

10) 女(여): 너. 그대. '汝(너 여)'와 같다.

   哽(경): 목이 메다. 숨이 막히다.

11) 奚爲(해위): 어찌하여. 무엇 때문에.

12) 頓首(돈수): 머리를 조아리다. 무릎을 꿇고 이마를 땅에 찧다.

13) 援礪(원려): 숫돌을 당겨오다.

   砥刀(지도): 칼을 갈다.

14) 利(이): 예리하다. 날카롭다.

   干將(간장): 간장보검. 원래 고대의 명검 제작 명장(名匠)의 이름이나 여기서는 예리한 명검을 가 리킨다.

15) 切(절): 썰다. 자르다.

16) 肉斷(육단): 고기만 썰리다.

17) 木(목): 나무꼬챙이.

   貫臠(관련): 고기 살점을 꿰다. 저민 고깃살을 꿰다.

18) 奉(봉): 받쳐 들다. 움켜쥐다. '捧(받들 봉)'과 같다.

熾爐(치로): 불길이 센 화로. 타오르는 화로.

19) 盡(진): 온통.

赤紅(적홍): 빨갛게 달아오르다.

20) 熟(숙): 익다.

燒(소): 타다. 사르다.

21) 堂下(당하): 당하의 수라간 시종.

微(미): 몰래. 숨어서.

疾(질): 미워하다. 싫어하다. 질투하다.

4. 勢(세)

治國任勢

01 凡明主之治國也, 任其勢[1]. 勢不可害[2], 則雖強天下無奈何也[3], 而況
　　범 명 주 지 치 국 야　임 기 세　　세 불 가 해　　즉 수 강 천 하 무 내 하 야　　이 황

　　孟常·芒卯·韓·魏能奈我何[4]! 其勢可害也, 則不肖如如耳·魏齊[5],
　　맹 상　망 묘　한　위 능 내 아 하　　기 세 가 해 야　　즉 불 초 여 여 이　　위 제

　　及韓·魏猶能害之[6]. 然則害與不侵, 在自恃而已矣[7], 奚問乎[8]?
　　급 한　위 유 능 해 지　　연 즉 해 여 불 침　　재 자 시 이 이 의　　해 문 호

　　自恃其不可侵, 則強與弱奚其擇焉[9]? 失在不自恃, 而問其奈何也[10],
　　자 시 기 불 가 침　즉 강 여 약 해 기 택 언　　실 재 부 자 시　　이 문 기 내 하 야

　　其不侵也幸矣[11]!
　　기 불 침 야 행 의

「難三난삼」

▌어휘 설명

1) 任(임): 의지하다.

　勢)세): 권세. 권력.

2) 害(해): 침해받다. 침범하다.

3) 強天下(강천하): 천하의 강대국.

　無奈何(무내하): 어찌하지 못하다. 침범하지 못한다는 뜻이다.

4) 孟常(맹상): 맹상군(孟嘗君). 전국시대 제(齊)나라의 종실대신 전문(田文). 전국시대 4대 공자(公子)의 일원으로 널리 빈객을 모아 식객이 3천 명에 달한 것으로 유명하다.

　芒卯(망묘): 전국시대 위(魏)나라 소왕(昭王) 때의 사도(司徒). 진(秦)과 연합하여 제(齊)를 쳐서 제나라 20개 현(縣)을 탈취했다.

　奈我何(내아하): 나를 어찌할 것인가. 奈何의 목적어가 대명사일 때는 奈와 何 사이에 둔다.

5) 不肖(불초): 못나다. 무능하다.

如耳(여이): 전국시대 위(魏)나라 대부. 위(魏)가 위(衛)를 공격해 승전을 목전에 두고 여이가 양국 왕과 대장군 성릉군(成陵君) 사이에서 연환계(連環計)를 써서 철병을 성사시켰다.

魏齊(위제): 전국시대 위(魏)나라 재상. 위제의 문객 범저(范雎)가 중대부 수가(須賈)를 수행해 제(齊)로 사신 가서 제의 양왕(襄王)에게 범저가 환대받았다. 귀국해서 수가가 범저를 제와 결탁했다고 모함했다. 이에 위제는 수가의 말만 듣고 범저에게 태형을 가했고, 범저가 가까스로 진(秦)으로 망명해 끝내 소왕(昭王)의 상국(相國)이 되었다. 위제는 보복이 두려워 조(趙)로 도망갔으나, 소왕이 위제의 목을 요구하자 다시 위나라로 돌아와 자결했고, 조나라는 위제의 수급을 가져와 진나라로 보냈다.

6) 猶(유): 오히려.

7) 在自恃(재자지): 자기에게 달려있다. 자기에게 의지하다.

8) 奚問乎(해문호): 누구에게 묻는다 말인가. 남에게 물은들 무슨 소용인가.

9) 强(강): 강대국.

弱(약): 약소국.

擇(택): 구별하다. 상관하다.

10) 問其奈何(문기내하): 남에게 날 어떻게 처분할 것인가 묻다.

11) 幸(행): 다행이다. 요행이다.

矛盾

02 客曰[1]: "人有鬻矛與楯者[2], 譽其楯之堅[3], 物莫能陷也[4], 俄而又譽其
　　　객왈　　인유죽모여순자　　예기순지견　　물막능함야　　아이우예기

矛曰[5]: '吾矛之利[6], 物無不陷也.' 人應之曰[7]: '以子之矛陷子之楯何
　　모왈　　오모지리　　물무불함야　　인응지왈　　이자지모함자지순하

如[8]?' 其人弗能應也." 以爲不可陷之楯, 與無不陷之矛, 爲名不可兩
　여　　기인불능응야　　이위불가함지순　여무불함지모　위명불가양

立也[9]. 夫賢之爲勢不可禁[10], 而勢之爲道也無不禁[11], 以不可禁之勢[12],
　립야　부현지위세불가금　　이세지위도야무불금　　이불가금지세

此矛楯之說也; 夫賢勢之不相容亦明矣[13].
차모순지설야　부현세지불상용역명의

「難勢난세」

▌어휘 설명

1) 客(객): 혹자.

2) 鬻(육 yù): 팔다.

　矛(모): 창. 자루가 긴 창이다.

　楯(순): 방패.

3) 譽(예): 칭찬하다. 자랑하다.

4) 陷(함): 뚫다.

5) 俄而(아이): 얼마 후에. 얼마 지나지 않아. 짧은 시간을 나타낸다.

6) 利(리): 예리함.

7) 應(응): 대응하다. 대꾸하다.

8) 何如(하여): 어떠한가. 어떻게 되나.

9) 爲名(위명): 이치상. 논리적으로.

　兩立(양립): 동시에 존재하다.

10) 賢(현): 현치(賢治), 곧 현자의 치리.

　勢不可禁(세불가금): 권세로 금할 수 없다. 권세의 구속을 받지 않는다. 이 구절은 "夫賢之爲道也勢

不可禁"으로 되어야 뜻이 통한다.

11) 勢(세): 세치(勢治), 곧 권세가의 치리.

　　爲道也(위도야): 원칙상. 원칙적으로.

　　無不禁(무불금): 금하지 못할 것이 없다. 통제하지 못할 것이 없다.

12) 以不可禁之勢(이불가금지세): 이 구절은 "以不可禁之賢, 與無不禁之勢"로 되어야 뜻이 통한다.

13) 容(용): 수용하다. 허용하다.

權不可借

03 權勢不可以借人[1], 上失其一[2], 臣以爲百. 故臣得借則力多[3], 力多則
　　권세불가이차인　상실기일　신이위백　고신득차즉역다　역다즉

內外爲用[4], 內外爲用則人主壅[5].
내외위용　내외위용즉인주옹

「內儲說下내저설하・經一경1」

勢重者[6], 人主之淵也; 臣者, 勢重之魚也[7]. 魚失於淵而不可復得也[8],
세중자　인주지연야　신자　세중지어야　어실어연이불가부득야

人主失其勢重於臣而不可復收也[9]. 古之人難正言[10], 故托之於魚[11].
인주실기세중어신이불가부수야　고지인난정언　고탁지어어

賞罰者, 利器也[12], 君操之以制臣[13], 臣得之以擁主[14]. 故君先見所
상벌자　이기야　군조지이제신　신득지이옹주　고군선현소

賞[15], 則臣鬻之以爲德[16]; 君先見所罰, 則臣鬻之以爲威[17]. 故曰[18]:
상　즉신육지이위덕　군선현소벌　즉신육지이위위　고왈

"國之利器, 不可以示人." 靖郭君相齊[19], 與故人久語[20], 則故人富;
국지이기　불가이시인　정곽군상제　여고인구어　즉고인부

懷左右刷[21], 則左右重[22]. 久語懷刷, 小資也[23], 猶以成富, 況於吏勢
회좌우쇄　즉좌우중　구어회쇄　소자야　유이성부　황어이세

乎[24]?
호

「內儲說下내저설하・說一설1」

▌ 어휘 설명

1) 借(차): 넘겨주다. 양보하다. 이양하다.

2) 失(실): 놓다. 상실하다.

3) 得借(득차): 군주의 권력을 넘겨받다.

力多(역다): 비중이 증대하다.

4) 內外(내외): 조정 안팎.

　　爲用(위용): 이용당하다.

5) 壅(옹): 막히다. 가려지다. 옹색해지다.

6) 勢重(세중): 권세.

7) 勢重之魚(세중이어): 군주라는 심연(深淵) 속의 물고기.

8) 復得(부득): 다시 돌아오다.

9) 收(수): 회수하다. 거둬들이다.

10) 正言(정언): 직언하다.

11) 托(탁): 가탁하다. 비유하다.

12) 利器(이기): 예리한 무기. 편리한 치리 도구.

13) 操(조): 장악하다. 조종하다.

　　制(제): 제압하다. 통제하다. 복종시키다.

14) 得(득): 도용(盜用)하다.

　　擁主(옹주): 군주를 가리다. 군주를 기만하다.

15) 見(현 xiàn): 드러내다. 내보이다.

　　所賞(소상): 상을 내릴 기미.

16) 鬻(육): 팔고 다니다. 은근히 과시하다.

　　以爲德(이위덕): 자기의 은덕으로 돌리다.

17) 以爲威(이위위): 자신의 위세를 과시하다.

18) 故(고): 옛말. 『노자·제36장』에 "魚不可脫於淵, 國之利器, 不可以示人."라고 했다.

19) 靖郭君(정곽군): 전국시대 제(齊)나라 공자 전영(田嬰). 靖郭은 그의 봉읍(封邑)이며, 맹상군의 아버지이자 제나라 선왕(宣王)의 동생으로 재상을 지냈다.

20) 故人(고인): 옛 지인.

21) 懷(회): 하사하다. 위로하다.

　　刷(쇄): 작은 물품.

22) 重(중): 지위가 올라가다.

23) 小資(소자): 미미한 후원.

24) 於吏勢(어리세): 관리에게 권세를 양도하다.

人主之患

04 人主之患, 在於信人, 信人, 則制於人[1]. 人臣之於其君[2], 非有骨肉之
　　인 주 지 환　재 어 신 인　신 인　즉 제 어 인　인 신 지 어 기 군　비 유 골 육 지

親也, 縛於勢而不得不事也[3]. 故爲人臣者, 窺覘其君心也[4], 無須臾之
친 야　박 어 세 이 부 득 불 사 야　고 위 인 신 자　규 점 기 군 심 야　무 수 유 지

休[5], 而人主怠傲處上[6], 此世所以有劫君殺主也[7]. 爲人主而大信其子,
휴　이 인 주 태 오 처 상　차 세 소 이 유 겁 군 살 주 야　위 인 주 이 대 신 기 자

則奸臣得乘於子以成其私[8], 故李兌傳趙王而餓主父[9]. 爲人主而大信
즉 간 신 득 승 어 자 이 성 기 사　고 이 태 전 조 왕 이 아 주 부　위 인 주 이 대 신

其妻, 則奸臣得乘於妻以成其私, 故優施傳麗姬殺申生而立奚齊[10].
기 처　즉 간 신 득 승 어 처 이 성 기 사　고 우 시 전 여 희 살 신 생 이 입 해 제

夫以妻之近與子之親而猶不可信, 則其餘無可信者矣.
부 이 처 지 근 여 자 지 친 이 유 불 가 신　즉 기 여 무 가 신 자 의

「備內비내」

■ 어휘 설명

1) 制於人(제어인): 남에게 통제되다. 남에게 제압당하다.

2) 人臣之於其君(인신지어기군): 신하가 자기 임금에 대하여. 之는 주격 조사이고, 여기서의 於는 '對於(대어, ~에 대해서)'와 같다.

3) 縛(박): 얽매이다.
　　事(사): 섬기다.

4) 窺覘(규점 kuī chān): 엿보다. 몰래 살펴보다.

5) 須臾(수유): 잠시. 매우 짧은 시간을 뜻한다.

6) 怠傲(태오): 예의 없이 거드름을 피우다.
　　處上(처상 chǔ shàng): 윗자리에 거하다.

7) 所以(소이): ~하는 까닭.
　　劫君殺主(겁군살주): 군주를 납치하여 시해하다.

8) 得乘(득승): 틈타다. 이용하다. 편승하다.

成其私(성기사): 자신의 사리사욕을 채우다.

9) 李兌(이태): 전국시대 조(趙)나라의 대신. 조나라 무령왕(武靈王, B.C.325~B.C.299년 재위)이 왕위를 차남 조하(趙何) 곧 혜문왕(惠文王)에게 양위하고 자칭 주보(主父)라고 했다. 혜문왕 4년에 주보가 조나라를 다시 둘로 나눠 조하를 조왕(趙王)에 봉하고, 장남 조장(趙章)을 대왕(代王)에 봉하려 했으나 조장이 반란을 일으켰다. 공자 조성(趙成)과 이태 등이 난을 평정했고, 조장은 주보의 사구궁(沙丘宮)으로 피난했으나 이태 등이 궁을 포위해 조장을 죽였고, 주보는 궁에서 나가지 못한 채 석 달 후 아사(餓死)했다. 이태는 조성의 뒤를 이어 상국(相國)이 되었다.

傳(전): 보필하다. 보위하다.

餓(아): 아사시키다.

10) 優施(우시): 춘추시대 진(晉)나라 헌공(獻公)에게 총애를 받던 배우. 헌공의 부인 여희(驪姬)와 사통하여 여희가 태자 신생(申生)을 모함해 살해한 이른바 여희의 난(亂)을 도왔다.

麗姬(여희): 춘추시대 진헌공의 총희(寵姬). 원래 여융국(麗戎國) 군주의 딸로 헌공에게 포로로 잡혀왔으나 자색이 빼어나 총애를 받고 아들 해제(奚齊)를 낳았다. 서자 해제를 보위에 앉히려 또한 훗날 문공(文公)이 되는 중이(重耳), 혜공(惠公)이 되는 이오(夷吾) 등 적자들을 국외로 추방했다. 달리 '驪姬(여희)' 또는 '孋姬(이희)'라고도 부른다.

奚齊(해제): 춘추시대 진헌공의 총희 여희 소생의 서자. 헌공 서거 후, 14세에 보위에 올랐으나 몇 일만에 보필을 부탁받은 대신 이극(里克)에게 살해되었다.

君主四美

05 愛臣太親, 必危其身; 人臣太貴, 必易主位¹; 主妾無等², 必危嫡子³;
애신 태친 필위기신 인신 태귀 필역주위 주첩무등 필위적자

兄弟不服, 必危社稷⁴. 臣聞千乘之君無備⁵, 必有百乘之臣在其側⁶,
형제불복 필위사직 신문천승지군무비 필유백승지신재기측

以徙其民而傾其國⁷; 萬乘之君無備⁸, 必有千乘之家在其側⁹, 以徙其
이사기민이경기국 만승지군무비 필유천승지가재기측 이사기

威而傾其國. 是以奸臣蕃息¹⁰, 主道衰亡¹¹. 是故諸侯之博大¹², 天子
위이경기국 시이간신번식 주도쇠망 시고제후지박대 천자

之害也; 群臣之太富, 君主之敗也¹³. 將相之管主而隆家¹⁴, 此君人
지해야 군신지태부 군주지패야 장상지관주이융가 차군인

者所外也¹⁵. 萬物莫如身之至貴也¹⁶, 位之至尊也, 主威之重, 主勢之
자소외야 만물막여신지지귀야 위지지존야 주위지중 주세지

隆也. 此四美者¹⁷, 不求諸外¹⁸, 不請於人¹⁹, 議之而得之矣²⁰. 故曰:
융야 차사미자 불구저외 불청어인 의지이득지의 고왈

"人主不能用其富²¹, 則終於外也²²." 此君人者之所識也²³.
인주불능용기부 즉종어외야 차군인자지소지야

「愛臣애신」

■ 어휘 설명

1) 易(역): 바꾸다. 대신 차지하다.
   主位(주위): 왕위. 군왕의 자리.
2) 主妾(주첩): 왕후와 후궁.
   等(등): 차별. 등급.
3) 嫡子(적자): 본처가 낳은 아들.
4) 社稷(사직): 토지신(土地神)과 곡식(穀神)에게 제례를 올리는 곳. 국가 또는 왕조를 상징한다.
5) 臣(신): 한비자 자신을 가리킨다.
   千乘之君(천승지군): 병거(兵車)를 천 대 보유한 군주. 곧 제후(諸侯)를 가리킨다.

備(비): 방비. 대비.

6) 百乘之臣(백승지신): 병거 백 대를 보유한 대신(大臣). 곧 대부를 가리킨다.

7) 徙(사): 이주시키다. 강제로 빼앗아간다는 뜻이다.

   傾(경): 무너뜨리다. 전복(顚覆)시키다.

8) 萬乘之君(만승지군): 병거를 만 대 보유한 군주. 천자(天子) 또는 강대국의 군왕을 가리킨다.

9) 千乘之家(천승지가): 천승이나 되는 집안. 원래 제후를 가리키나, 천자의 나라에 반기를 든 제후의 나라를 사가(私家)로 낮추어 부르는 표현이다.

10) 蕃息(번식): 번성하다. 세력을 더욱 확장하다.

11) 主道(주도): 군왕의 세력.

12) 博大(박대): 확대. 강대함.

13) 敗(패): 쇠락. 실패. 패착.

14) 將相(장상): 장수와 재상.

    管主(관주): 군주를 통제하다. 군주의 일을 참견하다.

    隆家(융가): 사가를 융성케 하다. 자기 집안을 일으키다.

15) 外(외): 배척하다. 배제하다.

16) 莫如(막여): 아무 것도 ~만한 것이 없다. 최상급 비교의 표현이다.

17) 美(미): 미덕. 장점.

18) 求諸外(구저외): 밖에서 구하다. 諸는 '之於'의 준말이며, '之'는 四美를 가리킨다.

19) 請於人(청어인): 남에게 도움을 요청하다.

20) 議(의): 올바르게 처리하다. 적절하게 처신하다. '義(옳을 의)'와 통한다.

21) 富(부): 자산. 재산. 자원.

22) 終於外(종어외): ① 끝내 배제되다. ② 밖으로 쫓겨나 생을 마치다.

23) 識(지 zhì): 기억하다. 명심하다. '記(기록할 기)'와 통한다.

明君之道

06 故曰: "寂乎其無位而處[1], 漻乎莫得其所[2]." 明君無爲於上, 羣君臣竦
　　　고왈　적호기무위이처　요호막득기소　명군무위어상　군군신송

懼乎下[3]. 明君之道, 使智者盡其慮[4], 而君因以斷事[5], 故君不躬於智[6];
구호하　명군지도　사지자진기려　이군인이단사　고군불궁어지

賢者勑其材[7], 君因而任之[8], 故君不躬於能[9]; 有功則君有其賢[10], 有過
현자칙기재　군인이임지　고군불궁어능　유공즉군유기현　유과

則臣任其罪, 故君不躬於名[11]. 是故不賢而爲賢者師[12], 不智而爲智
즉신임기죄　고군불궁어명　시고불현이위현자사　부지이위지

者正[13]. 臣有其勞, 君有其成功, 此之謂賢主之經也[14].
자정　신유기로　군유기성공　차지위현주지경야

「主道주도」

■ 어휘 설명

1) 寂乎(적호): 고요한 모양.
   無位而處(무위이처): 군왕 자리가 빈 것처럼 숨어살다.

2) 漻乎(요호): 텅 비워 쓸쓸한 모양. '寥(쓸쓸할 요)'와 통한다.
   莫得其所(막득기소): 군왕이 어디에 있는지 아무도 모르다.

3) 竦懼(송구): 황공(惶恐)하다. 황송(惶悚)하다. 조심하며 두려워하다.

4) 盡其慮(진기려): 생각을 짜내다. 사고에 진력하다.

5) 斷事(단사): 결단하다. 정사(政事)를 판단하다.

6) 不躬於智(불궁어지): ① 지혜가 떨어지지 않다. 躬은 '窮(다할 궁)'과 통한다. ② 몸소 지혜를 발휘하지 않는다. 躬은 몸소 행한다는 뜻이다.

7) 勑其材(칙기재): ① 재능을 발휘하도록 당부하다. 勑(칙)은 '勅(신칙할 칙)'과 같다. ② 자기의 재능을 열심히 발휘하다. 勑(래)는 '勤勞(근로)'의 뜻이다.

8) 任(임): 임용하다.

9) 能(능): 능력. 재능.

10) 功(공): 공적. 공로.

君有其賢(군유기현): 군왕이 훌륭하다는 칭송을 누리다.

11) 名(명): 명성. 명예. 칭송.

12) 爲賢者師(위현자사): ① 현인의 스승이 되다. ② 현능함을 본받을 모범이 되다.

13) 正(정): 군장(君長). 우두머리

14) 有成功(유성공): 성과를 향유하다.

15) 經(경): 상법(常法). 영원불변의 법칙.

5. 理想(이상)

危殆之行

01 堂谿公謂韓子曰[1]: "臣聞服禮辭讓[2], 全之術也[3]; 修行退智[4], 遂之道
   당계공위한자왈   신문복례사양   전지술야   수행퇴지   수지도

也[5]. 今先生立法術, 設度數[6], 臣竊以爲危於身而殆於軀[7]. 何以效之[8]?
야   금선생입법술 설도수   신절이위위어신이태어구   하이효지

所聞先生術曰: '楚不用吳起而削亂[9], 秦行商君而富彊[10], 二子之言
소문선생술왈   초불용오기이삭란   진행상군이부강   이자지언

已當矣[11]. 然而吳起支解而商君車裂者[12], 不逢世遇主之患也[13].' 逢遇
이당의   연이오기지해이상군거열자   불봉세우주지환야   봉우

不可必也[14], 患禍不可斥也[15], 夫舍乎全遂之道而肆乎危殆之行[16],
불가필야   환화불가척야   부사호전수지도이사호위태지행

竊爲先生無取焉[17]."
절위선생무취언

■ 어휘 설명

1) 堂谿公(당계공): 전국시대 한(韓)나라 소후(昭侯) 때의 인물. 당계라는 복성을 가졌으며, 「한비자 ·
   외저설우상 · 경1」에 "堂谿公知術(당계공이 통치술에 대해 안다)"라고 한 말을 비롯하여 본문의
   어투로 보아 도가(道家)에 속하며, 한비자보다 연배가 꽤 높은 인물로 짐작된다.
   韓子(한자): 한비자.
2) 服禮辭讓(복례사양): 고례(古禮)와 겸양의 미덕을 행하다. 服은 '行(행할 행)'과 통한다.
3) 全(전): 자기 자신을 보전하다.
4) 退智(퇴지): 지혜를 숨기다. 재능을 감추다.
5) 遂(수): 명예를 성취하다. 『묵자(墨子) · 수신(修身)』에 "공을 이루면 명예도 성취한다(功遂名遂)"라
   고 하였다.
6) 度數(도수): 규칙. 규정.

7) 竊(절): 몰래. 가만히. 곰곰이.

殆於軀(태어구): 몸을 위태롭게 하다. 생명을 위협한다는 뜻이다.

8) 效(효): ① 검증하다. ② 본받다.

9) 削亂(삭란): 국력이 쇠퇴하다. 오기가 초나라에서 변법(變法)을 실시해 초나라의 국력이 크게 강성해졌으나 옛 귀족세력의 이익을 해쳐 이들이 병변(兵變)을 일으켜 오기를 살해하고 변법을 폐지했다. 이로부터 초나라 국력이 다시 쇠락했다.

10) 商君(상군): 전국시대 법가의 대표 정치인물 상앙(商鞅). 원래 위(魏)나라 출신이지만 진(秦)의 효공(孝公)에게 중용되어 변법을 실시해 진나라를 부유한 강대국으로 개조시켰다. 개혁과정에서 엄혹한 형법을 적용해서 옛 귀족세력에게 많은 해를 입혔고 이들의 보복으로 결국 살해되었다. 그러나 상앙의 변법은 훗날 시황제의 천하통일에 초석이 되었다는 평가를 받는다.

11) 當(당): 타당하다고 증명되다.

12) 支解(지해): 사지가 찢어지다. 오기는 살해당한 후에 시신이 거열형을 당했다. 支는 '肢(사지지)'와 통한다.

車裂(거열): 거열형. 죄인의 머리와 사지를 말이 끄는 수레에 묶어 각기 다른 방향으로 달리게 해 죄인의 몸을 여섯 조각으로 찢어 죽이는 형벌이다.

13) 逢世遇主(봉세우주): 자기의 포부를 펼칠 시대와 자기를 알아주는 군주를 만나다.

患(환): 재앙.

14) 必(필): 단정하다. 결정하다. 확정하다.

15) 斥(척): 물리치다. 배척하다. 배제하다.

16) 舍(사): 버리다. 포기하다. '捨(버릴 사)'와 같다.

肆(사): 극에 달하다. 제멋대로 고집하다.

17) 無取焉(무취언): 선택하지 말라. 焉은 '於之(어지)'의 준말이고 之는 '危殆之行'을 가리킨다.

利民萌便衆庶

02　韓子曰: "臣明先生之言矣. 夫治天下之柄¹, 齊民萌之度², 甚未易
　　　한자왈　신명선생지언의　부치천하지병　제민맹지도　심미이

處也³. 然所以廢先王之教⁴, 而行賤臣之所取者⁵, 竊以爲立法術, 設
처야　연소이폐선왕지교　이행천신지소취자　절이위입법술　설

度數, 所以利民萌便衆庶之道也⁶. 故不憚亂主闇上之患禍⁷, 而必思
도수　소이이민맹편중서지도야　고불탄난주암상지환화　이필사

以齊民萌之資利者⁸, 仁智之行也. 憚亂主闇上之患禍, 而避乎死亡
이제민맹지자리자　인지지행야　탄난주암상지환화　이피호사망

之害⁹, 知明夫身而不見民萌之資利者¹⁰, 貪鄙之爲也¹¹. 臣不忍嚮貪
지해　지명부신이불견민맹지자리자　탐비지위야　신불인향탐

鄙之爲¹², 不敢傷仁智之行. 先王有幸臣之意¹³, 然有大傷臣之實¹⁴."
비지위　불감상인지지행　선왕유행신지의　연유대상신지실

「問田문전」

▌어휘 설명

1) 柄(병): 권병. 권력.

2) 齊(제): 통일하다. 가지런히 하다.

　民萌(민맹): 백성. 민중. 萌은 '氓(백성 맹)'과 통한다.

　度(도): 법도.

3) 未易處(미이처): 다루기 쉽지 않다. 시행하기 쉽지 않다.

4) 所以~者(소이~자): ~하는 까닭은.

　廢(폐): 폐하다. 폐지하다.

　教(교): 예교. 예법.

5) 賤臣(천신): 한비자 자신을 낮추어 지칭하는 말이다.

　所取(소취): 선택한 것. 곧 법치의 주장을 말한다.

6) 所以(소이): ~하는 방편. ~하는 도구.

　便(편): 편하게 하다. 편리하게 하다.

7) 憚(탄): 꺼리다. 두려워하다.

　亂主闇上(난주암상): 폭군과 혼군(昏君). 난폭한 군주와 아둔한 군주.

　患禍(환화): 재앙. 환란.

8) 資利(자리): 이익.

9) 避(피): 도피하다.

　害(해): 위험. 박해.

10) 明夫身(명부신): 명철보신(明哲保身)하다.

11) 貪鄙之爲(탐비지위): 생을 탐하는 비열한 행위.

12) 不忍嚮(불인향): 차마 선택하지 못하다. 嚮은 '向(향할 향)'과 같다.

13) 先王(선왕): 당연히 '先生(선생)'으로 되어야 한다.

　幸(행): 아끼다. 아끼고 보호하다.

14) 實(실): 실질. 결과. 내용.

우리말 해석

1. 반상고주의(反尙古主義)

정나라 사람의 신발사기(鄭人買履)

01 정나라 사람이 신발을 사려고 먼저 줄로 자기 발 치수를 재고선 자기가 앉았던 자리에 놓아두었다. 시장에 도착해보니 치수를 잰 줄을 까먹고 가져오지 않았다. 이미 신발을 고르고서는 그제야 말했다. "내가 치수를 잰 줄을 가져오는 것을 까먹었네!" 다시 집으로 되돌아가 재어놓은 치수를 가지고 다시 돌아보니 시장이 파하여서 결국 신발을 사지 못했다. 사람들이 말했다. "왜 발로 직접 신어보지 않았소?" 그가 말했다. "척도를 믿을지언정 내 발은 못 믿겠소."

수주대토(守株待兎)

02 상고시대는 인구가 적고 짐승이 많아 백성들이 들짐승과 날짐승, 해충과 뱀의 해악을 감당할 수 없었다. 이때에 한 성인이 나와서 나무 위에 움막을 엮어서 뭇 짐승으로부터의 해악을 피하게 해주어 백성들이 기뻐하여 그를 천하를 다스리는 왕으로 추대하고 '유소씨'라고 불렀다. 백성들이 야생 열매와 조개와 같은 어패류를 먹었으니, 비린내와 누린내와 같은 악취가 심한데다 뱃속 소화 장기를 다치게 해 백성들의 병이 많았다. 이때에 한 성인이 나와서 부싯돌을 쳐서 불씨를 취해서 비린내와 누린내를 없애주자 백성들이 기뻐하여 그를 천하를 다스리는 왕으로 추대하고 '수인씨'라고 불렀다. 중고시대는 천하에 홍수가 났고, 계와 우임금 부자가 강둑을 터서 큰 강으로 물을 댔다. 근고시대는 걸왕과 주왕이 포악해 천하가 혼란했고 이에 탕왕과 무왕이 그들을 정벌했다. 만약 대우(大禹)시대에 이르러서도 여전히 나무 위에 움막을 엮고 부싯돌로 불씨를 취한다면 반드시 계와 우임금 부자가 비웃을 것이고, 은대와 주대에 이르러서도 여전히 강둑을 터는 치수사업에 매달린다면 반드시 탕왕과 무왕이 비웃을 것이다. 그렇다면 지금 이 시대에 이르러서도 요임금, 순임금, 탕왕, 무왕, 우임금의 치리 방식을 칭송하는 자가 있다면 반드시 새로 나온 성인에게 비웃음거리가 될 것이다. 그러므로 성인은 옛 방식을 그대로 배우길 원하지 않으며, 불변의 법칙으로 떠받들고 묵수하지 않고 그 시대의 사정을 고려하여 이에 상응하는 대비책을 내놓는다. 송나라에 밭을 가는 자가 있었다. 밭 안에 그루터기가 있었는데, 토끼가 달아나다가 그루터기에 부딪혀서 목이 부려져 죽었다. 이때부터 쟁기를 내던지고 그루터기를 지키며 다시 토끼를 거저줍기를 기다렸으나 토끼를 거저줍기는커녕 스스로 송나라 전국의 웃음거리가 되었다. 지금 선대 성군의 정치를 가져다가 이 시대의 백성을 다스리려 한다면 이는 모두 그루터기를 지키면서 토끼를·거저줍기를 기다리는 부류이다.

나라를 갉아먹는 다섯 가지 좀(邦國五蠹)

03 그러므로 나라를 혼란에 빠트리는 풍기는 이러하다. 유가 학자는 입만 떼면 고대 성군의 치리방식을 거론함으로써 인의도덕을 선양하며, 용모와 복식을 거추장스럽게 중시하며, 변설을 그럴싸하게 치장하여 당대의 법제에 의문을 제기해 군왕의 마음을 흔들어놓는다. 옛 것을 읊어대는 종횡가는 사실을 날조하여 사기를 치며, 외국의 힘을 끌어와 사익을 챙기고 사직의 이익을 저버린다. 검을 차고 떠도는 자객은 도당을 취합하여 절의를 표방함으로써 명성을 날리나 국가의 법령을 어긴다. 병역을 기피하는 자는 권문세가의 집에 모여들어 온갖 뇌물을 가져다 바치고 권세가의 청탁을 이용하여 전장에 나가 싸우는 노고를 회피한다. 상인과 수공업자는 품질이 조악하고 하자가 많은 기물을 제조하여 호화로운 재물을 끌어 모으며, 물자를 축적하여 시기를 엿보며 매점매석하여 농민으로부터 폭리를 취한다. 이 다섯 가지는 나라를 갉아먹는 좀이다. 군왕이 이 다섯 가지 좀과 같은 존재를 없애지 않은 채, 우국충정의 강직한 인재를 양성하지 않는다면 천하에 패망하는 국가와 소멸하는 조정이 생길지라도 이상하게 여기지 말아야 한다.

왕량이 마차를 몰다(王良御馬)

01 명마와 견고한 수레를 노비에게 몰게 하면 남들이 비웃으나 마차몰이 명인 왕량이 몰면 하루에 천리를 달린다. 수레와 말이 달라지지 않았건만 혹자는 천리를 가고 혹자는 남들의 웃음거리가 된다면 기술이 좋고 나쁜 차이가 너무 나기 때문이다. 지금 군왕이라는 자리를 수레로 치고, 권세를 말로 치고, 호령을 고삐로 치고, 형벌을 채찍으로 쳐서 요임금과 순임금에게 몰게 하면 천하가 잘 다스려지고, 걸왕과 주왕에게 몰게 하면 천하대란이 일어난다면, 현명하고 못난 차이가 너무 크기 때문이다. 신속히 먼 길을 질주하여 도달하기 바라면서 왕령에게 맡길 줄 모르고, 국익을 중대시키고 해악을 제거하길 바라면서 현능한 인재에게 일임할 줄 모른다면 이는 비슷한 사물의 특성을 유추할 줄 모르는 병통이다. 요임금과 순임금 역시 백성을 다스리는 방면의 왕량이다.

왕량을 기다릴 필요가 무엇 있는가(何必待王良乎)

02 더욱이 백 일 동안 먹지 못하다가 맛난 기장밥과 고기반찬을 기다린다면 굶주린 자는 살아남지 못한다. 지금 요임금과 순임금과 같은 현군을 기다려 당대의 백성을 다스리려고 한다면 이것은 맛난 기장밥과 고기반찬을 기다려서 굶주려 죽어가는 사람을 살리겠다는 말이다. "명마와 견고한 수레를 노비에게 몰게 하면 남들이 비웃으나 마차몰이 명인 왕량이 몰면 하루에 천리를 달린다."라고 말했는데, 나는 동의하지 않는다. 바다수영에 능한 월나라 사람을 기다렸다가 물에 빠진 중원 사람을 구한다면 월나라 사람이 수영에 능하지만 물에 빠진 사람을 구하지 못한다. 고대의 왕량을

기다려서 지금의 말을 몰려고 한다면 이 또한 월나라 사람을 데려와 물에 빠진 사람을 구한다는 말과 같으니, 불가능함이 역시 명백하다. 명마와 견고한 수레를 갖춘 역참을 오십 리마다 한 곳에 두어 보통 마부에게 몰게 하여도 신속히 먼 길을 질주해 도달할 수 있어 하루에 천 리를 갈 수 있는데 고대의 왕량을 기다릴 필요가 무엇 있겠는가! 게다가 마차몰기를 왕량에게 맡기지 않으면 반드시 노비에게 맡겨 일을 망칠 것이며, 치리를 요임금과 순임금에게 맡기지 않으면 반드시 걸왕과 주왕에게 맡겨 천하를 혼란에 빠트릴 것이다. 이는 맛이 엿과 꿀처럼 단 맛이 아니라면 반드시 고채 잎이나 정력 씨앗처럼 쓴 맛뿐인 것과 같다. 이것은 군더더기가 많은 군말이자 상리에 어긋난 논리로 극단적인 주장이다.

보석함을 사고 진주는 돌려주다(買櫝還珠)

03 초나라 왕이 묵자의 제자 전구에게 말했다. "묵자는 저명한 학자이다. 그가 몸으로 실천하는 점은 좋은데 그가 이것저것 많은 말을 했지만 어눌한 것은 왜인가?" 아뢰었다. "옛적에 진(秦)나라 군주가 딸을 진(晉)나라 공자에게 시집보내면서 딸의 거처를 잘 꾸며달라고 진(晉)나라에 당부하고, 화려하게 차려입은 하녀와 몸종 일흔 명을 딸려 보냈습니다. 진(晉)나라에 당도하자 진(晉)나라 사람들이 첩들만 예뻐하고 공주를 천대했으니, 이는 첩들을 시집 잘 보냈다고 말할 수 있겠으나 딸 시집을 잘 보냈다고 말할 수 없겠지요. 초나라의 어떤 사람이 진주를 정나라에 팔면서 목련나무로 함을 만들어 계피와 산초로 훈증하고 구슬옥을 촘촘히 박고 아름다운 옥으로 장식하고 비취를 실로 꿰어 붙였습니다. 정나라 사람들이 함을 사고 진주는 돌려보냈으니, 이는 함을 잘 팔았다고 말할 수 있으나 진주를 잘 팔았다고 말할 수 없겠지요. 요즈음의 담론은 모두 말재주와 화려한 수사로 치장한 말을 구사하는데, 군왕들은 표면적인 말솜씨만 보고 실제적인 유용성을 망각합니다. 묵자의 말은 고대 성군의 방책을 전하고 성인의 말씀을 천명함으로써 사람들에게 널리 선양하는 것입니다. 만약 말재주를 그럴싸하게 꾸민다면 사람들이 화려한 수사만 기억하고 내재적인 가치를 잊어버려 화려한 수사가 실용성을 해칠까봐 염려했습니다. 이는 초나라 사람이 진주를 팔고 진(秦)나라 군주가 딸을 시집보내는 것과 같은 일이며, 그래서 그의 말은 대부분 어눌합니다."

오기가 군졸의 고름을 빨아주다(吳起吮膿)

04 오기가 위나라의 장수가 되어 중산국을 칠 때 등창을 앓는 군인가 있었다. 오기가 무릎을 꿇고 앉아 몸소 그의 고름을 빨아주었는데 부상병의 모친이 듣자마자 즉시 울었다. 사람들이 물었다. "장군께서 당신 아들에게 이와 같이 대하는데, 오히려 무엇 때문에 우는 거요?" 대답했다. "오기가 아이 아버지의 상처를 빨아주어 아버지가 전사했는데, 이제 이 아이 또한 장차 죽게 생겼으니 지금 내가 이 때문에 우는 것이오!"

송나라 사람이 술을 팔다(宋人酤酒)

05 송나라에 술을 파는 사람이 있었다. 술을 아주 정직하게 팔았고, 손님에게 아주 친절하게 대했다. 술을 아주 맛있게 빚었으며, 가게 앞의 기치도 아주 높이 매달았다. 그런데도 눈에 띄게 잘 팔리지 않아 술이 시어 버렸다. 무슨 영문인지 몰라 마을에서 친하게 지내는 연장자인 양천(楊倩)에게 물어보았다. 양천이 말했다. "자네 집에 맹견이 있는가?" 대꾸했다. "맹견이 있다고 술이 왜 팔리지 않는다 말입니까?" 양천이 말했다. "사람들이 무서워하기 때문이라네. 어떤 사람은 아이에게 돈을 품에 넣어주고 술항아리를 들고 가서 술을 사오게 하지. 그러나 개가 덤벼들어 아이를 물어버리니 이 때문에 술이 시어 버리고 팔리지 않는다네." 나라에도 맹견이 있다. 재능이 있는 인재가 치국의 방책을 품고 대국의 군왕을 일깨우고자 하나 간혹 대신이 맹견이 되어 그에게 덤벼들어 물어뜯는다. 이 때문에 군왕이 간신에게 가려져 조종을 당하며, 이 때문에 치국의 방책을 가진 인재가 등용되지 않는다.

제당에 숨어사는 쥐가 가장 큰 골칫거리(最患社鼠)

06 이에 따라 제나라 환공이 관중에게 물었다. "나라를 다스림에 무엇이 가장 큰 걱정거리요?" 아뢰었다. "제당(祭堂)의 쥐가 가장 걱정거리입니다." 환공이 말했다. "어떻게 제당의 쥐가 걱정거리입니까?" 아뢰었다. "군왕께서도 제당을 짓는 공정을 본 적이 있으신지요? 나무판을 엮어 골조를 세우고 그 위에 황토를 바르는데, 쥐가 그 틈새를 뚫고 굴을 파서 그 안에서 삽니다. 거기에 연기를 피우자니 나무판을 태울까 염려되고, 물을 쏟아 붓자니 황토가 떨어져나가 무너질까 염려되니, 바로 이 때문에 제당의 쥐를 잡지 못합니다. 지금 군왕 신변 측근들은 조정을 나서면 높은 권세를 이용해 백성으로부터 재물을 수탈하고 조정에 들어오면 당파를 결속하여 사욕을 채우고선 군왕 앞에서는 악행을 은폐합니다. 조정의 내신(內臣)은 군왕의 동태를 도성 밖의 외신(外臣)에게 통보함으로써 내신과 외신이 서로 결탁해 세력을 키우고, 대신(大臣)들과 모든 관료가 뇌물을 받아 치부합니다. 이러한 벼슬아치들을 죽이지 않으면 법제를 문란하게 하며, 죽이자니 군왕이 또한 불안해하므로 여전히 요직을 꿰차고 요지부동이니 이들이야말로 또한 나라의 제당 쥐입니다." 그러므로 남의 신하가 되어 권병을 잡았을 때 전횡을 일삼으면서 제 맘대로 금령을 내려 자기편이 되면 필히 이익을 얻을 것이고, 자기편이 되지 않으면 필히 해를 당할 것임을 천명하는데, 이것 또한 맹견의 짓거리이다. 대신이건만 맹견이 되어 치리의 방책을 지닌 인재를 물어뜯고, 신변의 측근이 또한 제당의 쥐가 되어 군왕의 동태를 정탐하나 군왕이 알아채지 못한다면, 이러고서야 군왕이 어떻게 옹색하지 않을 수 있으며, 나라가 어떻게 망하지 않을 수 있겠는가?

법을 잘 지키는 신하(守法之臣)

07 초나라 장왕이 급히 태자를 불렀다. 초의 국법은 수레의 궐문 안 진입을 금지하였다. 큰 비가 내려 궁궐 안에 고인 곳이 있어 태자가 결국 수레를 몰고 두 번째 궐문에 이르렀다. 형법관이 말했다. "수레의 궐문 안 진입이 금지되었으니 불법입니다. 태자가 말했다. "부왕께서 급히 불렀으니 고인 빗물이 빠질 때까지 기다릴 수 없다." 곧장 수레를 앞으로 몰았다. 형법관이 몽둥이 창을 들어 말을 후려치고 수레를 때려 부쉈다. 태자가 입궁하여 부왕 앞에서 울며 말했다. "부왕께서 급히 불러 수레를 몰고 두 번째 궐문에 당도했는데 관리가 불법이라며 몽둥이 창을 들어 제 말을 후려치고 제 수레를 때려 부쉈습니다. 필히 그를 죽이십시오." 장왕이 말했다. "앞에 연로한 임금이 있어도 법규를 어기지 않았고, 뒤에 보위를 이을 태자가 있는데도 아부하지 않았으니 참으로 자랑스럽도다! 이 관리야말로 참으로 법을 잘 준수하는 신하로다." 이에 작위를 두 단계나 승진시키고, 후문을 열어 태자 내보내며 당부했다. "과오를 되풀이하지 말라!"

3. 술(術)

흉중에 숨기다(藏於胸中)

01 관중의 이른바 궁실에서 한 말이 궁실 구석구석까지 들리고, 당상에서 한 말이 당상 구석구석까지 들린다는 것은 단지 놀고 마시고 먹는 것을 두고 한 말이 아니라 틀림없이 대사를 두고 한 말이다. 군왕의 대사는 법이 아니면 통치술이다. 법은 성문으로 문서에 기록하여 관부에 비치하고 백성들에게 공포하는 것이다. 통치술은 가슴속에 숨기고 신하의 갖가지 일을 비교해 참작하였다가 몰래 신하들을 통제하는 것이다. 그러므로 법은 명백한 것이 최상이지만, 통치술은 드러내길 원치 않는다. 따라서 명군은 법을 거론하면 나라 안의 비천한 자까지 듣고서 이해하지 않는 자가 없으니, 단지 당상의 신하만 알게 하지는 않는다. 통치술을 부릴 때는 총애하는 측근심복조차 알 수 없으니, 궁실 안 보통 신하는 알 리가 없다. 그러나 관중이 오히려 말하길, "궁실에서 한 말이 궁실 구석구석까지 들리고, 당상에서 한 말이 당상 구석구석까지 들린다."라고 한 것은 법과 통치술에 부합하지 않는다.

통치수완이 없는 폐해(無術之患)

02 남에게 나랏일을 맡기는 일은 국가의 존망과 치란이 달린 관건이므로 통치술을 발휘하여 사람을 쓰지 않으면 사람을 쓸 때마다 실패한다. 군왕의 인재임용 기준은 말재간과 지적 능력 아니면 도덕성과 청렴 여부이다. 인재를 임용함은 그에게 권세를 갖도록 하는 일이다. 총명한 인재라고 반드시 믿을만하지 않는 법이나, 그의 총명함을 중시하므로 이로 인해 그가 믿음직하다고 착각한다. 총명한

인재의 타고난 지모에다 권세를 부리는 자리를 차지하고 개인적으로 급한 사욕을 챙긴다면 군왕은 꼼짝없이 그에게 기만당하기 마련이다. 총명한 인재는 믿을 수 없다고 해서 이에 도덕군자를 임용하여 나랏일을 결정하도록 시킨다. 도덕군자라고 반드시 총명하지 않는 법이나, 그의 처신이 청렴결백하므로 이로 인해 총명하다고 착각한다. 우매한 사람 특유의 흐리멍덩함을 지니고 나랏일을 다루는 자리를 차지하고 자기로선 옳다고 판단하는 일을 한다면 나랏일이 당연히 혼란에 빠지기 마련이다. 그러므로 통치술이 없이 사람을 쓰면, 총명한 사람에게 맡기자니 군왕을 기만하고 도덕군자에게 맡기자니 군왕의 일을 혼란에 빠뜨린다. 이것이 바로 통치술을 발휘하지 못해 초래한 폐단이다. 명군의 치국 방책은 신분이 미천한 자가 귀족의 잘못을 공론화할 수 있도록 허용하며, 아랫사람이 반드시 윗사람의 비행(非行)에 연대책임을 지도록 하며, 정책의 결정은 성실히 여러 의견을 참고하며, 의견을 청취할 때 당파의 이익에 좌우되지 않으므로 총명한 자라도 군왕을 속이지 못한다. 공로를 따져서 상을 베풀고, 능력을 헤아려 직책을 수여하고, 일의 원인을 꼼꼼히 분석해 과실의 소재를 잘 파악해서 과실이 있으면 징벌하고 유능하면 보상을 받으므로 우매한 자가 나랏일을 맡지 못한다. 총명한 자가 감히 군왕을 속이지 못하고, 우매한 자가 함부로 정사를 농단하지 못한다면 나랏일에 실정(失政)이 사라진다.

일곱 가지 정치적 술수(七術)

(1) 참관(參觀)

03 신하의 언행을 관찰하고 의견을 청취하고서 이를 검증하지 않는다면 참된 실정을 알기 어려우며, 한쪽 당파의 일방적 의견만 청취하면 신하가 군왕의 이목을 가린다.

장의는 진과 한나라가 위나라 세력과 연합해 제와 초나라를 치길 원했으나 혜시는 제와 초 나라와의 전쟁을 말리고자 했다. 두 사람이 다투자 신하들과 좌우 측근 모두 장의의 주장을 편들어 제와 초나라를 침공하는 것이 유리하다고 여겼고 아무도 혜자의 주장을 편들지 않았다. 위나라 왕은 결국 장의의 주장을 받아들이고 혜자의 주장은 불가하다고 보았다. 제와 초나라 침공이 기정사실화되었고, 혜자가 입궁해 알현했을 때 위나라 왕이 말했다. "선생은 아무 말도 하지 마시오. 제와 초나라를 치는 것이 과연 유리하다고 온 나라가 모두 그렇게 여기고 있소." 혜자가 기회를 봐서 말했다. "잘 살펴보지 않을 수 없습니다. 제와 초나라를 치는 일이 참으로 유리하다고 온나라가 모두 그렇게 여긴다면 이 얼마나 총명한 사람이 많은 것입니까! 제와 초나라를 치는 일이 참으로 불리하다고 나라 전체가 모두 그렇게 여긴다면 이 얼마나 우매한 자가 많은 것입니까! 무릇 모의를 한다는 것은 뭔가 미심쩍기 때문입니다. 뭔가 미심쩍다는 것은 확실히 의혹이 풀리지 않았다는 것인데, 그렇다면 찬성하는 쪽도 절반을 차지하고 반대하는 쪽도 절반을 차지합니다. 지금 나라 전체가 찬성한다고 하지만 이는 왕께서 절반의 의견을 놓친 것입니다. 남에게 좌지우지되는 군주는 참으로 절반의 의견을 놓친 군주입니다."

(2) 단호하게 징벌하여 위엄을 세우다(必罰明威)

04 군주는 자애가 지나치면 법제가 제대로 정착하지 않으며, 위엄이 부족하면 신하가 군주에게 대든다. 그러므로 형벌이 단호하지 않으면 금령이 시행되지 않는다.

위나라 혜왕이 복피에게 말했다. "그대가 듣기에 과인의 명망이 또한 어떠하오?" 아뢰었다. "신은 왕께서 자혜로우시다고 들었습니다." 왕이 흔연히 기뻐하며 말했다. "그렇다면 치적이 어떻게 될 것 같소?" 아뢰었다. "왕의 치적이 장차 멸망에 이를 것입니다." 왕이 말했다. "자혜로움은 선행인데, 선을 행하고도 왜 멸망한다 말이오?" 복피가 아뢰었다. "대체로 자애로운 군주는 모질지 못하며, 은혜로운 군주는 베풀기를 좋아합니다. 모질지 못하면 죄 지은 신하를 죽이지 못하며, 베풀기를 좋아하면 공로가 없어도 상을 내립니다. 죄를 지어도 징벌하지 않고 공로가 없어도 상을 받으면 비록 망하더라도 또한 당연하지 않겠습니까!'

(3) 포상 약속을 지켜 능력 발휘를 장려하다(信賞盡能)

05 포상과 칭찬이 인색하면 신하는 나서지 않으며, 포상과 칭찬이 후하면 신하는 몸을 내던진다.

오기가 위나라 무후 휘하의 서하군수가 되었을 때, 진나라의 작은 초소가 위나라 국경에 거의 인접해 있어 오기가 그곳을 공략하길 원했다. 제거하지 않자니 농부들의 피해가 심각하였고, 제거하자니 군인들을 징집할만한 가치가 없었다. 이에 북문 밖에 서있는 한 수레의 끌채 앞에 기대어 서서 영을 내렸다. "이것을 남문 밖까지 옮기는 자에게 최상급 농지와 최상급 주택을 하사할 것이다." 끌채 막대기를 옮기는 자가 아무도 없었는데, 마침내 그것을 옮기는 자가 있었고 돌아오자 내린 영 그대로 하사했다. 얼마 후에 다시 팥 한 섬을 동문 밖에 두고 열을 내렸다. "이것을 서문 밖까지 옮기는 자는 처음처럼 상을 내리겠다." 사람들이 앞을 다투었다. 이에 영을 내렸다. "내일 초소를 공략하고자 한다. 먼저 초소에 오르는 자는 나라의 대부로 삼고 최상급 농지와 주택을 하사하겠다." 병사들이 앞을 다투며 달렸고, 이에 초소를 공격한지 하루 아침나절에 초소를 점령했다.

(4) 일일이 듣고 판단하다(一聽)

06 군왕이 일일이 신하의 말을 듣고 직접 확인하면 혼란이 일어나지 않으며, 신하를 감독하며 일일이

따지면 총명한 자와 우매한 자가 뒤섞여 묻어가지 못한다.

제나라 선왕이 사람들을 모아 '우'라는 피리를 불게 했는데 반드시 삼백 명이 합주해야 했다. 도성 성곽 남쪽에 사는 한 처사가 선왕을 위해 우를 불기를 간청했다. 선왕이 그를 가상히 여기고 다른 수백 명 악공(樂工)과 동일한 봉급을 주며 대우를 했다. 선왕이 죽고 혼왕이 즉위해서 일일이 우를 독주하는 것을 듣길 좋아하자 처사는 도망갔다.

(5) 내심과 달리 속임수를 쓰다(詭使)

07 군주가 특정인을 자주 접견하나 자리를 주지 않으면 간신배가 겁을 먹고 뿔뿔이 흩어진다. 군자가 사자를 파견하여 다른 일을 탐문하면 신하가 감히 비밀을 숨기지 못하고 보고한다.

주나라 왕이 옥비녀를 분실하여 관리들에게 찾으라고 영을 내렸지만 사흘이 지나도록 찾지 못했다. 주나라 왕이 친히 사람을 보내 찾도록 시키자 일반 백성의 가옥에서 찾았다. 주나라 왕이 말했다. "나의 관리들은 일을 성실히 하지 않는구나. 옥비녀를 찾으라고 했더니 사흘이 지나도록 못 찾았는데, 내가 친히 사람을 보냈더니 한 나절 만에 찾았도다!" 이에 관리들 모두 두려워 벌벌 떨며 왕께서 신명스럽다고 여겼다.

(6) 속마음을 감추다(挾智)

08 이미 알고 있는 일을 모르는 척 물어보면 몰랐던 일이 드러난다. 한 사건을 깊이 이해할수록 수많이 은폐된 진상이 판명된다.

한나라 소후가 손톱을 가리고 짐짓 손톱 하나를 잃어버린 척 하고 매우 애타게 찾았다. 측근 신하 하나가 자기 손톱을 잘라 바쳤다. 소후가 이 일로 말미암아 측근 신하 중 누가 정직한지 알아냈다.

(7) 고의로 거짓말하고 허위 사실을 흘리다(倒言反事)

09 군왕이 고의로 거짓말하고 있지도 않는 일을 흘려 미심쩍은 일을 떠보면 누가 간사한지 그 진상을 알 수 있다.

자지가 연나라의 재상이 되어 당상(堂上)에 앉아서 일부러 거짓말을 했다. "방금 문 앞을 빠르게 지나간 것이 백마인가?" 좌우의 측근 모두 아무 것도 보지 못했다고 말했다. 어떤 자가 뛰쳐나가 쫓아가더니 보고했다. "백마가 있습니다." 자지가 이로써 좌우의 측근 중에서 누구 정직한지 알아냈다.

여섯 가지 숨겨진 비밀(六微)

누군가 손해 보면 누군가 반사이익을 챙긴다(有反)

01 사건이 발생하여 이익을 보는 일이 있으면 이익을 생기게 한 당사자가 이익을 누려야 마땅하며, 누군가 손해를 볼 때 누가 이득을 얻는지 반드시 살펴봐야 한다. 그러므로 명군은 사건을 처리할 때 나라가 피해를 입으면 누가 여기에서 이득을 보는지 살펴야 하며, 신하가 해를 당하면 누가 여기에서 반사이익을 챙기는지 조사해봐야 한다.

진문공(晉文公) 때에 취사장이 올린 불고기 위에 머리카락이 둘둘 감겨 있었다. 문공이 취사장을 불러 크게 꾸짖었다. "네가 과인더러 삼키고 목이 막히라는 말이냐? 어떻게 불고기에 머리카락이 감겨 있는가!" 취사장이 머리를 조아려 재배하고 죄를 청하면서 말했다. "신은 죽을죄를 세 가지 지었습니다. 숫돌로 칼을 갈았더니 보검 간장(干將)보다 더 예리해서 고기를 썰면 고기는 쉽게 잘리는데 머리카락은 자르지 못했으니, 신의 첫 번째 죄입니다. 나무꼬챙이로 저민 고깃살을 꿰면서 머리카락을 보지 못했으니, 신의 두 번째 죄입니다. 화로를 받쳐 들자 숯불이 온통 벌겋게 달아올라 불고기는 잘 익었는데 머리카락은 태우지 못했으니, 신의 세 번째 죄입니다. 당하의 수라간 시종 중에 혹시 남몰래 신을 미워하는 자가 없을 리 있습니까?" 문공이 말했다. "옳거니!" 이에 수라간의 시종들을 불러 문초하니 과연 그러해서 당장 그 자를 주살했다.

4. 세(勢)

치국은 권세에 의지한다(治國任勢)

01 명군은 나라를 다스릴 때 권세에 의지한다. 권세는 침범 불가이며, 비록 천하를 호령하는 강대국이라도 어찌지 못하니, 하물며 맹상군과 망묘, 한나라와 위나라가 나를 어찌하겠는가! 군주의 권세가 만만해 보이면, 여이와 위제 같이 무능한 인물을 비롯해 한나라와 위나라 같은 약소국까지 덤벼들 것이다. 그렇다면 침범당하고 침범당하지 않고는 군왕 자신에게 달려 있는 법, 남에게 물어 무엇하겠는가? 내 자신이 믿음직하면 남이 침범 불가인데 적의 강약을 무엇 하러 상관하겠는가? 잘못은 내 자신이 믿음직하지 못해서인데 적에게 나를 어찌할 것인가 묻는다면 침범을 당하지 않는 것이 요행이다.

모순

02 혹자가 말했다. "창과 방패를 파는 사람이 있었다. 자기의 방패가 얼마나 견고한지 어느 것도 방패를 뚫을 수 없다고 자랑했다. 잠시 후에 또 자기의 창을 자랑했다. '나의 창이 얼마나 예리한지 못 뚫는 물건이 없소!' 사람들이 그에게 대꾸했다. '당신의 창으로 당신의 방패를 뚫는다면 어떻게 되

오?' 그 사람이 대꾸를 못했다." 뚫을 수 없는 방패와 뚫지 못할 것이 없는 창은 논리상 양립할 수가 없다고 여겨서이다. 현자를 원칙상 권력자라도 통제할 수 없고, 권력자는 원칙상 통제하지 못할 것이 없다. 통제할 수 없는 것과 통제하지 못할 것이 없다는 이것은 모순된 말이다. 현자와 권력자는 서로 양립할 수 없음이 또한 명백하다.

권세는 빌려줄 수 없다

03 권력과 위세는 남에게 넘겨주면 안 된다. 군왕이 그 가운데 하나라도 놓아버리면 신하는 백으로 여기고 서로 다툰다. 그러므로 신하가 군왕의 권세를 빌릴 수 있으면 비중이 증대하고, 비중이 증대하면 군왕이 가려져 기만을 당한다.

권세라는 것은 비유하자면 군왕의 연못이고, 신하는 그 연못 안에서 노는 물고기이다. 물고기는 한번 연못을 떠나면 다시 돌아올 수 없고, 임금은 신하에게 연못을 빼앗기면 다시 거둬들이지 못한다. 옛날 사람들은 직언하기 어려웠으므로 물고기에 가탁해서 사리를 비유했다. 상과 벌은 치국의 이기로 군왕은 이를 조종하여 신하를 통제하고 신하는 이를 도용하여 군왕을 기만한다. 그러므로 군왕이 먼저 상을 내릴 기미를 내보이면 신하는 이를 팔아 자기의 은덕이라고 포장하며, 군왕이 벌을 내릴 기미를 내보이면 신하는 이를 팔아 자기의 위세를 과시하는 기회로 삼는다. 그러므로 『노자』에서 말했다. "나라의 이기를 남에게 보여줘선 안 된다." 장곽군이 제나라의 재상이 되어 옛 지인과 오래토록 이야기를 나눴는데 옛 지인이 부자가 되었고, 측근들을 작은 선물로 위로했는데 측근들의 정치적 비중에 높아졌다. 오래토록 이야기를 나누고 작은 선물로 위로하는 것은 미미한 후원이지만 오히려 이를 통해 치부를 하거늘, 하물며 관리에게 권세를 빌려주는 것은 어떠하겠는가!

군주의 우환

04 군왕의 우환은 남을 믿는 데에서 비롯되며, 남을 믿으면 남에게 통제된다. 신하는 군왕에게 혈육을 나눈 친척이 아니며, 권세에 얽매여서 부득불 섬길 뿐이다. 그러므로 남의 신하가 된 자는 군왕의 속내를 엿보느라 잠시도 쉬지 못하며, 군왕은 윗자리를 차지하고 거드름을 피우는데, 이것이 바로 세상에서 군왕을 납치해 살해하는 원인이다. 군왕이 되어서 자기 자식을 너무 믿으면 간신이 군왕의 자식을 이용해서 사리사욕을 채운다. 그러므로 이태가 조나라 혜문왕을 보필한다는 구실로 주보 무령왕을 굶겨 죽였다. 군왕이 되어서 너무 자기 처첩을 믿으면 간신이 군왕의 처첩을 이용해서 사리사욕을 채운다. 그러므로 우시가 여희를 도와 태자 신생을 살해하고 서자 해제를 보위에 세웠다. 처첩과 자식이라는 근친도 오히려 믿을 수 없거늘 그 나머지야 믿을 수 있는 자가 더더욱 없는 법이다.

군주의 네 가지 미덕(君主四美)

05 총애하는 신하를 너무 가까이하면 반드시 군왕의 신변을 위협하며, 신하의 지위가 너무 높아지면 반드시 군왕의 자리를 대신 차지합니다. 후비(后妃)와 후궁(後宮)을 차별하지 않으면 반드시 적자를 위협하며, 형제들이 불복하면 반드시 사직을 위태롭게 합니다. 신이 듣기로는, 천승이나 되는 나라의 임금이 방비를 소홀히 하면 반드시 백승의 대부가 그 옆에 있다가 백성을 강탈하여 나라를 무너뜨리며, 만승이나 되는 나라의 천자가 방비를 소홀히 하면 반드시 천승의 제후가 그 옆에 있다가 권세를 강탈하여 나라를 무너뜨립니다. 따라서 간신이 번성하면 군주의 권세는 쇠퇴합니다. 그러므로 제후의 강성함은 천자의 화근이며, 중신(衆臣)의 지나친 부는 군주의 쇠락을 초래합니다. 장수와 재상이 군주의 일을 참견하고 자신들의 집안을 융성케 한다면 이는 군왕을 배척하는 짓입니다. 만사가 군왕 자신이 가장 고귀하고, 군왕의 자리가 가장 존엄하며, 군왕의 위세가 가장 강대하며, 군왕의 권력이 가장 융성한 미덕만한 것이 없습니다. 이 네 가지 미덕은 밖에서 구할 수 없으며, 남에게 도와달라고 요청할 수도 없으니, 적절하게 처신해야 얻을 수 있습니다. 그래서 말합니다. "군왕이 자신의 자산을 활용하지 못한다면 밖으로 배척을 당한다." 이는 통치자가 명심해야 할 말입니다.

명군의 방식(名君之道)

06 그래서 말했다. "고요히 자리에 없는 듯 거처하며, 텅 빈 듯해 아무도 군주의 행방을 모른다." 명군은 당상에서 아무 것도 하지 않으나 신하들은 당하에서 황공해한다. 명군의 방식은 총명한 신하더러 생각을 다해 방책을 내놓도록 명하고 군왕은 이를 가지고 최종 결단을 내리므로 군왕의 지혜는 궁해질 때가 없다. 현능한 인재에게 재능을 발휘하도록 격려하고 군왕을 재능에 따라 신하를 임용하므로 군왕의 재능은 궁해질 때가 없다. 공적이 생기면 군왕이 현능하다는 칭송을 누리고 과오가 있으면 신하가 책임지고 징벌을 받으므로 군왕의 명예는 궁해질 때가 없다. 그러므로 현능하지 않아도 현능한 신하의 스승이 되고, 총명하지 않아도 총명한 신하의 임금이 된다. 신하는 노고를 하고 군왕은 성공의 결과를 누리니 이것을 일러 현군의 영원한 법칙이라고 한다.

위태로운 행보(行步)

01 당계공이 한비자에게 말했다. "제기 듣기로 옛 예법과 겸양의 미덕을 실천하는 것은 자기를 보전하는 학술이며, 품행을 수양하고 지혜를 숨기는 것은 명예를 지키는 방법입니다. 지금 선생이 법제를 확립하고 규정을 제정하는 것은 제가 곰곰이 생각건대 몸과 생명을 위태롭게 하는 일입니다. 어떻게 증명하느냐고요? 듣자니 선생이 이런 주장을 했다지요. '초나라는 오기를 중용하지 않아 국력이

쇠락해 혼란했고 진나라는 상앙의 변법을 실행해 부강해졌으니, 두 사람의 주장은 이미 증명이 되었다. 그러나 오기는 사지가 찢기고 상앙이 거열형을 당한 것은 포부를 펼칠 시대와 알아주는 군주를 만나지 못했기 때문이다.' 시대와 군주를 만나는 일은 자기가 결정할 수 없으며 재앙은 자기 힘으로 물리치지 못합니다. 도대체 자신을 보전하고 명예를 지키는 길을 버리고 외곬으로 위태로운 행보를 고집하는데, 가만히 선생을 위하건대, 그런 고행을 선택하지 말아야 합니다.

민초를 이롭게 하고 서민의 편리를 도모하다(利民萌便衆庶)

02 한비자가 말했다. "제가 선생의 말씀은 잘 알겠습니다. 천하를 다스리는 권병과 백성을 통합시키는 법도는 다루기가 매우 쉽지 않지요. 그러나 선대 성군의 예교를 폐하고 제가 주장하는 법치를 시행하려는 까닭은 저로서는 법제를 확립하고 규정을 제정하는 일이 백성을 이롭게 하고 민중을 편하게 하는 방편이기 때문입니다. 그러므로 폭군과 혼군으로부터 받는 재앙을 두려워하지 않고 백성을 통합하는 이익만이 생각하는 것은 이것이 인애와 명철의 행동이기 때문입니다. 폭군과 혼군으로부터 받는 재앙을 두려워하고 죽을지도 모르는 위험으로부터 도피해서 명철보신만을 알고 백성의 이익을 돌보지 않는다면 이것은 살기만을 탐하는 비열한 행위입니다. 저는 차마 비열한 행위를 선택할 수 없으며 감히 인애와 명철의 행동을 손상시킬 수 없습니다. 선생께서 저를 아끼려는 마음이 있으나 실제로 저에게는 크게 해가 됩니다.

편저자 소개

장창호(張昌虎)
국민대학교 중어중문학과 교수
문화칼럼리스트
국민대 중국인문사회연구소 전임연구원
중국고전문학 전공. 문학박사.
『사서삼경의 이해』(공저),
『한문의 이해』(공저),
『중국고전산문의 이해』(공저),
『논어선주』(공저)
등의 저서가 있다.

제자선독역주 諸子選讀譯註

초판 인쇄   2017년   8월   31일
초판 발행   2017년   8월   31일

편   저 | 장창호
펴 낸 이 | 하운근
펴 낸 곳 | 學古房

주   소 | 경기도 고양시 덕양구 통일로 140 삼송테크노밸리 A동 B224
전   화 | (02)353-9908   편집부(02)356-9903
팩   스 | (02)6959-8234
홈페이지 | http://hakgobang.co.kr/
전자우편 | hakgobang@naver.com, hakgobang@chol.com
등록번호 | 제311-1994-000001호

ISBN   978-89-6071-702-2   93700

값 : 15,000원

■ 파본은 교환해 드립니다.